近代日本の司法省と裁判官

一九世紀日仏比較の視点から

三阪佳弘

大阪大学出版会

目次

序論　比較の中の近代日本の司法省と裁判官

序論　比較の中の近代日本の司法省と裁判官

第一節　問題視角

　近代的な法制度の体系的成立は、基本的法典と諸法からなる法文の体系の成立のみによって完結するわけではなく、法規範の制定・解釈＝適用を通じた法的問題や紛争の解決を行う様々な物的・人的制度・組織を必要とする。同時代の西欧にならって近代法体系を継受した日本においても、司法制度と、その担い手としての法曹制度の整備が不可欠であったことはいうまでもない。とりわけ、一八八六（明治一九）年五月一日から開催された条約改正会議で英独両国から提案・採択された裁判管轄条約案においては（一八八七年四月第二六回会議において可決）、「泰西主義及ヒ本条約ノ約款ニ従ヒ帝国ノ司法組織」を整備すること、「諸法律（刑法、治罪法、民法、商法（破産法並ニ商船及ヒ為替手形ニ関スル法律ヲ包含ス）、訴訟法（商事ニ関スル訴訟手続ヲ包含ス））ヲ制定スルコト」とされ、その整備について各国により確認されることが求められた。これに応えて外国人法律顧問を委員として外務省に設置された法律取調委員会は、英独案の検討の基礎とすべく日本裁判所構成法案の起草に着手した。以後条約改正会議は、同法案をもとに日本の司法組織についての検討が積み重ねられ、一八九〇（明治二三）年二月一〇日裁判所構成法（法律第六号）制定の基礎が固められたのである[1]。

　このようにして成立した日本の司法制度に対し、その独立のぜい弱性に着目して次のような説明がなされてきた。

『講座日本近代法発達史』に論考を寄せた染野義信は、「わが国における資本制生産を規制する近代的な制度として、又、その近代性の故に、国家権力による資本制生産の発展促進のための一つの基本的な制度としての意義を有した」とする一方で、それらは「明治政府が条約改正のため」その限りで「必要とした最低限の要求」であり、「裁判所構成法の性格は絶対主義の下における国家の裁判権行使の必要から、種々の面で制限を受けざるを得なかった、とする。具体的には「一応独立した司法権の行使の範囲の制約、司法権の独立の相対的な制限、司法大臣すなわち行政権の司法権に対する優位性等」としてあらわれ、これらは「憲法における司法権の独立を宣言する規定にも拘らず、何らかの形態で裁判所構成法中に包含され、司法権の独立した作用を完全な意味での近代的なものとなすことを妨げた」とした(2)。戦前明治憲法下における刑事司法制度における人身の自由の歴史的分析を牽引してきた小田中聰樹もまた戦前天皇制国家の司法制度について上記特徴を列挙して次のように指摘している。条約改正の前提として欧米水準の司法制度組織を規定した重要な法令の一つである裁判所構成法に基づく司法制度について「一言でいえば、行政権に対する劣位、従属であ」り「この基本的特質は、絶対主義的天皇制国家機構の一環として創設された司法制度にとって、いわば構造的特質として刻印されたものであった」とした(3)。その後の研究でもこうした視座は継承され、「強力な中央集権制による寡頭制的・専制的行政執行をもって国内統一とその実効支配の確立を急ぐとともに、列強諸国の脅威に対する主権の確立を果たそうとしたなかでは、司法は行政に対して副次的地位に留められ、行政の手段・道具とされる」にとどまり、明治政府によって「目指された強力な中央集権国家システムの構築のなかで、司法制度だけが異なる編成を採られるはずもなく、それの制度編成も集権システムが採られ、上命下服の階統構造とそのための裁判官間での階層設定と階級制を必然のものにし」、「そのような制度枠組みと、裁判官の職権の独立とが、両立するはずもなかった」とされている(4)。このように、司法権の範囲が民事・刑事裁判権に限定され、裁判官に対する人事権および監督権などのいわゆる司法行政権が、行政権＝司法大臣によって掌握された集権的性格を帯び、それらが、裁判官の身分保障を脆弱にし、かれらが行う判決行動を行政権による直接・間接の影響力の下におく方向で機能したことが指摘されてきた。そこに西欧近代における司法制度とは異なる特殊性が見出されてきたのである。

ここで焦点となるのは、近代日本司法組織の集権性、裁判官がそこに組み込まれることによって、司法権の独立の脆弱性がもたらされたという点である。とりわけ、そこで具体的な制度として批判的分析の俎上に載せられたのは、司法大臣＝司法省の強力な司法行政権（人事権）と、司法大臣を長とする指揮命令系統に沿った階層的編成のもとに裁判官が組み込まれた集権的司法組織、これらが、個々の裁判官の職権の行使（判決行動）の独立性を脆弱にしてきた、という点にある。この点に着目することによって、戦後日本国憲法とそれに基づく司法制度改革が行われたにもかかわらず、なおそうした集権性とそれに起因する問題群が、戦後司法制度においてなぜ再生産されるのかという問題の歴史的前提を解明する上で大きな成果をあげてきた。

しかしながら、他方で、司法大臣＝司法省の強力な司法行政権（人事権）のもとに裁判官が組み込まれた集権的司法組織の形成過程においては、同時代のフランスの法制度が盛んに参照された。後述（第三節）するように、司法省は「裁判ヲ管督《アドミニストル》スルノミ」で「之ヲ行フコト《ランドル》」はないけれども、「諸裁判所モ亦自ラ構成スルコト能ハ」ず、「必ス人アリテ、之ヲ設置シ、之ヲ支給シ、裁判官ヲ任シ、裁判ノ決行ヲ監シ、要之ヲシテ其ノ職ヲ行ハシムルヲ須」たなければならない、「此ノ務ニ任スル者」こそが「司法卿」である、とされていた。そしてこの制は当時において「欧陸各国」の採るところのものとされていた。

だとすれば、同時代の「欧陸各国」においては、このような司法省による集権的な裁判「管督」が、裁判官の裁判を「行フコト」（裁判官の職権の独立）に影響を与える危険性は、その後の日本において見られたような形で生じなかったのだろうか、あるいは、そうした危険性を認識しつつもそれを回避する仕組みが、制度の中にすでに内包・用意されていた、もしくは導入されていたのだろうか、といった疑問が生じてくる。

こうした疑問は、従来の研究が、理念化され固定化された「西欧近代」における司法権の独立の理念を基準として、それとの比較によって日本近代司法の特徴を取り出し、西欧近代とは異なる「前近代性」を解明しようとしてきた視座と不可分の関係にある。[5] 明治期に採用された司法大臣＝司法省の強力な司法行政権（人事権）のもとに裁判官が組み込まれた集権的な司法組織が、当時の「欧陸各国」に共通のものであるとすれば、そうした組織・制度の「欧陸各国」における実相を明らかにした上で、日本の特徴を論ずる必要があるのではないだろうか。[6] そうした作業は、明治維新以後に成立した寡頭制的で専制的な行政執行を可能にする集権的な国家権力の中に組み込まれ、従属的な司法を刻印づけられてきた日本近代司法のあり方を、単に「前近代性」と規定するのではなく、日本が準拠した同時期の西欧の司法制度の実態とその「近代性」の内実をふまえた再検討を行うことになるだろう。

この問題視角にはもう一つの含意がある。一九九〇年代末から開始された司法制度改革において出された現代日本の司法制度の歴史的前提についてのとらえ方に対する批判である。すなわち、前述した古典的視座で言うところの「集権性」を「統一性と等質性」という言葉に置き換えて、日本の特徴として肯定的にとらえようとする見方に対する批判である。その代表的なものは、一九九〇年代後半の司法改革の際に、最高裁判所から提示された「二一世紀の司法制度を考える」である。[7] それによれば、「我が国の司法制度は、歴史的に見れば、中国法の影響を受けた古来からの固有法の土台があり、近代になって前述のとおり、大陸法及びアメリカ法それぞれの影響を強く受けてきた」が「近代的司法制度創設から数えても、既に一〇〇年以上を経過し、この間に我が国の歴史的、社会的風土の中で独自の法文化が形成され、我が国の司法制度は、これらの諸外国と異なる独自の特徴を備えるに至っ」たとし、それを「統一性と等質性」と表現する。日本社会が「歴史的、地理的な条件等から、諸外国と比べるとかなり同質的である」ということを反映し「我が国の司法制度は、かなり統一的な構造となってい」て「さらに、我が国社会の平等志向を反映して、司法制度の運用における等質性の要請は極めて強い」とする。そこで「司法運営に当たっては、全国的に統一された制度のもとで、等質な司法サービスを提供し、等しく公正な裁判を実現することが重視されている」とするのである。

こうした「統一性と等質性」に基づく司法観は、「司法の統一性・等質性を実現するという司法全体の目標の前では、裁判官各人の職権の独立は、二次的な位置づけに後退」させうるような司法運営を正当化する機能を果たしている。(8)と同時に、現代日本の司法制度の歴史的前提としての近代日本の司法制度に、こうした司法観を投影させることによって、それが「統一性・等質性」のもとで、あたかも不変・固定的なものであったという歴史像を提示することに帰結する。しかしながら、この「統一性・等質性」によって総括される近代日本司法制度の実質は、前述のように、一九世紀西欧近代固有の集権性をはらんだ司法制度を継受したのち、その集権性を通じた裁判官の統制、独立の形骸化の問題に直面し、それに対する批判を受ける中で、意識的に形成されてきたものである。本書の試みは、そうした「統一性・等質性」が、決して日本の「歴史的、社会的風土の中で」いわば「自然的・自生的な生成物というよりは、むしろ裁判所自身の司法観とそれを実現しようとする活動によって意図的に創造されたものであ」(9)ることを近代日本について明らかにしようとするものでもある。

以上の問題視角に立って、第一に、近代日本が準拠した「欧陸各国」の司法大臣＝司法省の強力な司法行政権（人事権）のもとに裁判官が組み込まれた集権的司法組織の実態とその「近代性」の内実、そして、そうした集権性ゆえに生じうる裁判官の職権の独立の危機に対応する制度論理をどのように構築していくことになったのかを、準拠国の一つフランスを題材に検討する。この課題に対応するのが第一編である。

ここでは、一八七〇年代から八〇年代初頭のフランスにおける司法改革論議と一八八三年八月三〇日の司法組織改革に関する法律の制定を、おもに裁判官の選任論を中心に検討する。そのことを通じて、近代日本の立法者たちが参照した模範国の一つである一九世紀フランスにおける裁判官制度とその実態を明らかにしたいと思う。結論的に言えば、一九世紀フランスにおいても、裁判官は、司法大臣を頂点とした垂直的で集権的な制度構造の中に組み込まれていた。この点では、第二編で検討する日本近代の集権的な司法組織と裁判官制度は、それを忠実に継受するものであり、比較史的に特異なものではなかった。しかしながら、一九世紀フランスの裁判官たちは、その社会的実質において、「名望家」的性質を濃厚に有しており、水平的な構造を有する社会的「団体性」を有していた。とはいえ、かれらが果たした機能は、「名望家的な自由人の裁判官」[10]といった理念を必ずしも体現するものではなく、政治的現実の中で行動する政治的存在でもあった。

制度における垂直的な集権性、そして、社会的実態における水平的な「名望家」性、このアンビバレントな構造は、第三共和政初頭の一八八三年の司法組織改革によって終焉を迎えた。同改革は、一八七〇年代末の「共和派による共和政」の確立によって、統治機構内部における議会中心主義、一元主義型議院内閣制が定着したこと[11]をうけて、裁判所の役割を「法律の忠実な適用者」たるべく限定化しようとする動きの、司法組織改革面での具体化であった。「名望家」的「団体性」は一掃され、裁判官は「官吏 fonctionnaire」として純化せしめられた。同法以降、裁判官は、司法大臣の司法行政権、とりわけ、ほとんどその裁量に委ねられた人事権のもとに置かれた集権的な司法組織に取り込まれたのである。後述する明治前期の御雇い外国人たちが紹介したフランスの司法組織「像」は、フランス一九世紀末の歴史的文脈によって規定されていたのである。こうした司法組織は、独立した司法という観念と矛盾する、司法大臣を通じて政府に「従属した裁判官」を生み出すことに帰着した。裁判官をして「自らを任命する権力（司法大臣）と命運をともにする政治的な官僚団 un corps de fonctionnaires politiques」とする危険性を現実のものにしたのである。フランスにおいては、ここで改めて、議会中心主義・一元主義型議院内閣制を前提とした政府（司法大臣）を任命権者とする集権的な司法組織のもとで（いわば「国民」による間接的な制度的コントロール）、いかにして裁判官の独立が実際の任命権者である司法大臣から保障されうるのかという問題が登場することになる[12]。これ以後、この問題は、上述したような司法大臣の任命権行使における裁量を法的に統制する改革案（任用における試験制度の導入、一定の経験年数に達した者を昇進名簿に登載して、昇進の機会を保障することなど）によって絶えず問い直されることになり、その実現はフランスの場合二〇世紀半ばに至る長い改革のプロセスに委ねられることになる。

本書で明らかにしようとする第二の点は、日本近代の司法の実相、具体的には一八九〇年の裁判所構成法の制定によって継受された「欧陸各国」標準の集権的な司法組織の具体的運用の中から、どのようにして裁判所・裁判官の統制を正当化してきたのか、を検討することである。このことを通じて、明治後半期以降のそれが、決して「前近代」的なものに解消されるものではなく、まさに日本が継受した西欧「近代」の制度のもつ集権性に刻印づけられたものであること、そうした制度のもつ集権性ゆえに裁判官の独立を危うくする危険性に直面することになる。しかしながら、一九世紀末フランスとは異なり、その傾向をよりいっそう棹さす方向でしか解決を示すことができなかったところに、日本の特殊な相貌を見ることができるのである[13]。この課題に対応するのが、第二編である。

第一章は、西欧諸国にならった法学教育課程を明治一〇年代以降に修了した裁判官が、司法部の枢要ポストに配置されるようにするために、維新期の論功等によって任用されたいわゆる「老朽裁判官」を淘汰した過程を分析するものである。その結果、政府が憲法と裁判所構成法の身分保障規定を原則として尊重しながら、最終的には大量の休職処分を行ったとはいえ、その過程で、そうした身分保障規定に触れるような処分について、司法省は批判を甘受せざるを得なかった。そして、こうした経験は、司法省にとっては、身分保障規定に直接かかわることなく、司法大臣のもとでの集権的で垂直的な組織を通じた裁判官に対する統制を強化する方向に傾斜する契機となった。

第二章は、明治後半期に登場した統制強化の方向を、明治末から大正期にかけての法曹制度改革論議の中に見ようとするものである。この時期司法省は裁判官も含めた司法官任用について、帝国大学と私立法律学校との間の差別化の撤廃、法曹一元論等に立つ在野法曹と議会から激しい批判にさらされた。司法省はこの過程で、そうした批判をかわしながら、最終的には、司法官試補採用と修習におけるよりいっそう大きな裁量を得ることに成功することになった。

第三章は、明治後半期から大正期にかけて、司法大臣を長とする司法管理職を通じた司法行政上の指揮監督系統が肥大化する状況に対して、ほかならぬ裁判官層から司法権の独立を危うくするものと批判を受けることになり、それが昭和初期の裁判所構成法改正問題として議論される過程を分析するものである。ここで見られた裁判所内部の対立は、人的には、戦後改革における最高裁判所誕生をめぐる対立軸につながるものであったが、改革の議論そのものが集権化された司法組織の枠に限界づけられ、それを超えるものではなかった。

以上の三つの章で明らかにしたことは、明治後半期から昭和期にかけて、西欧水準の憲法と裁判所構成法の身分保障規定を前提にしながら、司法大臣のもとでの集権的で垂直的な組織を通じた裁判官に対する統制の貫徹という事態である。

第一編の検討をふまえて、近代日本におけるこうした問題群を見ると、それらは必ずしも日本特殊のものではなく、まさに「近代」裁判官制度の帰結として一九世紀末フランスにも生じうる共通の問題群でもあった。しかしながら、他面において、そうした制度に内在する問題群の批判克服のされ方については、両者の間に超えがたい差異があることも明らかとなる。そうした共通性と差異性を確認することが、より広い歴史的文脈の中での日本の裁判官の歴史的存在構造の特徴を考えるための素材となるであろう。

以上の検討を始める前に、前提として、一八九〇年裁判所構成法における近代日本の集権的な裁判官制度とそれを統轄する司法省制度の形成と確立について検討しておくこととしよう。

第二節　司法省の位置づけ

近代日本司法の集権性を考える上で、裁判所・裁判官を編成・統轄する上で重要な機能と役割を果たした司法省の存在は重要である。一八九〇年の裁判所構成法と司法省官制によって確立された、司法省を基軸とした裁判所・裁判官編成＝統轄方式について、染野義信は、前述したように「司法権の独立した作用を完全な意味での近代的なものとなすことを妨げ」るものとして次のように指摘した[14]。裁判所構成法の「基本的な特質は、司法大臣の監督権限がきわめて強いということ」であり「実質的には、司法権全体に対して、その権限行使の方法を細部にわたって規律する権限を司法大臣に与えたものであって、本来司法権の内部において自律的になさるべき規律を行政権の手に委ねたこととなる」[15]。

しかしながら、少なくとも、裁判官をどのように編成するのかということについて政府内部で異論が存在していた一八七一（明治四）年七月（司法省設置）から七七（明治一〇）年頃までの時期を除いて、司法権の独立を前提にしながらもなお、司法大臣＝司法省に裁判所・裁判官に対する司法行政上の包括的な監督権と人事権を付与し、司法大臣＝司法省を基軸として裁判所・裁判官を編成する方式に関して、それに代わる案を提示するような体系的な制度批判（司法省廃止を含む）はほとんど見られない[16]。それが有力な議論としてあらわれ始めるのは、民法典が施行される一八九八（明治三一）年前後である。その一つとして、日本弁護士協会の『録事』第九号（一八九八年）に掲載された「司法省ヲ廃止スルノ件」を挙げることができる[17]。しかし、この時期においては、これに対して有力な反対意見が存在し、両者は拮抗していた。このように廃止論と存続論が拮抗した背景には、近代法に関する体系的な知識と技術に関する法学教育が未整備の時代に、裁判官あるいは検察官に就任したいわゆる「老朽裁判官」問題が存在し、その淘汰を巡って朝野ともに大きく揺れていたからでもある。[18]

ところで、この「老朽裁判官」問題が司法官の大量淘汰処分という形で処理された後、一九〇三（明治三六）年一月付の日露戦争を控えての財政整理案を示す一資料は、司法省について興味深い位置づけを行っている。次に掲げる当時会計検査院検査官であった中山寛六郎（一八九三年には司法大臣秘書官を歴任）の文書に残されている「行政整理ニ関スル意見書」[19]であり、司法省について次のように述べている。

第二　司法省ヲ廃シ事務ヲ大審院ニ移スコト

十数年前曽テ司法省廃止論ヲ唱ヘタル者アリ、然ルニ其当時ニアリテハ未タ憲法及裁判所構成法ヲ制定セラレス、司法制度モ完備セス、彼ノ条約改正モ遂行セラレサリシ程ナレハ、終ニ此ノ議論モ行ハレサリシ、而シテ明治二十三年十一月憲法ノ実施ニ伴ヒ同年二月法律第六号ヲ以テ裁判所構成法ヲ制定セラレ、裁判事務ト司法行政トハ全然分離シテ、区画ヲ明ニシ、爾来当局者ハ鋭意司法制度改善ニ意ヲ注キ、漸ク現制度ノ如キ文明的ノ機関ヲ新設シ、尚ホ其後数年間ハ之カ実施習練ヲ為シタリ、故ニ往時ニ在テハ司法省ノ存置ヲ必要ト為セシモ、既ニ今日ニ於テハ、条約改正モ実施トナリ、円満ノ結果ヲ得、司法制度モ整然完成シタルヲ以テ、現今司法省ノ重要事務ハ殆ント司法官其他ノ官公吏ノ進退黜陟ニ関スルモノニ過キス、而シテ是等ノ事務ハ官制上司法大臣ノ職権ニ属スルト雖モ実際ニ於テハ其進退黜陟ニ付、先ツ大審院長控訴院長検事総長検事長ノ意見ヲ聴キタル後之ヲ行フモノナレハ、寧ロ是等ノ事務ハ常ニ其人ノ学識能否ヲ能ク知ル所ノ大審院長ノ職権ニ属セシメ、院長ヲシテ自ラ之ヲ行ハシムルノ制度ト為スノ便利ナルニ若カサルヘシ、果シテ然ラハ、事務モ一層機敏ニ処理スルノ利益アラン、如此是等ノ事務ヲ大審院長ノ職権内ニ移スヲ便利ト為ストキハ、特ニ司法省ヲ一官

衙トシテ置クノ必要ヲ見サルヘシ、故ニ之ヲ廃セント言フ所以ナリ（以下略―筆者）

この廃止論は、法典編纂のいちおうの完了と、人的にも物的にも司法制度が完成を見たという前提に立って、これまで司法省に期待され、担われてきた役割・機能が一応の終焉を迎えたという認識である。そして、これをもって大審院に司法行政事務を移すことで、第一に経費節減と、第二に「司法ト行政ノ分離益々明カ」となり、「憲法及裁判所構成法ニ抵触スル所」がなくなるとする。この認識は、同じ司法省の廃止ないし縮小と、大審院以下への司法行政権の移譲を主張する大正末期から昭和初期の議論とはその前提を異にするものである。なぜなら、大正末期から昭和初期の議論[20]は、一九〇〇年代後半からの帝国主義期固有の治安政策的観点から検察官僚主導で強化された集権的な統制強化、いわば「司法官僚制」化[21]に伴う弊害を前提にしたものであるからである。各級裁判所の長といった司法管理職を軸にした司法行政監督系統の肥大化、さらに、司法省および諸合議裁判所の要職が検察官僚出身者で占められるといった検察官僚の台頭、この両者が相まって生じた弊害である。こうした状況下で、司法省廃止までを視野に入れた司法省の包括的監督権の削減、人事権の司法省独占の是正などの改革が要求された。この点で、両者の差異は明らかであろう。

明治期の司法省をめぐる議論と、大正・昭和戦前期の司法省をめぐる議論との位相の上述のような違いをふまえると、染野の指摘は、確かに、大正昭和期に弊害が批判される「司法官僚制」化の過程から裁判所構成法を見た場合には、その核心をついたものである。一九〇〇年代以降、帝国主義期固有の治安政策的観点から検察官僚主導の司法官僚制が形成・確立していくに伴って、司法大臣の包括的な監督権限は、司法大臣や司法省各部局長による日常的な訓示や司法官会同の場で、裁判官に対して大きな影響力を果たすことになるからである。また、その人事権は、検察官僚出身者、司法省本省要職経験者が、主要な合議裁判所の長などの司法管理職の多くを占めるような人事政策として具体化されることとなった[22]。染野の指摘は、この点を的確に明らかにするものである。しかしながら、前述中山寛六郎文書が指摘するように、司法大臣＝司法省に付与された包括的な裁判所・裁判官の監督権と人事権は、一九世紀後半段階においては、近代国家の司法権を担いうる一定以上の法に関する専門的知識と技術を身につけた裁判官をいかに育成し、編成していくのかという課題に対応したものであった。こうした一九世紀後半期の課題から見て、日本の裁判所構成法が採用した司法大臣＝司法省を基軸とした裁判官編成方式を、染野のように、二〇世紀前半の官僚制化の位相からのみ描いてよいのだろうか、それは比較史的に見てどのような段階性をもつのか、またどのような日本的偏差を帯びていたのか、といった課題が、依然として残されている。

ところで、裁判所構成法が制定される直前の一八八七（明治二〇）年前後に、井上毅は、「大審院長位置」を論じる中で[23]、日本の「裁判構成法ノ組織」について次のように述べている。すなわち、欧米の司法組織について、「英米二国」と「欧陸ノ各国」の二つの方式に分け、後者は「凡ソ法官・検官ハ皆内閣又ハ司法大臣ノ奏薦ニ由テ任命シ、而シテ司法大臣ノ監督ニ属ス」方式であり（例示されているのはフランス、イタリア、プロイセン）、前者は「元来裁判所ヲ以テ最上権アル官衙ノ一トシ、高等裁判所ハ政府ト同等ノ地位ニ列」する方式としている。そして、この時点で井上は、「英米二国」の方式を「我カ裁判構成ノ組織ト固ヨリ徑庭ノ差アルモノ」として排除し、大審院長の位置は司法大臣の下とする結論を採っている。このような二方式の分類は、後述するように当時の御雇い外国人の講義録などでも論じられているものである。

以下では、明治前期の司法省の創設・形成が、どのような制度像に基づいて、またどのような制度内容をもつものとして、設計されたのかを検討しよう。

第三節　明治前期の司法省――その制度内容と制度像

一　司法省の制度内容

一八七一（明治四）年に創設された司法省は、初代司法卿江藤新平のもとで司法改革を推進していく拠点として、翌年から本格的に活動を開始する。まず七二年五月二〇日には、「司法事務」と題する伺いが提出され、個々の裁判事務に干渉しないことを前提に、司法省を「全国ノ裁判所ヲ総括」（第一条）するものとして位置づけ、卿輔を「裁判官ヲ総括シ新法ノ草案ヲ起シ各裁判所ノ疑讞ヲ決シ諸裁判官ヲ監督シ進退黜陟スル」（第三条）ものとした。この伺いが認められた後、同年八月三日に司法職務定制が定められ、初めて体系的な裁判所組織と司法省の組織権限が定められた。

この司法職務定制によれば、司法省は、「全国ノ法憲ヲ司リ各裁判所ヲ統括ス」（第二条）るものであり、司法卿については「本省及寮局各裁判所一切ノ事務ヲ総判シ諸官員ヲシテ各々其職ヲ尽サシム」（第五条卿第一）というように、その包括的な監督権限が規定されると同時に、さらに次のように具体化された。

まず第一に、立法に関する権限として、卿は「新法ノ草案」を「総提」する（第五条卿第二）。すなわち、「新法ノ議案及条例ヲ起ス」ことと（第七条）、「諸官省ヨリ布令スル所ノ条則苟モ裁判上ニ関渉スルモノハ必ス本省ニ移シテ照知ヲ経」べきものとされた（第一四条）。第二に、裁判所の物的管理運営に関するものであり、「各裁判所建設ノ便宜」を「総提」する（第五条卿第二）。すなわち「地方ノ便宜ニ従ヒ裁判所ヲ設ケ権限ヲ定メ費用ヲ制ス」（第八条）るものとされた。第三に、裁判事務にかかわるものとして、一つは「疑讞ノ審定」を「総提」（第五条卿第二）し、二つには「裁判官ノ犯罪」を臨時裁判所で「論決」するものとされた（第一三条）。そして、三つには「重要ナル罪犯ノ論決」を「総提」し（第五条卿第二）、具体的には、「国家ノ大事ニ関スル犯罪」（第九条）、「全国ノ死罪」（第一〇条）、「勅奏官及華族ノ犯罪」（第一一条）については「上奏制可ヲ経テ施行」するものとされた。最後に、司法省裁判所の所長を卿が兼任し、各府県及び府県裁判所からの上告事件と民刑事の難事件を審理するものとされた[24]。そして、第四に、裁判所の人的管理運営にかかわる人事権に関するものであり、「奏任ノ進退ハ正院ニ於テ命スト雖モ才否ヲ察シ之ヲ薦黜スルハ卿ノ任ニ属ス」ものとされた（第五条卿第四）。

以上のような権限からみて、司法卿＝司法省は、裁判所＝裁判官をまさに「総括」（裁判所の人的・物的管理運営においても、裁判を行う上での基礎にすべき法の立案・適用においても）するものとして位置づけられていた。そして、このような権限にそくして、司法卿の手足としての機関が設置されていた。一つは「検事」であり、司法卿の下にあって「法憲及人民ノ権利ヲ保護シ良ヲ扶ケ悪ヲ除キ裁判ノ当否ヲ監」し（第七章前文）、「聴訟ニ冤枉アリ及鞫獄ニ失錯故造アリ断刑ニ故失出入アレハ検事之ヲ本省ニ報知シ覆審ヲ乞フ」ものとされた（第二八条）。もう一つは「法律ヲ申明スル」（第二〇章前文）明法寮であり、ここでは、「新法ヲ議草」、「各国ノ法ヲ講究」、法令の収集編纂、「各裁判所疑讞本省ニ伺ヒ出テ律文ノ疑条ヲ質シ及法律ニ正条ナクシテ更ニ定例ヲ要スル者」の「論定」、法学教育が権限として定められていた（第七九～八三条）。

しかしながら上述した司法省の権限のうち、立法に関する権限と、裁判に関する権限については、司法職務定制制定当時から、正院の立法司法行政の最高権力性との関係で問題点が指摘されており、一八七三（明治六）年の太政官制改正に伴って修正が施され[25]、結局、「難事件」「国事犯事件」に関して正院内閣議官の臨時裁判所への臨席と監視が規定されると同時に、明法寮と左院との権限抵触の問題は、新たに設置された正院法制課の法律案審査権が確認され、左院へは法典起草が委嘱されることになった。さらに明治六年政変後、一八七四（明治七）年には検事職制章程の改正が行われ、検事の裁判監視権限は削除された。

一八七五（明治八）年の大阪会議後の機構改革によって大審院が設置されると、それに伴って、五月に司法省職制章程と大審院職制章程が制定された。この改革によって、大審院の裁判権に関しての最高性が宣言されたことを受けて、正院の裁判関与規定は抹消された。そして、司法卿＝司法省の権限については、前述した司法職務定制上の立法・裁判に関する権限を除いた、裁判所の管理運営に関する司法行政事務、それに伴う裁判所＝裁判官に対する包括的な監督権限、そして人事権の三つを柱として規定されたのである。

こうして大審院が最高の裁判機関として設置されたにもかかわらず、院長には正院の構成員である左右大臣のうち一人が当初就任するはずであったが、結局一等判事に変更され、大審院の位置も各省の下となった。さらに裁判事務に関して正院の関与がなくなったことを反映したものと思われるが、一八七六年一月の太政官布告は、司法卿に「不当」と思われる判決を、期限に関係なく大審院検事に上告させる権限を与えた。さらに、一八七七（明治一〇）年二月に司法省職制章程の改正が行われ、司法卿の裁判所＝裁判官監督権限規定から「但裁判ニ関与セス」の文言が削除されると同時に、司法職務定制時の検事の「裁判監視」権限の実質的な復活となる太政官第四九号布告が制定されたのである。これにより、司法卿は「民事刑事ノ上告シテ已ニ裁判ヲ経タル者、司法卿其裁判ヲ允当ナラスト思量スル」場合に検事ヲシテ「再審ヲ求メシム」ることが可能となった。それらの立法理由は「裁判官ト雖モ其裁判一々当ヲ失ハサルハ固ヨリ亦保チ難」く、「抑司法卿ノ職タル法律ヲ看護シ裁判ヲ監督スルノ任ニ居リ検事ヲ管摂シ公衆ノ為メ害ヲ除キ冤ヲ伸フル之責ニ任スル」というものであった。(26)(27)そして、法の解釈適用についての統一性を最終的に担保すべき大審院の設置にもかかわらず、「擬律」に関する疑義が生じた場合に各裁判所が司法省に対して伺いを立て司令を仰ぐという、いわば事前統制による法の解釈適用の統一を図る明治初期から続く「伺・指令裁判」は、一八七九（明治一二）年内訓条例の制定（一八九〇年まで継続）により再編継承されることになった。当時における裁判事務体制の人的物的未整備状況を背景にした司法省の法の解釈適用におけるいわば「指導性」が依然として確認されたのである。[28]

その後、一八八〇（明治一三）年一二月二日の司法省職制並事務章程でも基本的に上述の構造は維持され、「司法省ハ裁判並ニ司法警察ニ関スル事務ヲ管理スルノ所」とされ、司法卿は「一　部下ノ官員ヲ統率シ兼テ判事ヲ監督シテ主管百般ノ事務ヲ総理ス」「二　部下官員並ニ判事ノ進退黜陟ハ奏任以上ハ之ヲ具状シ判任以下ハ之ヲ専行ス」とされた。この裁判所の管理運営、監督権、人事権を柱とする構造は、その後一八八六（明治一九）年裁判所官制、司法省官制、一八九〇（明治二三）年裁判所構成法、司法省官制に引き継がれていった。八六年司法省官制では、第一条で「司法大臣ハ司法ニ関スル行政司法警察及恩赦ニ関スル事務ヲ管理シ大審院以下ノ諸裁判所ヲ監督ス」るものとされ、裁判所官制の第一〇条では「大審院長局長評定官控訴院長検事長及始審裁判所ノ長ヲ除クノ外裁判官及検察官ノ任所ハ司法大臣ノ定ムル所ニ依ル」ものとされた。そして、この二つの法令によって、司法大臣─大審院長─控訴院長─始審裁判所長系列の司法行政上の司法管理職系統（裁判所官制第二四条）が確立し、それぞれに管轄下諸裁判所の監督権が付与されたのである（第二五条）。さらに検事に関しては、前述の七七年太政官第四九号布告は八一年に廃止されたが、新たに、司法大臣の手足として司法管理職裁判官の系統とは別に司法行政上の裁判所＝裁判官による裁判事務管理運営に関する監督権限が付与された。すなわち、各検事局は「司法ノ行政ニ関スル事項ニ付監督ノ職務」を行う（第二七・二八条）。また、同年の裁判所庶務規程によれば、各裁判所の「其庁ノ行政事務ニ関シ」開かれる「裁判官総会議」には、控訴院・大審院の検事長、始審裁判所の上席検事が出席し、意見を述べるものとし、始審裁判所上席検事は当該裁判所及び所轄の治安裁判所の「前一箇年間取扱ヒタル事務ノ挙否及其弊害ヲ匡正」する方法を控訴院検事長に具申し、控訴院検事長は、「裁判官総会議」に出席し、管内裁判所の「裁判事務ノ成蹟ニ関スル」報告を行い、「前一箇年間取扱ヒタル事務ノ挙否及其弊害ヲ匡正」する方法を「演説」する（第八・一一・三八・三九条）のである。そして、この制度は、裁判所構成法制定後も、一八九一（明治二四）年司法省訓令書第四七号裁判所及検事局事務章程に引き継がれた。

以上簡単ではあるが、明治前期の司法省の制度内容を概観したが、ここでは、裁判所の管理運営に関する司法行政事務と、それに伴う包括的な監督権限、そして人事権の三つを柱とする、司法卿（大臣）＝司法省を基軸とした裁判所・裁判官編成＝統括方式、そしてそこには、司法卿（大臣）の手足としての検事が重要な媒介項として位置づけられていることを確認しておきたい。そこで次に、こうした方式がどのような制度像のもとに設計されてきたかを、限られた資料をもとにしてではあるが、検討することにしたい。

二　司法省の制度像

一八七五（明治八）年、大木喬任司法卿のもとで、司法省の組織改革が立案され、同年一月七日に大木から太政官に対して「司法省定則並職制」案[29]が提出された。この案は、基本的に司法職務定制を引き継ぎながらも、司法省裁判所にかえて「大審局」を設置するという裁判所の組織変更を行おうとするものであった。司法省に関しては、第一条で「司法省ハ全国ノ法憲ヲ司トリ局及裁判所ヲ統括ス」るものとされ、従来の司法省裁判所にかえて「大審局」を設け、そのもとに「一等裁判所」から「三等裁判所」までの裁判所を設置しようとした。「大審局」は「第一民事刑事ノ上告ヲ受ケ各裁判所終審裁判ノ失錯セル者ヲ破毀シテ之ヲ覆審シ法憲ノ統一ヲ主持」し「第二裁判官ノ犯罪ヲ裁判」し「第三法律ノ疑問ヲ弁明ス」るものとされた（第三条）。そして、司法卿の権限として、「第一司法一切ノ事務ヲ総判」すること、「第四判任以下ヲ進退黜陟」すること、「上奏シ」て「制可」を受けて施行するものとして「一死罪、一国事犯罪内外交渉スル重大ノ事件」、「一省中奏任官ノ黜陟」などが規定された。さらに「大審局」の「局長」は「卿之ヲ兼掌ス」るものとされていた。

この改革案は、二月三日太政官から左院の審議に付された。しかし、左院では同案がフランスの模倣であり、わが国の「人民風習」に適合しないとして、いくつかの点に修正が加えられた(30)。ただし、左院の修正案も、司法卿＝司法省を基軸とした裁判所＝裁判官統括方式そのものについては、異論はなかった。

ところでこの改革案の作成に関与したとされる井上毅(31)は、同年三月一一日付の司法省の改革に関する「司法省改革意見(32)」と題する資料を残している。その中で彼は、江藤失脚以後の司法省がふるわない状況を縷々述べた上で、「今ニ在テ、司法者ハ、必ス更張アルヲ要ス」として次の七点にわたって改革指針を掲げている。

第一ニ、人ヲ得ルニ在リ、（河野敏鎌権大判事など司法省訟務に最適の人材、丞以下は洋書を読み法律知識ある者を置くこと―筆者注）
第二ニ、課ヲ分ケ任ヲ責メ、無用ノ官吏ヲ省ク（以下略―筆者注）
第三ニ、議事規則ヲ設ク（以下略―筆者注）
第四ニ、各種法律専務官ヲ設ク（各種法典の起草担当専務官を設置し起草させる。その専務官には裁判官中事務を実歴した者、洋書を読み西欧の法知識がある者をあてる―筆者注）
第五ニ、裁判権ヲ判テ、司法省ト分立シ、行政官ト相干冒セザラシメ以テ其ノ独立ヲ保ス、
此ノ事、急ニ行ヒ難シ、何トナレバ、法律未夕備ハラズ
第六ニ、全国ニ二十五六所ノ上等裁判所ヲ置キ、以テ覆審《シラベナヲシ》ヲ行ヒ、各地方ノ大区ニ、下等裁判所ヲ置ク
此ノ事、亦急ニ行ヒ難シ、何トナレバ、裁判官其ノ人ナキヲ以テナリ、
第七ニ、東京ニ大審院ヲ置ク
大審院ハ、裁判ノ不当ナル者ヲ改正シ、裁判官ヲ監視スル所ニシテ、以テ全国ノ司法権ヲ統一ス、此ノ事、

司法省ト裁判権ト分立ノ日ニ行フベシ、
右第一条ヨリ第五条ニ至ルマデハ、目下急ニ行フベキノ事ニシテ、第五条以下第七条ニ至ルマデハ、其ノ目的ヲ定メ、漸ヲ以テ歩ヲ進ムベシ、三年ノ後、構制全ク備リ、法律一定セバ、内以テ民事ヲ蹠シ、平理ヲ持シ、外以テ各国ノ民ヲ我カ法律ノ下ニ制シ、独立国ノ体面ヲ全クスルコト、甚タ容易ナラン歟

この資料で注目しておきたいのは、「第五」以下の点は漸進主義をもって進めることが力説されている点である。つまり司法卿＝司法省と裁判所が一体となっているのを、「大審院」という最高裁判所を別個に組織することについては、それを取り巻く現状が、「法律未タ備ハラス」、「裁判官其ノ人ナ」く、「司法省ト裁判権ト分立」していないものである以上、急速な改革は不可能であり、であるがゆえに、逆にその改革を可能とする条件を整備していくための「第一」から「第四」に掲げられている司法省の法律整備面での強化が強調されているのである。

しかしその一方では、同年一月の大阪会議により政府に復帰した板垣退助をまじえて大久保利通、木戸孝允、伊藤博文らによる元老院、大審院の設置および地方官会議開催を柱とする政体改革が議論されていた。そして、三月一七日から前記四人が政体取調御用掛に任命され、翌日設置された政体取調局で具体案が策定されることになった。このときに策定された改革案が「政体取調案」[33]である。

この策定過程についても、井上毅は深く関与していたとされるが、当初の「政体取調案」中の「大審院章程」案には、それまでの司法省を基軸とした裁判所・裁判官編成方式に変更を加える内容が含まれていた。すなわち、同章程案第七条には「判事奏任以上ノ進退ハ本院長官之ヲ具上シ、司法卿ヲ経テ内閣ニ上申スヘシ」とあり、実質的な裁判官の人事権を大審院に移すことが規定されていたからである。しかしこの条文は、四月四日の寺島宗則と伊藤博文両参議による策定により削除された。この間の事情は不明であるが、裁判官を編成する方式として、前述し

たようなこの時期の二つの方式、「欧陸各国」方式と「英米二国」方式の二つの方式の対抗があったのではないかと推測される。すなわち、この伊藤・寺島による策定が行われた後に、政体取調御用掛に任命された尾崎三良の『自叙略伝』には次のような記述[34]が残されている。

（四月二〇日に政体御用取調掛に任命されて、取調局に行くと―筆者注）大久保、木戸、板垣、伊藤の四参議がづらっと一卓子を囲んで頻りと議論をして居る。其傍らに井上毅が矢張り予と同官で六等出仕と云ふのである。此時我々の取調べるのは裁判所の組織権限、即ち今の構成法の創設である。地方官会議の職務権限等につき議論をした。此時最も激しく議論したのは裁判所構成法であった。即ち井上は仏国法を模倣せんとした。予は則ち英法を多く混用せんとした。そこで議論が衝突した。それは所謂各々其学ぶ所に偏する所があったからである。

この記述から、政体改革案策定過程において、裁判所組織に関して、「英米二国」方式を主張する尾崎と、「欧陸各国」方式を主張する井上との間に激しい議論があったことが推測される。そして上述した伊藤・寺島の策定での「大審院」への実質的人事権付与規定削除の背後には、井上毅の前述したような漸進主義、さらにいえば、後述するような「欧陸各国」方式によって司法省が基軸となって司法改革を進めていくことが、先に引用した史料の中で井上自身が整理した当時の日本の現状に合致している、という彼の制度選択の存在が考えられるのである。

では、この井上毅をはじめとして政府当局者をとらえた司法卿＝司法省を基軸とした裁判所・裁判官編成方式に基づく司法省像はどのようなものであったのであろうか。この点を直接示す資料を見出しえていないが、明治前期における司法省の制度像を提供した御雇外国人たちの提供する意見書等から考えてみたい。

まず、御雇フランス人ブスケは、一八七二（明治五）年から七四年にかけて、司法職務定制以後の司法制度改革に関与してきた人物であるが[35]、かれがこの時期に井上毅をはじめとする司法省関係者に影響を与えたと思われる司法省の制度像に関する資料から検討してみよう。彼の執筆による「仏蘭西国司法省職制[36]」は、司法省の組織・権限について、一八七〇年代にフランスで出版された法令集およびその解説書などから司法省に関する部分をブスケが抜き出して整理し、さらに日本に導入する際の彼自身の注意を加えたものである。この資料の中では、「司法執政兼尚璽官国議院長（司法大臣のこと—筆者注）ノ職務」は、「凡ソ司法諸部ノ構成及監督」であるとされ、その職務について、司法省を基軸とした裁判所＝裁判官編成方式の柱である人事権＝「上下裁判官治安裁判官書記官公証人諸訟務士（代言人使部評価人ヲ云）国璽議員ノ任命及外国領事兼裁判官役置ノ薦奏」、そして司法全体に対する包括的監督権限＝「司法規律（司法諸官ノ行儀ヲ監シ内部ノ規律ヲ持シ違フ者ハ不律罪ヲ科ス）」、「公証人ノ構成及管轄」、「訟務諸士ノ挙廃」、「裁判官ノ厳責（奪俸）及停職ヲ判シタル上等裁判所ノ裁決ハ司法執政ニ報聞シ執政許可スルノ後ニアラザレバ施行セズ司法執政ハ上下裁判官及諸検官ヲ召喚シテ面アタリ其ノ被害事件ヲ問訊スルコトヲ得（厳責停職ハ不律罪中ノ重キ者）訟務諸士ニ向テ上下裁判所ニ於テ判決シタル不律罪ハ前ニ同シク司法執政ノ許可ヲ待ツ」などが列挙されている。そして、「民事ニ付キ法章ヲ護スル為ニ大審院ニ向テ上告（司法執政ハ法章ヲ護スル為ニ大審院ニ向テ已決案ヲ破毀スルコトヲ求ムルノ権ヲ有ス）」制度が紹介されている。

この最後の点についてさらにブスケは、別の資料で[37]、この司法大臣がこれらの包括的監督権限を具体化する上で「目代官員（ミニステールピュブリック）」＝検事を不可欠のものとして位置づけ、次のように説明している。訴訟当事者だけでなく全国民もまた、「法律ヲ解釈スルニ誤ナク」「犯罪人ハ（中略—筆者注）其罪相当ノ刑罰ニ処セラ」れるかといった点に利害「関係」をもっているのであり、「其公ケノ管係ノ為メ裁判所ニテ職務ヲ行フ官吏ヲ総括シテ「ミニステールピュブリック」ト云フ」。したがってこれら検事は、まず「裁判所ノ取締ヲ監督」するのであり、具体的には「裁判言渡ヲ登記スル簿冊ノ規則ニ適シタルヤ否ヲ監察シ代書師書記官門監公証人等ノ其務ニ背クトキハ之ヲ譴罰スルヲ求メ裁判官ノ職ヲ行フニ付不規則ノ事アル時ハ其長官タル目代長ニ其旨ヲ報ス」るものとされている。そして「覆審院ノ目代長」＝破毀院付検事総長は「格別ナル職務」を付与され、民事刑事両訴訟について「目代長裁判所ニテ法律ニ背キタル裁判言渡ヲ為シタルコトヲ知ルト雖モ本人之ヲ覆審院ニ上訴スルコトナキ時ハ自カラ其旨ヲ覆審院ニ訴ヘ其不正ナル裁判言渡ヲ取消サシムルニアリ蓋シ目代長自カラ覆審院ニ訴出シ上等裁判所以下ノ言渡ヲ取消シムルハ法律ノ為メニ為シタルモノト看做ス所ニシテ本人ハ之カ為メ利益ヲ受ルコトヲ得ズ」とされているのである。そして、これら検事は、司法大臣との関係において、「目代長ハ目代官員等ノ総長ニシテ司法執政裁判官ヲ奨励セシムルハ目代長ニ拠ル故ニ目代長ハ裁判官ヨリ尊敬セラルルモノナリ」とされ、「目代長ハ毎歳裁判所ヲ開ク時ニ当リ裁判所ノ官員聚会シタル面前ニテ裁判所ノ職務ニ管スル言詞ヲ公ケニ述へ、前年中死去シタル裁判官アル時ハ其功徳ヲ称賛ス可」きものとされているのである。

　このように、ブスケが説明している一九世紀後半のフランスの司法省は、まさに、司法全体の管理運営にかかわる司法行政権、その人的設備面でのあらわれとしての人事権、そして司法全体の包括的監督権を付与された司法大臣＝司法省が、その手足としての検事を媒介として、裁判所・裁判官を編成＝統括する方式であった。そして、これまでの研究によっても指摘されているように、司法職務定制以後の日本の司法省は、これに準拠しながら設計され、改革を進めていったのであり、そのことは前述の司法職務定制、司法省職制章程、検事職制章程、一八七七年太政官第四九号布告をこれに重ねれば明白であろう。

　では、上述のようになぜ司法省は裁判所・裁判官を統括するのか、についてブスケは次のように述べる(38)。

司法省ハ、裁判ヲ管督《アドミニストル》スルノミ、之ヲ行フ《ランドル》コトナシ千七百八十九年仏国大変革以来ハ、立法行法司法ノ三権ヲ分立スルコト、衆心ヲ同スル所ナリ、而シテ此三権ナルモノ、皆国民主権ノ本意ニ原ヅクト雖トモ、就中、司法権ハ、人民自ラ私ニ之ヲ行フヲ得ベカラズ、故ニ諸裁判所、控訴院、大審院其外商法裁判所ヲ置キ、仏国人民ノ名ヲ以テ、民商刑事ノ裁判ヲ執行ス、而シテ行法官ノ長ハ、其ノ指揮スル所ノ兵力ヲ以テ其裁判ヲ決行セシムルニ任シ、然レトモ其裁判ヲ改正スルノ権ヲ有セス、其諸裁判所モ、亦自ラ構成スルコト能ハズ、必ス人アリテ、之ヲ設置シ、之ヲ支給シ、裁判官ヲ任シ、裁判ノ決行ヲ監シ、要之ヲシテ其ノ職ヲ行ハシムルヲ須ツ、司法卿此ノ務ニ任スル者ナリ、故ニ諸裁判所ハ、司法権ヲ掌リ、裁判ヲ行ヒ、司法卿ハ、其ノ裁判所ヲ管督スト雖トモ、其裁決ニ参与スルノ権ナシ、故ニ之ヲ改正シ、又ハ之ヲ破毀スルヲ得ズ、独リ検職ヲ設ケテ、其ノ意ヲ体認セシメ、裁判ヲ求メシムルヲ得ベシ

ここでは、裁判所というものは「私」に存在するのではなく、「国民主権」に由来するいわば公の権力によって設定されるものであり、したがって裁判所・裁判官は「法章（法章ハ議院ノ議ヲ経ル者）」[39]＝法律によって強く拘束されることが強調されている。そして、このことを担保するために、裁判所を「設置シ、之ヲ支給シ、裁判官ヲ任シ、裁判ノ決行ヲ監シ、要之ヲシテ其ノ職ヲ行ハシムル」のがまさに司法大臣＝司法省である、とされているのである。

時期的に下るが、一八九〇（明治二三）年裁判所構成法の起草が開始する直前の一八八四（明治一七）年に開催された、御雇外国人テッヒョーによる司法制度講義の記録[40]を見ると、上記の点はより明白となる。

以上演述スル所唯々裁判官ノ法律ニ依テ裁定ヲ下スト云フニ在リ蓋シ法律トハ慣習ヲ除テ立法権ヲ掌握スル者

ノ裁制布告スル者ヲ指称ス（中略―筆者注）国王ト国会トノ是認シタル布告ニ対シテ不服ヲ云フ時ハ道理上政府ノ意向ニ背反スル者ナルヲ以テ（裁判官は―筆者注）宜シク其官ヲ罷ムヘシ(41)（中略―筆者注）

国王カ別ニ裁判所ヲ設備シテ専ラ審鞫ノ事ヲ掌ラシムル所以ノ者ハ畢竟其撰任シタル人ヲシテ独立特行其事ヲ尽サシムルニ在リ然リト雖モ裁判所ハ国ノ上ニ凌駕シテ最上等ノ位置ヲ占ムル者ニ非ス（中略―筆者注）抑々裁判権ハ素ト一体ノ国権ヨリ起リテ一派ノ支流ヲ為スニ止マル者ナリ即チ君主政府ノ国ニ在テハ（中略―筆者注）国君ノ法律ヲ発シテ以テ裁制シタル権限ニ依リ之ヲ行フニ在リ（したがって君主政体の国では―筆者注）裁判権ハ国君ノ主権ニ属ス故ニ普国ノ憲法ニハ裁判宣告ハ国王ノ名ヲ以テス可シトアリ国王ハ国ノ上等裁判官タルノ資格ヲ以テ裁判ヲ委任ス可キ人ヲ撰任スルナリ（中略―筆者注）特赦ヲ行ヒ或ハ死刑ヲ准スハ国王カ上等裁判官タルノ資格ヲ以テ行フ可キ事項ニ係ル者ナリ（中略―筆者注）又裁判所ヲ監督スルノ権モ亦国王ノ上等裁判官タルノ資格ヨリ出ツ以上叙述シタル国王ノ権ハ躬カラ之ヲ行フニ非ス司法卿ヲシテ之ヲ実行セシムル者トス司法卿ハ裁判ノ淹滞又ハ裁判上ノ故障ニ関シテ之ヲ裁定シ、裁判所ヲ視察シ又ハ代理ヲシテ此ノ事ヲ掌ラシムル（中略―筆者注）司法事務ニ就テ意見ヲ述ヘシメ又ハ命令ヲ発シテ之ニ従ハシムルコト有リ。又司法卿ハ裁判事務ニ就テノ訓条或ハ心得ヲ発ス併シナガラ此訓条或ハ心得ハ決シテ裁判ノ事柄ニ立入ル可カラス(42)（以上の点はすべて「裁判官ノ司法卿ニ対シテ敬礼ヲ表セサル可カラサルコト」である(43)）

ここでは、フランスではなくプロイセンを例にして説明がなされているのであるが、司法大臣＝司法省の存在理由の説明の仕方は、基本的には同一である。すなわち、裁判所は「国君ノ主権」に由来するものとして設定され、「立法権ヲ掌握スル者ノ裁制布告スル」「法律」に対する忠実さと拘束が要求されている。そして、裁判官を任命し監督するのも、国王の「上等裁判官」としての資格に由来するのであり、したがって、上述の要求を担保するために、裁判所・裁判官自身にではなく、国王と裁判所との間に司法卿（大臣）＝司法省を介在させて、裁判所・裁判官を統轄させるのであるとされている。

以上のように、一八七〇年代から八〇年代にかけて、明治政府の司法当局者が依拠した司法省の制度像は、同時期のヨーロッパ大陸諸国、井上毅の言葉を借りれば「欧陸各国」の、裁判所＝裁判官の裁判権限を、いわばすべての公権力を集中させた近代国家の主権者に由来して設置されるものとして説明し、同じくそれに由来する法律に裁判所・裁判官を拘束することを担保するものとして設計されたものであった。[44] ここには、そうした制度が裁判官の独立を危うくしうるという認識（いわば大正昭和期に問題となる「司法官僚制」化に連なる問題認識）は希薄である。

この点で、さらに注意しておきたいのは、先に引用した「仏蘭西国司法省職制」末尾に記載されたブスケ自身の私見である。ここで彼は日本に司法省制度を導入する際の注意点の一つとして次の点を指摘するのである。すなわち、「第一緊要ナルモノハ根本ヲ改正スルニ在リ、然ラザレハ居留外国人ヲ管理スルノ権ヲ掌握スルコト能ハズ、根本ヲ改正ストハ、司法権ヲシテ、全然特別不羈ノ者トナシ、而シテ裁判官ヲ独立ナラシムル」ことであり、この権限のことを「前条ニ記スル所ノ如ク（上述引用文を指す―筆者注）仏国ニ於テハ、司法卿ハ司法官改革ノ事ニ管スル事（中略―筆者注）ノ権」と表現しているのである。ブスケの指摘する司法大臣＝司法省の「司法官改革ノ事ニ管スル」権限という表現には、司法大臣＝司法省が、裁判官を近代国家の司法権を担うに足りるものとして育成・編成、まさに「改革」していく際の重要な媒介項として位置づけられ、まさにそのゆえに日本において必要不可欠とされている点が注目されるのである。[45] 同じような認識は、『西哲夢物語　グナイスト氏談話』中の次のような司法省に関する記述[46]においても示されている。

司法省ノ権限ハ裁判官ノ進退ト其経済上ノ事務トニシテ、裁判上ノ事ニハ毫モ関係セザルナリ。英国其他ノ国ニ司法ノ行政事務ヲ以テ裁判所ニ委任スルノ例アレドモ、改革ヲ行ハントスル国ニ於テハ如レ此二ケノ事ヲ附合シテ行ハントスルガ如キハ甚ダ不便タルヲ免ズ。裁判訴訟ノ事ハ全ク規則立タル裁判所ニ委任セザルベカラズ。其行政ノ事務ニ至テハ、裁判官ノ為メニ事務ノ順序ヲ立テ、其審判ヲ便ニスルノ外ナラザルナリ。

ここでもブスケと同様、「改革」との関係で、司法省が位置づけられているのである。

明治前期に参照された、「欧陸各国」を準拠とした司法省の制度像、すなわち、司法大臣＝司法省が、裁判官を近代国家の司法権を担うに足りるものとして育成・編成、まさに「改革」していく際の重要な媒介項として位置づけられる制度像、はそれらの国々で実際にどのように機能を果たしたのだろうか。そうした制度像によってもたらされた「近代的な」裁判官制度の実相はどのようなものであったのだろうか。続く第一編では、明治一〇年代前半まで文字通り準拠理論として、そしてその後も明治政府の制度設計に影響をもち続けたと考えられる一九世紀末のフランスの司法制度改革における「司法官改革」を分析することを通じて、上記の点の検討を進めていくこととしよう。

［注］

（1）藤原明久『日本条約改正史の研究』雄松堂（二〇〇四）とくに第五章以下参照。裁判所構成法の制定過程については、小柳春一郎・蕪山嚴編著『裁判所構成法（日本立法資料全集94）』信山社（二〇一〇）、とくに第一編（蕪山担当）を参照。

（2）染野義信「司法制度（法体制確立期）」『近代的転換における裁判制度』勁草書房（一九八八、初出は一九五八）一五一・一五二頁。

（3）小田中聰樹『現代司法の構造と思想』日本評論社（一九七三）五頁。
（4）久保田穣「明治司法制度の形成・確立と司法官僚制」利谷信義・吉井蒼生夫・水林彪『法における近代と現代』日本評論社（一九九三）一四七・一四八頁。
（5）藤田正「明治一三年刑法の近代的性格」吉井蒼生夫・藤田正・岩谷十郎・青木人志・小沢隆司「近代日本の法典編纂――一八八〇年刑法（旧刑法）を再読する」法制史研究四七（一九九八）参照。
（6）西欧近代法の具体的な実相ないしは「近代市民社会」の西欧各国における具体的な様相が実証的に解明され、西欧近代法、「一九世紀近代西欧市民社会」の「普遍性」への疑義が提示されてきた現段階においては、理念化され固定化された「西欧近代」法を基準として、それとの比較によって日本近代法の特徴を取り出し、西欧近代における法とは異なる「半封建的な」「遅れた」「家父長主義的な」「非民主主義的な」等々の評価を行う視座を再検討する必要性が指摘されて久しい。一九九〇年代以降のこうした視点からの研究動向については、拙稿「近代法体系の成立――司法制度の展開を素材として」明治維新史学会（原田敬一・飯塚一幸）編『講座明治維新　第五巻　立憲制と帝国への道』有志舎（二〇一二）参照。
（7）一九九九年一二月八日司法制度審議会における最高裁判所「21世紀の司法制度を考える」http：//www.courts.go.jp/about/kaikaku_sihou_21/参照。
（8）佐藤岩夫「司法の統一性と非統一性」法社会学五三（二〇〇〇）一五四頁。最高裁プレゼンテーションに示された「等質性・統一性」概念については、佐藤同上論文の批判的分析を参照。
（9）佐藤同上一六一頁。
（10）笹倉英夫『法哲学講義』東京大学出版会（二〇〇二）三二六頁以下は、磯村哲『社会法学の展開と構造』日本評論社（一九七五）二六二頁が、一九世紀に登場する新たな裁判官のあり方を、「その本質上国家の命令を遂行すべき行政官僚」として定式化し、それ以前の裁判官のあり方を「名望家的な自由人の裁判官」と対置させたことを高く評価する。歴史的実態は別にして、「裁判官の官僚制化」が課題となる一九世紀末から二〇世紀にかけての裁判官のあり方の理念的な変化を示す概念として有用である。
（11）樋口陽一『比較憲法（全訂第三版）』青林書院（一九九五）一五一～一五八頁参照。
（12）裁判の「独立」と国民主権という問題の所在については、樋口陽一「裁判官にとっての主権者＝国民」樋口陽一・栗城壽夫『憲法と裁判』法律文化社（一九八八）参照。
（13）このような特殊な相貌のさらなる探求を行うためには、本書で試みた比較史の視点で得た知見を前提に、通時的な視点、すなわち近世から近代への連続性の視点からの分析が課題となる。

(14) 本書で、「司法省を基軸とした裁判所・裁判官編成＝統轄方式」というのは、「司法権の独立」(司法と行政の機構上の分離、裁判官の身分保障、裁判官の職権の独立)を前提にしたうえで、裁判所構成法と司法省官制上、裁判所・裁判官にではなく、司法大臣に人事権と司法行政上の監督権が与えられている方式を指す。
(15) 染野前掲注(2)書一五四～一五五頁。
(16) 明確な代案を提出するものではないが、一八七七(明治一〇)年の大審院以下諸裁判所職制章程の改正についての元老院における議論の中で、津田真道が司法省廃止を、佐々木高行・中島信行が、司法省を「検察局ノ如キ者」に縮小すべきだという議論を展開している。三阪佳弘「明治九・一〇年の裁判所機構改革」法制史研究三八(一九八八)七一頁参照。なお、一八七六・七七年の裁判所機構改革については同上参照。また、一八七五年の大審院設立時の政体取調局策定の大審院職制章程案については後述参照。
(17) この時期の日本弁護士協会の議論に関しては、本書第二編第一章参照。
(18) 同上参照。
(19) 東京大学法学部近代日本法制史料センター所蔵『中山寛六郎関係文書』六―二〇四。
(20) 本書第二編第三章参照。句点は筆者による。
(21) この点については、小田中聰樹『刑事訴訟法の歴史的分析』日本評論社(一九七六)第一編第一章、及び三谷太一郎『政治制度としての陪審制――近代日本の司法権と政治』東京大学出版会(二〇〇一)第一章第二節、久保田前掲注(4)論文参照。
(22) 大正・昭和期の裁判官人事の実態について、本文で記したような傾向がある点については、昭和初期の東京地方裁判所在籍判事の異動経歴を検討した山中永之佑・三阪佳弘「資料・治安維持法違反事件被告三田村四朗予審訊問調書(五・完)――治安維持法事件における予審の諸問題」阪大法学四一―四(一九九二)を参照。
(23) 「大審院長位置考」井上毅伝記編纂委員会『井上毅伝資料篇第四』國學院図書館(一九七一)一一五頁以下。
(24) 司法裁判所長と卿の兼任規定は翌年に廃止された(一八七三年一二月一〇日司法省へ達)。なお司法省裁判所については、浅古弘「司法省裁判所私考」杉山晴康『裁判と法の歴史的展開』成文堂(一九九二)参照。
(25) この間の経緯については、菊山正明『明治国家の形成と司法制度』御茶ノ水書房(一九九三)第三章参照。なおこの時期に出された七三(明治六)年大久保利通「立憲政体に関する意見書」においては、「凡重大ノ訟獄ニ付、其事情ニ差誤ヲ生シ、裁判上過マツテ断決スルモノアリトスルトキハ、司法官其情曲ヲ具状シ、右院ノ商議ヲ経テ太政大臣ニ上奏シ、允裁ヲ得テ其罪科ヲ宥ムルコトアルヘシ」とされていた(同上書一九九頁以下参照)。明治初期の司法改革に関しては同書の成果を参照。

(26) 国立公文書館所蔵『公文録明治九年一月司法省之部全』所収「五、裁判所置カレサル地方奏任官ノ内判事検事区分兼任ノ儀伺」及び「一六、検事上告之儀ニ付伺」。この点については三阪前掲注（16）論文六七頁以下参照。

(27) 国立公文書館所蔵『公文録明治十年十月司法省之部』所収「大審院ノ再審ヲ求ムル法案ニ付」及び同上論文参照。

(28) この点については、岩谷十郎「訓令を仰ぐ大審院」同『明治日本の法解釈と法律家』慶應義塾大学法学研究会（二〇一二）参照。同論文は、最高裁判所図書館明治文庫所蔵『申命類纂』（一八七九）に収められた新律綱領・改定律例の運用をめぐる大審院・司法省間の質疑応答史料を分析し、一八七五年太政官第一〇三号布告「裁判事務心得」にもかかわらず、司法省の大審院の判決形成をコントロールするという「教導的」役割を明らかにするとともに、大審院が解釈主体としての自律性を一定程度示す関係にあったことを指摘している。西欧近代型「司法権の独立」観念の受容過程における近世以来の系譜を引く明治初期刑事司法システムである日本型「伺指令裁判」との葛藤を描き出した点で、大変示唆深い。なお、「伺指令裁判」に関して、近世については大平祐一「伺・指令型司法」同『近世日本の訴訟と法』創文社（二〇一三）、明治初期については、霞信彦「明治七年司法省第一〇号布達施行直後の伺・指令」『明治初期刑事法の基礎的研究』慶應義塾大学法学研究会（一九九〇）参照。

(29)『秘書類纂』雑纂其四（原書房、復刻版、一九七〇年）二八頁以下、国立国会図書館憲政資料室所蔵『伊藤博文文書』二四四、その他早稲田大学図書館所蔵『大隈重信文書』A―四六七等にも同資料がある。本書では憲政資料室所蔵文書を参照した。なおこれについては菊山前掲注（25）書二一〇頁以下参照。

(30) 菊山前掲注（25）書二二一〜二二五頁以下参照。

(31) 稲田正次『明治憲法制定史　上巻』有斐閣（一九六〇）二七七頁。なおこの間の経緯については、岩村等「明治一一年民法草案の歴史的背景と起草組織について――井上毅の『司法省改革意見』などをめぐって」大阪経済法科大学創立二〇周年記念論文集『法学の諸課題』（一九九五）に詳しい。

(32) 井上毅伝記編纂委員会『井上毅伝資料篇第一』國學院図書館（一九六六）五四頁以下。

(33) 同案およびその修正過程については、稲田正次『明治憲法成立史の研究』有斐閣（一九七九）五四頁以下及び菊山前掲注（25）書二三六頁以下によった。

(34)『尾崎三良自叙略伝（上）』中公文庫版・中央公論社（一九七九）一九三頁。

(35) この点に関しては、福島正夫「司法職務定制の制定とその意義――江藤新平とブスケの功業」『福島正夫著作集　第一巻』勁草書房（一九九三、初出は一九七七）参照。

(36) 國學院図書館所蔵『梧陰文庫』C―一〇八「仏国各省職制」所収（マイクロフィルム版による）。なお、司法省から発行された

『質問録』と題する、ボアソナードとブスケに対する質問とその回答を編集したものが、国立公文書館所蔵内閣文庫に数冊残されている。これらの資料は翻訳者が異なるため、訳語、文体等において異同が見られるが、ほぼ同文が収録されている。なお、同上C―一〇八に該当するのは内閣文庫ヨ三二〇―〇三三七『質問録』（一八七七）第一冊三八頁以下所収「司法省職制　仏国「フスケー」氏」。

（37）同上『質問録』二一頁以下所収「日代官員即チ「ミニステールピュブリック」ノ説　仏国「フスケ」氏」。

（38）前掲注（36）所収「仏蘭西国司法省職制」。なお、前掲注（36）『質問録』八四頁以下にも訳語の異同はあるものの同内容の資料が収録されている。

（39）同上。

（40）哲憑・山脇玄訳述・伊東巳代治筆記『司法制度大要講義筆記』（内閣文庫所蔵ヨ三二七―〇一三八、司法省、一八八四年）。序文によるとこの講義は、山田顕義司法卿が伊藤博文参議に委嘱してテッヒョーに依頼したものであり、一八八四年四月二三日から三回に分けて鹿鳴館で行われたとある。そしてこの講義には、山田司法卿をはじめとして司法省要職者と、各裁判所判事約八〇名が参加したとされる。

（41）同右、第一回一四頁以下。

（42）同右、第二回一～五頁。

（43）同右、第一回二一頁。

（44）この点に関して、尾立維孝『仏独参照裁判所構成法義解』（一八九〇年、内閣文庫所蔵ヨ三二七―〇二二一）三一頁以下は、フランス・ドイツとの比較対照において検事の「聴断ヲ監視ス」という権限を解説する中で、次のように述べている点が注目される。

「夫レ司法権ノ独立ト云ハ裁判官行政威権ノ牽制ヲ離レ専ラ法令ノ正文ヲ以テ規準ト為シ良知ノ正威ヲ以テ縄墨ト為シ人民ノ為ニ公ヲ裁シ直ヲ持スルノ謂ニシテ放任妄為スルノ謂ニアラサルナリ故ニ其判決ハ他ノ容喙ヲ許サスト雖モ其法憲ニ恭順ナルヤ否ハ政府ノ当サニ監視スヘキ所ナリ（中略―筆者注）是レ第四編（一八九〇年裁判所構成法第四編を指す―筆者注）ニ於テ司法大臣ニ全国ノ裁判所ヲ監督スルノ権ヲ与ヘタル所以ナリ」

（45）前掲注（38）「仏蘭西国司法省職制」。なお、ブスケによれば、フランスにおいては、司法卿は前述「司法官改革ノ事」に限定され、法律の起草立案は制限されているが、日本においては、立法改革にも広く関与すべきだとする。

（46）「第六回　一一月二九日」『明治文化全集　第一巻　憲政編』日本評論社（一九六七・復刻版）四四二頁。

第一編　一九世紀末フランスにおける司法組織改革と裁判官

序章

本編では、一八七〇年代から八〇年代初頭のフランスにおける司法改革論議と一八八三年八月三〇＝三一日の司法組織改革に関する法律(1) Loi sur la réforme de l'organisation judiciaire の制定過程を検討する。

序論で述べたように、明治前期の近代的司法制度形成にあたって、同時代の西欧の諸制度の翻訳・検討が精力的に行われた際、その模範国の一つとして当時の制度設計者たちによって盛んに参照されたのがフランスの司法制度である(2)。そこで紹介・参照された同時代のフランスの司法省「像」、裁判官制度「像」の実態を検討することは、第二編の検討対象である、近代日本の裁判官制度とその運用の実態を比較法史的に再検討する上で不可欠の作業であると考えられる。近代日本の司法制度が、西欧との比較の中でいかなる意味で「近代的」であったのか、その一つの具体例としてのフランスとの比較によって考えてみようというのが、本編の課題である。そして、近代日本の司法制度の特徴の一つが、司法大臣によって裁判官が選任され、そのもとで階層的な司法官職体系の中に裁判官が組み込まれていた集権的裁判官制度であったことに分析の焦点を置く本書の課題設定から、本編では一九世紀フランスの裁判官制度の検討に限定して分析を進めたい(3)。

さて、一九世紀フランスにおいては、裁判官の選任について、革命期の裁判官人民選挙制が廃棄され、一七九〇年代末から一八〇〇年代初頭にかけて、政府任命制に変更された。そして、集権的な階層的裁判所組織の創設に対応した司法官職体系が構築されるとともに、司法全体の管理者としての地位を付与された司法大臣の広範な裁量のもとで、裁判官の選任が行われるようになった。裁判官に対する大きな脅威ともなりうるこの制度は、現実の歴史過程において、一九世紀を通じて継起する体制の変革毎に行われる裁判官の大量罷免＝追放épurationを生み出すとともに、階層づけられた司法官職体系内での「昇進への期待」へ裁判官をからめ取ることとによって、不可動性l'inamovibilitéの原則を掘り崩し、「裁判官の独立」への疑念を常に国民に抱かせる最大の原因となった(4)。

第三共和政期にはいると、裁判官が第二帝政を維持する上で果たした直接的・間接的な役割に対して、厳しい批判が加えられるようになった。直接的には、裁判官を含めた司法官層全体が、後述する混合委員会などへの参加を通じて、反帝政的政治活動の抑圧において多大な役割を果たしたと考えられた。また、間接的には、一九世紀の支配体制を特徴づける名望家としての社会的均質性と団体性を保持した総体としての司法官団corps judiciaireが、皇帝を頂点とする国家官僚機構に連なる司法組織を支えることによって、「秩序」すなわち「家族、所有propriété、宗教」によってあらわされる帝政的価値秩序を支えたと考えられたのである。そして、積極的にせよ、また消極的にせよ、裁判官にこれらの役割を果たさせる制度的基盤として、上述の司法大臣による裁判官選任に関する広範な裁量の存在、罷免されないだけでなく昇進をも含めたより積極的な不可動性の保障の欠如が指摘された。

このような一九世紀初頭に構築されて以来維持されてきた裁判官をめぐる制度的枠組みに対する批判的認識は、一八七〇年代から八〇年代初頭に至る時期の司法改革論議の大前提であり、実際の議論の中では、様々な制度設計が提出されていくことになる。一〇年以上の論議が続いた後、最終的には、一八八三年八月三〇日法が成立し、第二帝政を支えてきた裁判官の追放という政治的課題が優先され、各裁判所における裁判官定員の削減という技術的な組織改革という外見のもとに、三ヶ月間の不可動性の停止によって、この政治的課題が実現されるにとどまり、上述したような裁判官の選任にかかわる制度的課題について改革は見送られることになった。

しかしながら、この過程で提出された様々な論点や制度設計は、全く葬り去られたわけではなく、その後のフランスの裁判官の選任制度の骨格を形作る制度（たとえば、一八八三年法によって設置された司法官職高等評議会の権限強化、昇進表制度の導入、試験任用制度による採用段階での基準の客観化等々）として具体化されていくのである。その意味で、現代フランスの裁判官制度の歴史的意味を考える上でも、この第三共和政期初頭の司法改革論議を検討することは、不可欠の意義をもつものといえよう。[5]

そこで、まず第一章では、一九世紀フランスの裁判官をめぐる制度的概観を行う。このことは、一八七〇年代以降の司法改革論議を検討するための前提的作業として位置づけられる。

第二章では、第一章での検討を前提に、一八七〇年代前半において、議会を中心とした制度設計者たちが、第二帝政期までの裁判官制度をどのように総括し、その制度的欠陥をどのように認識していたのか、そして、その克服のためにどのような制度設計を試みようとしたのかを検討する。一八七〇年代以降の制度改革論議については、七二年以後の「共和主義者なき共和政」からマクマオン大統領下の「道徳秩序」体制の時期における改革論議沈滞期をはさんで、七一・七二年と、八〇～八三年の二つの高揚期がある。そして、この沈滞期に対応する「道徳秩序」体制を支える上で大きな役割を果たした裁判官に対して、国民の不信と反感が再び高まり、八〇年代以降の高揚期を迎えることになる。そこで、八〇年代の改革論議につなぐ意味をもつ、上述第一の高揚期から沈滞期の裁判官をめぐる政治状況についても、ここであわせて検討しておきたい。

第三章では、無認可修道会に関する一八八〇年三月二九日のデクレ（第三共和政下における大統領の発する命令）の適用過程をめぐって、七九年以降の政府（「共和主義者の共和政」の確立）と裁判官との間の対立の激化によって、司法改革論議が再度高揚する時期の議論内容を検討する。この時期においては、裁判官に関する新たな制度設計を模索するというよりも、むしろ、第二帝政からの人的系譜を維持しながら「道徳秩序」体制を支え、反共和政的な（「名望家」としての）社会的実体を有する裁判官層を、裁判所から一掃すること、すなわち、不可動性の停止による追放をどのように実施するのか、ということを目的とした組織改革論議に重点が移行する。これは後述するように（A）不可動性の一時的停止による反共和政的な裁判官の追放、という制度設計の法案として議会に登場する。これをめぐって、（B）裁判官公選制の採用、（C）政府による裁判官選任制の存続と、その選任に対する法的統制の強化、といった対案が提示され、議会で激しい議論が展開された。本章では、一八八一年一一月一五日に（A）の制度設計に傾斜した下院可決の司法組織改革法案が元老院で否決されるまでの時期の議会での司法改革論議を検討する。

第四章では、元老院で否決された（A）の制度設計に対抗して、一八八二年以降急浮上してきた（B）の制度設計に基づき、一八八二年六月一〇日に裁判官公選制を軸にした法案が可決されるという事態が展開し、一転してそれが再度否決される過程を検討する。そして。その後、一八八三年八月三〇日法という、きわめて技術的な内容にとどまった法律が制定されることになる。一方でこの法律は、反共和政的裁判官の追放という政治的課題を、各裁判所における裁判官定員の削減という技術的な規定によって実現するが、他方、非常に限られてはいるが、それまでの改革論議を反映する規定を盛り込み、その意味では、この法律自体がその後の改革論議の出発点としての意味をもつものである。

［注］

（1）一八八三年八月三〇日法については、J.-B. Duvergier（éd.）, Collection complète des lois, décrets, ordonnances, règlements et avis du Conseil d'Etat, t.83, Paris, 1883, pp.195–224を参照。本書では法令は同シリーズに依拠した。

（2）明治初年のフランス司法制度の継受について、一八七二（明治五）年の司法職務定制に関して分析した福島正夫「司法職務定制の制定とその意義――江藤新平とブスケの功業」『福島正夫著作集第一巻』勁草書房（一九九三）参照。

（3）この時期のフランスの司法改革に関しては、ほとんど検討が加えられてこなかった。わずかに、革命期の裁判官公選制との関連で、稲本洋之助「フランス革命初期の裁判官選任論」社会科学研究二三―二（一九七一）一一頁注（13）に言及がなされている。

なお、本編にかかわる邦語文献として参照したものを以下に掲げておく。一九世紀のフランスの司法官の追放に関しては、江藤价泰後掲「フランスにおける裁判官の身分保障2」八七頁以下、稲本洋之助「裁判官の『受難』」岩波講座世界史二七巻付録、月報二七（一九七四）、ジャン・フワイエ／北村一郎訳「フランスの司法――司法「権力」否定の歴史」『日弁連弁護士倫理叢書〈フランス〉フランスの司法』ぎょうせい（一九八七）、田辺江美子「フランスにおける裁判官の身分保障」上智法学論集三八巻二号（一九九四）など参照。

本編にかかわるフランスの一九世紀の裁判官制度に関しては、以下の文献を参照。石井三記『18世紀フランスの法と正義』名古屋大学出版会（一九九九）とくに第一〇章、石川良雄「フランスの司法制度」司法研究報告書一三―一二（一九六二）、江藤价泰「フランスにおける裁判官の団体活動」判例時報六一九（一九七一）、同「フランスにおける裁判官の身分保障1〜5」法律時報四四―三、四（一九七二）、四五―四、五、八（一九七三）、同「フランスにおける法律家制度の歴史と現状」ジュリスト一〇二三（一九九三）、同「フランスにおける司法官職高等評議会について――裁判官の独立との関連において」『木川統一郎博士古稀祝賀論集民事裁判の充実と促進』判例タイムズ社（一九九四）、司法省調査課「仏国司法制度」前編・後編司法資料一六四号・一六五号（一九三一）、三ヶ月章「フランスの司法制度について」『民事訴訟法研究第四巻』有斐閣（一九六六）、ジャン＝ルイ・メストル「裁判の歴史（一七一五〜一九五八）」小島武司・渥美東洋・清水睦・外間寛編『フランスの裁判法制』中央大学出版部（一九九一）。なお、現行法制を対象としたものであるが、その歴史的沿革について山口俊夫『概説フランス法 上』東京大学出版会（一九七八）、滝沢正『フランス法第四版』三省堂（二〇一〇）。一九世紀フランスの司法制度関係法令の邦語訳として司法省調査課「仏国裁判所ノ構成ニ関スル法令」司法資料一二九（一九二八）がある。

（4）この点に関しては、前掲注（3）中の、江藤价泰氏の諸研究、田辺論文等参照。また、小山昇「フランスの裁判官制度（一）〜（四）」ジュリスト三一四、三一六、三一八、三二〇（一九六五）。

（5）現代のフランスの裁判官制度に関しては、さしあたり、前掲注（3）中の江藤价泰氏の諸研究、山口前掲書、滝沢前掲書、小山前掲注（4）論文、山本和彦『フランスの司法』東京大学出版会（一九九五）を参照。

第一章　歴史的前提としての一九世紀フランスの裁判官制度

本章では、一八七〇年代から八〇年代初頭の司法改革論議の歴史的前提となった、革命期から一九世紀にかけてのフランスの裁判官に関する制度的枠組みについて概観しておくことにしたい。

一九世紀フランスの裁判官は、裁判官選挙制度が廃されて以来、政府任命制を前提にその選任（その採用とその後の昇進を含めた人事上の権限）に関しては、国璽尚書・司法大臣 le Garde des Sceaux, Minstre de la Justice（以下司法大臣とのみ略称）の広範な裁量権限のもとに置かれていた。裁判官もまた、一九世紀はじめのナポレオンによるあらゆる公的制度の中央集権化の運動に巻き込まれることを免れることができなかったといわれる。その結果、司法組織全体が、末端の治安裁判所 justice de paix から頂点の破毀院 cour de cassation まで数多くの階層に分かれていた。さらに、控訴院 cour impériale, cour royale ou cour d'appel と第一審裁判所 tribunal de premier instance 自体も、控訴院については三等級 classe、第一審裁判所については六等級にランク分けされ、所属裁判所の等級と職の階梯 grade に応じて、所属司法官の俸給もランク分けされていた(1)。裁判官が所属する司法組織全体は、このような階層づけによって差別化された裁判所組織と司法官職体系からなる巨大なピラミッドを形作っていた。そして、司法大臣を頂点とする各院長 premier président、各裁判所長 président（検察官に関しては、各法院 cour の検事長 procureur général、裁判所の帝国検事または共和国検事 procureur impérial ou procureur de la République）といった司法行政管理職の系統によって、採用と昇進といった人事行政がきわめて集権的に行われていた。裁判官の選任は、司法大臣を経由して政府によって行われるのであるが、実質的には、司法大臣を頂点とする集権的な監督・指揮命令系統の結節点に位置する法院長（および検事長）が、空席となったポストについての採用と昇進に関する情報を管轄区域内から収集整理し、推薦名簿を司法大臣に提出し、大臣がその推薦を参考にしながら決定する慣行となっていた。したがって、各裁判官は、こうした階層的な権力の裁量の中で自己の地位が決定されるという状態に置かれていた。トクヴィルが、一八三六年に「裁判官は、自由な立場を守るために不可動であることを望む。しかし彼ら自身が（自らの司法官としての成功のために）自発的にその犠牲となるのであれば、これ以上に裁判官の独立を奪うものはない」という表現で指摘したように、このような人事制度は、裁判官の不可動性にとって危険なものであった(2)。

以下では、このような集権的構造の成立過程(3)について、この構造に不可欠ないくつかの制度的要素を取り出して概観しておくことにしたい(4)。

第一節　裁判官の政府任命制と集権化

後述するように、一八七〇年代以降の司法改革論議において、裁判官の政府任命制が第三帝政期の時代に裁判官の独立を著しく損なう最大の原因であった、と総括されていたので、ここではその成立と一九世紀における制度の展開について検討しておこう。

周知のように、アンシャンレジーム下において、裁判官の地位は、それ自体不動産的性質をもつ官職株 office の保有によって決定され、この官職株の保有が、国王の裁判官選任権、裁判官の身分保障の大前提となっていた。一七八九年の大革命の後、この官職株制度が廃棄され、一七九〇年八月一六日＝二四日の司法組織に関するデクレによって「人民による選任」＝人民選挙制へと転換された(5)。裁判官の人民選挙制は、国王＝執行権とともに旧来の裁判官に対する人民の不信から生み出された制度形態であり、とくに後者の不信については、執行権から独立であるべき司法的職務の担い手が、実質的に執行権に従属して反人民的機能を果たすことを防止することが求められた。そのために、人民の信任を選挙によって定期的に更新することによって、司法的職務の独立を確保し、任期期間中は、執行権力から自由であり、人民の信任により保護され、そしていかなる権力からも自由であることが身分保障の実質的内容として保障されたのである(6)。ただし、この段階では、裁判官職について、被選挙資格に法曹経験が必要とされた。一七九〇年一一月二五日以降、裁判官選挙制に基づいて裁判官の選任が行われ、新しく叙任された裁判官は、一七九七年まで六年間、その地位と職務を法律によって保障されることになった。

しかし、一七九二年九月二二日に共和政樹立の宣言がなされ、国民公会の時代にはいると、一七九〇年八月法による裁判官選挙法は変容を被ることになる。

九二年九月二二日に、行政組織、市町村組織と同様に、すべての司法組織の構成員の改選が議決され、同時に、祖国に忠実であった者の再選は妨げられないこと、選挙は国民がすべての市民の中から差別することなく裁判官を選出する旨の議決が行われた。そして、一〇月一九日には、上の議決を実施に移すためのデクレが採択された。これらを通じて、裁判官の被選挙資格についての法曹経験の要件がなくなった。翌年三月には、新しい選挙制度に基づく裁判官選挙が実施され、九一年選出の裁判官を任期中に解任する結果をもたらした。これにより、法曹経験者という要件のもとに存続していたアンシャンレジーム下の裁判官との人的連続性が断ち切られることになったといわれている(7)。いわゆるジャコバン独裁の時代にはいると、国民公会や公安委員会による裁判官の個別的追放が常態化していった。そのため、一七九四年前半期には、追放による欠員が生じた場合の補充選任権を、国民公会、ついで公安委員会へ付与するに至る。

すべての裁判官が人民一般を選挙人としてかつ被選挙人として選挙されるという、九二年のデクレの裁判官の「人民による選任」＝人民選挙制は、その後徐々に後退し、裁判官の政府任命制に変えられていくことになる。まず、一七九五年八月二二日（共和暦三年実月五日）憲法は、裁判官選挙制を維持したが、選挙会を構成する選挙人の資格として相当の資産を保有していることを条件にした。

さらに、裁判官選挙制は、一七九九年のブリュメール一八日のクーデタを契機に放棄され、政府任命制へ変えられていった。その過程は以下の通りである。

まず、裁判官の選挙は五年ごとに一括し行われることが規定されていたが、その間に辞職や死亡等によって空席が生じうる。そのため、九五年一一月一六日（共和暦四年霧月二五日）法および一二月一三日（同上霜月二二日）法は、総裁が次の選挙までにその空席となっている裁判官職を埋めることが認められた。この措置は、司法大臣が候補者リストを準備し、総裁に推薦を行う慣行を生じさせることになった。(8)

一七九九年一二月一三日（共和暦八年霜月二二日）の憲法は第四一条で、「第一統領は、治安判事及び破毀裁判所裁判官(9)以外のすべての民事及び刑事の裁判官を任命する」(10)と定め、執行権の長による裁判官の任命制の端緒となった。そして、第六七・六八条によって、裁判官は、市町村（第一審裁判所）、県（第一審裁判所及び控訴裁判所）、そして全国（破毀裁判所）の各段階において作成された名簿から、終身として任命されることが規定されたのである。ただし、この名簿の作成にあたっては、市町村段階では市民権をもつ市民の投票によってその一〇分の一が、県段階ではその互選によってさらにその一〇分の一が、全国では同様にさらにその一〇分の一が互選されて選出されるという選挙方式が利用され、人民選挙制の要素が完全に排除されているわけではなかった。しかし、この名簿も、一八〇二年八月四日（共和暦一〇年熱月一六日）の憲法についての組織的元老院決議の中から削除され、裁判官の選任は完全に政府による自由な任命によることになった。(11)この時以後、フランスの裁判官選任制度について、政府任命制が定着することになった。

この政府任命制は、一八〇二年七月六日（共和暦一〇年収穫月一七日）のアレテが司法官の俸給を県の負担から国庫負担へ変更することによって、司法組織の集権化を推進することになった[12]。というのも、県によって俸給が支給されていた場合、たとえ総裁によって任命されたとしても、裁判官たちは、再任を左右する地方的利害関係に、より敏感であったからである、とされている[13]。

第二節　司法大臣＝司法省と階層的司法官職体系

以上の政府任命制への転換は、政府内部での裁判官選任に関する司法大臣の権限を拡大していった。司法省および司法大臣は、アンシャンレジーム下の大尚書局 Grande Chancellerie、大尚書局長 grand Chancellier に歴史的淵源をもつとされているが[14]、一七九〇年に、旧体制下の大尚書局長が廃止され[15]、デュポール＝デュテルト Duport-Dutertre が「司法大臣兼国璽尚書官」に任命されたことによって、司法省という組織が出発することになった[16]。

当初司法大臣は、革命前の大尚書局長の有していた権限を引き継いでいたが、前述したような裁判官選挙制の導入とともに司法大臣が果たすべき役割について権限問題を惹起するに至った。すなわち、一七九〇年の選挙制のもとでは、被選挙人について法曹経験要件（五年間の県裁判所の司法職についていたこと）が課せられていたにもかかわらず、その経験・能力の不十分さ、革命による新しい法原理に対する忠実さの不十分さが問題にされるようになった[17]。

このような状況と平行して、司法大臣の権限問題について議会でも議論され、一七九一年四月二七日＝五月二五日「省の組織に関する」デクレの第五条において、とくに第四項として「ディストリクト裁判所および刑事裁判所の裁判官ならびに治安判事および商事裁判員にすべての必要な警告を発し、規則についてこれらの者の注意を喚起し、かつ、裁判所が適切に管理されることを監視すること」、第七項として、「裁判所の管理の状態及びそこに生じることのある濫用について、それぞれの会期の始めに立法議会に報告すること」が規定された[18]。裁判官公選制に伴って必要とされた「裁判所の適正な管理」を確保するために、司法大臣の裁判官監督権限を規定することについては、議会の審議の中で、これを警戒し、裁判官監督は選挙された裁判所に委託すべきだという意見も出された。しかし、上述第七項については、当初予定の「裁判官および吏員の行動」を報告することとなっていたのを、「裁判所の管理の状態」を報告することへと修正されることによって採択された[19]。

その後、ジャコバン独裁期の委員会制度の導入によりいったん司法省は消滅し、民政、警察、裁判所委員会 Commission des Administrations civils, Police, et Tribunaux（一七九四年四月）へと編成替えされた。ここでも、裁判所の監視の権限が受け継がれている。そして、前述したように、この時期公安委員会に裁判官の空席補充権限が与えられたことを反映して、同委員会が「司法の組織化」l'organisation judiciaire、すなわち、当時の言葉では人事上の任命・配転を意味する言葉であらわされるような業務を担当していた、とされている。

一七九五年一〇月二〇日（共和暦四年葡萄月一〇日）に再度司法省という名称に復したが、このときも、司法省の基本的骨格は、一七九一年当時とほとんど変化は加えられず、裁判官の監督 surveillance des judges も当然引き継いでいた。このときの最も大きな変化は、司法官人事行政が、重要な業務の一つとして位置づけられたことである。同年八月の憲法によって、前述のように、政府委員＝検察官 commissaires du gouvernement の総裁政府による任命制とともに、裁判官選挙制の形骸化（九九年憲法でさらにいっそう形骸化される）が進行し、結局、裁判官・検察官の任命、認証にかかわる人事行政事務が司法大臣の権限に委ねられることになった[20]。

こうして、裁判官の選挙制から政府任命制への転換を通じて、従来からの裁判官に対する監督権とともに、採用、昇任、罷免を含めた広範な人事行政が、司法大臣・司法省に委ねられることになった。

さらにナポレオンによる国家体制の集権化とともに、司法大臣は司法組織全体の管理者としての地位を確立していくことになる。次に、この時期の裁判官に対する監督権限の拡大（懲戒も含めて）について概観しておこう。[21]

前述したように、一七九一年の司法大臣の権限確定時にすでに規定されていた裁判所・裁判官に対する司法大臣の監督権は、前掲一八〇二年八月の元老院決議によって、司法大臣に「大法官 Grand Juge」の称号が与えられ、その権威づけが図られるとともに、裁判所および裁判官に対する監督権限が包括的なものとして再規定された。すなわち、第八一条で、「大法官＝司法大臣は、すべての裁判所、すべての治安裁判所及びそれらを構成する構成員に対して、それらを監督し懲戒する reprendre 権限を有する」とされ、第八二条では「破毀裁判所は、大法官＝司法大臣が長となりすべての控訴裁判所と刑事裁判所に対して譴責 censure と懲戒 discipline 権を有する。重大な事由があるとき、破毀裁判所は、裁判官の職を停止させ、大法官の下に、その行動を説明させるために召喚することができる」と規定した。さらに、第八三条は、「控訴裁判所は、管轄下のすべての民事裁判所に対して、民事裁判所は、その管轄下の治安判事に対して、それぞれ監督権限を有する」として、裁判所の階層に応じて、上位の裁判所から下位の裁判所に対する監督権を付与した。こうして、司法大臣は、裁判官に対して、その地位を損なうような行動、その職務に付随する義務違反についての、包括的監督権限と、破毀裁判所を主宰することで懲戒裁判権とを付与された。そして、階層的に組織づけられた各裁判所の司法管理職も、同じように部下の裁判官に対する監督権が付与された。

司法組織と司法行政に関する一八一〇年四月二〇日法は、さらに上述の規定を拡張した。まず、第五七条は「大法官＝司法大臣は、適当と判断するとき、その責に任ずべきに至った事実について説明するように、すべての裁判官を召喚することができる」として、全裁判官に対する包括的な監督権を規定した。そして、懲戒裁判に関して、第四九条は「帝国法院（控訴院）長」「第一審裁判所長」は、その職権もしくは検察官の申立によって「裁判官の品位を毀損した」裁判官に「戒告 avertissement」を発することができると規定し、その戒告が効果のないときには、第五〇条で、懲戒処分として「単なる譴責 censure simple」と「戒告を伴う譴責 cenure avec réprimande」、「停職 susupension provisoire」を課しうるとした。第五二条では、これらの懲戒処分の適用は、当該裁判官の所属する裁判所または帝国法院の評議部 chambre du conseil においてそれぞれ行われる、と規定した。第五四条は、第一審裁判所がこれらの懲戒処分を怠った場合には、帝国法院が代わってそれらの処分を行い、裁判官を召喚することができる、とした。そして、これらの懲戒処分に関して、司法大臣は次のように関与することになる。すなわち、第五六条の規定により、以上の諸決定はすべて司法大臣に報告され、戒告を伴う譴責、停職は、司法大臣の認可の後でなければ執行されず、事案の重大な場合には、前掲一八〇二年八月の元老院決議第八二条に基づき裁判所または法院の判決を再審査する権限が与えられた破毀院に、被訴追人を付託しうる、とされた。さらに、第五九条は、「裁判官になされた有罪判決は、違警罪の罰を課する者であっても、すべてを司法大臣に送付するものとする。司法大臣はこれを詳細に調査した後、必要な場合には、有罪判決を受けた裁判官を破毀院に告発する。司法大臣主宰の下で、当該裁判官は、事実の軽重により、罷免又は職務の停止を受けることがある」と規定した(22)。

以上のように、司法大臣が、全裁判官に対する監督権を有していたのであり、この監督権限は、一八〇〇年三月一八日（共和暦八年風月一八日）法によって行われた全国裁判所組織の階層化(23)に対応して、破毀院を主宰する司法大臣＝大法官を頂点として、裁判官については控訴院長→裁判所長、検察官については、破毀院付政府委員（検事長）→控訴院付政府委員（検事長）→裁判所付政府委員（帝国検事）といった監督系統が確立された。懲戒権に関しては、司法大臣と全裁判所（破毀院、控訴院、第一審裁判所）との間で分有されていた。そして、控訴院と裁判所は職権として、免職 déchéance をのぞく上述の罰則を判決していたが、それらの決定は司法大臣の承認がなければ効力をもたなかったし、破毀院は譴責と懲戒権限を有していたが、司法大臣主宰によって審理しなければならなかった。

このような裁判官に対する懲戒権と監督権に関する規定の整備と裁判所組織の階層化に対応して、各階層の裁判所の長は、司法大臣と末端の裁判官との間の上下の指揮命令系統の重要な結節点として、その権限と栄誉が強化され、「高級司法官 haute magistrature」を形成するようになった[24]。すなわち、一八〇四年五月一八日（共和暦一二年花月二八日）元老院の組織的決議においては、アンシャンレジーム下の法院の名称を復活させて、第一審裁判所との差別化のために、控訴裁判所 Tribunal d'appel を控訴院に、破毀裁判所を破毀院に名称変更した。さらに、ナポレオン期の裁判所組織法令の集大成であり、一九世紀を通じて裁判所組織の基本法となる、一八一〇年四月二〇日法においては、司法官職名について、革命前の法院の判事 conseiller、検事長などの名称を復活させるとともに、官職階梯の差別化を図ったのである[25]。このような、司法官職体系は、一八〇八年以降創設されるいわゆる「帝政貴族」制度に基づいた授爵による権威づけによって、司法大臣とともに高級司法官層の地位を高めることになった[26]。こうして、司法官団の階層化 la hiérarchisation du corps judiciaire[27] が深く裁判官をとらえることになった。

第三節　司法官職体系の階層化と裁判官人事

裁判官の身分保障を考える場合、フランスにおいては、政府任命制の導入とともに、不可動性が規定され、終身制とともに罷免されない権利として制度化されてきた。しかしながら、上述のように、司法大臣が司法組織全体の管理者として、司法の人的組織の管理運営（司法官の採用、昇進）に関する広範な権限を与えられ、しかも、司法大臣を頂点とする監督系統に対応してその待遇・栄誉が厳しく差別化された階層的司法官職体系が確立されると、新たな問題を生じさせるに至る。すなわち、不可動性の意味を、単に罷免されない権利として消極的にとらえるだけでは、裁判官の身分保障にとって、十分な機能を果たし得ない、という問題である。なぜなら、不可動性が、裁判官が自らの栄誉と待遇を確保し、さらに上昇させるために「権力に希望し期待すること」を保障しないものであれば（積極的な意味での不可動性の保障の欠如）、こうした「希望と期待」に対する政治権力による重大な威嚇から、裁判官を保護するものではないからである。(28) 事実、ナポレオンの第一帝政以来、第二帝政までの諸政府は、このことをもって、司法官が抵抗するあらゆる可能性を剥奪してきたのである。

では、具体的に司法大臣による人事行政はどのように行われていたのであろうか。罷免されないという意味での不可動性とのかかわりでの検討は次節で行い、ここでは、上述の司法官職体系の中での、積極的な意味での不可動性とのかかわりで重要な裁判官の採用と昇進の制度とその実態を検討してみることにしたい。

一八一〇年四月二〇日法に基礎を置き、その後のたびたびの体制の変革の中を生き延び続ける司法大臣の裁判官選任の仕組みは、次のようなものであった。

まず、治安判事を除く裁判官について、原則として、大学の法学部の卒業資格を保有していることと、二年間の弁護士実務を経験していることが、採用要件として定められていた。そして、官職に応じて、より上位の法院の判事職、司法管理職等への補職については年齢制限のみが規定されていた。(29) これらの採用と昇進に関しては、上述の規定以外にはなく、原則として任命権者である国家元首 le chef de l'État、実際上は司法大臣の裁量の下に置かれていた。

そこで、ある人物を採用し、もしくはある裁判官を別の官職ポストに昇進させようとするときには、実務上はその採否、もしくは複数の候補者からの選択について、司法大臣・司法省の発言が影響力を強めていくことになる。政府任命制の導入と集権的な監督系統の整備を通じて、司法省には全国の法院・裁判所から人事に関するあらゆる資料が集められるようになり、それらを管理する司法組織部 division de l'organisation judiciaire（のち人事局へと発展）が省内で組織されるようになった。こうして、司法大臣は、司法省内の人事部局と、全国の法院・裁判所の司法管理職による監督系統に依拠しながら、司法組織全体の人的管理を掌握したのである。[30] 復古王政期に入ってからも、この点は変わらず、人事行政に関する司法大臣の役割は増大し続けた。[31]

監督系統の結節点である司法管理職の系統に依拠しながら、司法大臣が最終的に人事について実質的に最終的な決定を行う慣行は、第二帝政に向かうなかで、一つの完成された形をもつに至る。上述したように、司法省には、人事に関する様々な資料が集められてくるが、一八五〇年五月一五日の司法官の個人調書 dossier individuel に関する司法大臣訓令[32]によると、同訓令以前においては、司法官職ポスト毎に、候補者の紹介調書 dossiers de mouvement ou de présentation などからなる異動関係書類綴が作成されていた、とされる。したがって、ある官職に空席が生じると、候補者・志願者すべての志願書、かれらのための推薦書、紹介状、証言などが一級の書類の中に雑然と詰めこまれ、その中の一人が任命されると、当該官職名とその司法官の名前を表題とする書類綴として保存されることになっていた。同訓令は、以上のシステムの下では、ある司法官についての情報を司法省が集めようとすれば、当該司法官がこれまで経由してきたすべての官職ポスト、志願してきたポストに関する書類綴をすべてひもとかなければならなくなる不備を指摘し、次のように改めることを指示した。すなわち、控訴院長と控訴院検事長に対して、司法官一人一人についての個人情報を定型化して記載したものと各々に関係する書類からなる個人調書を、毎年司法大臣に提出することを義務づけた。階層的監督系統に依拠した人事管理の徹底を行ったのである。同訓令は、こうした個人調書整理の趣旨・目的を、次のように述べている。

司法大臣にとって、司法官すべての様々な資格 titres、業務 services、適性 aptitudes を把握しておくことほど必要なものはない。そして、良き裁判官にとっては、司法省との関係で最も大切なことは正確に把握されている、ということなのである。彼らの立派な行動が綿密に記載されているということ、彼らが良きことを行ったことについて厳格に考慮されているということ、不幸にも過ちを行った場合には、それらが誇張されることなく記録されていること、あるものについてはその才能の輝きが記載され、またあるものに対しては、長い業績と深遠なる学問が記載されていること、また、あるものについてははち切れんばかりの知性が、あるいは、判断の確かさが記載されていること、さらに、控えめなものについては、職業的良心への忠実さ、品行の正しさ、すぐれた調停者、万人が満足させられているということ、司法官たちは、こうした理由を完全に把握されたうえで、評価されていること、彼らの逸脱が寛大さによって抑制されていること、そして、いつもいつも昇進につながるわけではないが、少なくとも何らかの評価を得ていることを知ることになるであろう。この目的は、各司法官についての個人調書、それはその司法官に関するあらゆる書類を含み、その司法官の司法官生活に関して正確に描いてくれる個人調書を司法省に備えておくことによって達せられるであろう。

上記訓令は、まず、これらの定型化された個人情報について以下のようなものを列挙し、その雛型を用意する。司法官の氏名、年令、出身、家族の地位（両親、家の状況）、学位の取得年月日とその種類、任官年月日、当該司法官の「品行、性格、教育、能力」に関する「極秘情報」（彼の「素行」「公的行状」、職業的能力、様々な司法官職への適性、その上司・一般大衆との関係）、「妻の名前と妻とその家族に関する一般的情報」（子供の数、妻を亡くしているかどうか、職務を妨げるような縁戚関係の有無など）、「社会的地位と財産」、当該司法官について勤務上見られる長所または欠点（弁論上の雄弁さ、予審判事としての手際の悪さなど）、そして最後に、総評 observation général と題された院長・検事長の所見である。

この個人調書に参考資料として、公的私的書簡 correspondances officielles ou privées、かれに関する匿名の書状

lettres anonymes、報告書 mémoires、後述するような推薦状 lettres de recommandation、行政上の報告 rapports administratifs、演説の引用 extraits de discours、出版物の切り抜き coupures de presse などがあれば、必ず添付されなければならないとされ、これに、院長・検事長に義務づけられた司法大臣宛の個人的所見 les notices individuelles が付されていたのである。

これらの個人調書は、監督系統上の直接の上司である司法管理職によるまさに「評価」を示すものであっただけに、重要性をもって位置づけられていた。また、前期添付書類の中で重視されたのが、様々な推薦（あらゆる類の当該司法官のための奔走、書状、仲介による推薦状）であった。この推薦状は、上述の個人調書に綴じ込まれているものであり、司法省では、これに目録をつけて整理するほど重視していたものであった(33)。ある人物を採用する場合、あるいはある裁判官を別の司法官職に補職する場合、司法省に集約されたこれらの推薦と司法管理職による評価が総合され、司法大臣による選任が行われるのである(34)。

では、具体的に、このように司法省に集約された評価と推薦について、どのような内容が重視されたのであろうか。

上述の時期は、第二共和政期にあたり、共和派勢力が一八四八年一二月の大統領選挙で後退し、さらに翌年五月の立法議会選挙でも後退していく時期にあたっている。他方、いわゆる「翌日の共和主義者」を吸収しながら結集が図られた「秩序派 parti de l'Ordre」が、一八四八年革命後の社会秩序の混乱を、「秩序、所有、宗教」を軸に農民の支持を集め、選挙に勝利した。「秩序」すなわち「家族、所有、宗教」を軸とする「名望家体制」を志向する秩序派（正統王朝派とオルレアン派）と「社会的共和国」を目指す山岳派（共和左派と急進主義者）との対抗の中で、ルイ・ナポレオンによる第二帝政が成立した。

第二帝政の構造は、一方で普通選挙によって名望家支配を地方において後退させ、国民と皇帝との直接的なつながりを強めながら（人民的ボナパルティズム）、他方で、革命後の「秩序」再建を標榜しつつ、「秩序」維持に参与する社会層として、既存の名望家層に依存する（名望家のボナパルティズム）ものであった。結局、第二帝政においては、普通選挙制によって絶えず自らの存立基盤を脅かされながらも、名望家層が、地方から中央に至る官僚機構、議会の多数派を構成し、皇帝権力の体現者である官僚機構に依拠することによって名望家支配が貫徹するという矛盾した構造を内部に抱え込んでいた[35]。実際司法界 monde judiciaire においても、後述するように、「所有」、「家族」、「宗教」等を不可欠の要素とする「秩序」を軸にした名望家的要素が、司法官としての成功と権威を確立する上で、最低限必要な要件となっていた、といわれている[36]。

以上の時代状況を前提に、裁判官選任にあたって重視された内容的基準として、次の二つの点が浮かび上がってくる。一つは、イデオロギー的基準であり、もう一つは、受け入れられるだけの合理性をもった縁故 népotisme raisonnable である。

まず、前者については、体制の変革が相次ぐ一九世紀フランスの裁判官にとっては、最大の重要性をもった。控訴院長の評価において重視されるのもこの点であった。前述したように司法大臣の裁判官選任に広範な裁量が認められている限り、その裁量によって選任された裁判官の地位は、次の政府において不安定にならざるをえない。なぜなら、司法官団に入るために避けられなかった政治的服従（「国王万歳」か「共和国万歳」か「皇帝万歳」かのいずれかを叫んできたこと）は、次の政府によって、反逆あるいは抵抗行為と見なされるかもしれないからである。そのため、当時の司法官に求められたのは、政治体制がどのようなものであろうと変わることのない前述したような「秩序」に対して「万歳」を繰り返し叫ぶことであった。この「秩序」への態度に、その人物の身元証明書の運命がかかっていたのである。様々な政治的制度の変革が起きても、司法官は今ある「秩序の友の社会 société des amis de l'ordre」に組み込まれることによって、生き残ることができたのである[37]。

このことは、制限選挙制に基づく君主制の時期から強く見られた、社会的次元での司法官の人的均質性を基礎に生み出されたものでもある。つまり、司法官への採用が、「所有」「家族」「宗教」を要素とする「秩序」を軸に社会的同質性を有する者たち、すなわち名望家的要素をもった社会層に排他的に留保されており、何世代にもわたる裕福な家の息子たちが、司法官職の内に、家の絆によって強力に結びつけられ、保護された閉じた世界の中で出世する機会を見出した、といわれている。「秩序」回復を標榜する第二帝政において、こうした「秩序」への絶対的信仰が求められたことはいうまでもなく、むしろこれまで以上に積極的に評価されるものであった[38]。しかし、こうした司法官の社会的同質性は、第二帝政以降第三共和政の初期にかけて、徐々に弱まり、司法官についても、ガンベッタ Léon Gambetta がその到来を表明した「新社会層 couches nouvelles」にも門戸が開かれていった。しかしながら、それでもなお、司法官のイデオロギー的な面での均質性は、その社会的出自を超越して、彼らにまとまりを付与する団体精神 un esprit de corps によって強化されていったといわれている。すなわち「この団体精神は、司法制度をして、諸法典の内に含まれているブルジョア的価値の細心なる番人へと凝り固まらせ、司法官をして、既存体制のあらゆる神話の権化たらしめ、司法組織全体は、既存体制の保護という信仰に一致するものとなったのであり、第二帝政および第三共和政の初期において、最も保守的な層を構築することになった」とされる[39]。

そして、以上のようなイデオロギー的基準を担保するのが、受け入れられるだけの合理性をもった縁故であった。

一八六六年にある控訴院長が「私の第一の義務は、よき仲間を愛し、名望ある家と結びつきを有し、そして、十分な裕福さを享有する、ぬきんでた教育を受けた司法官を探すことである」と述べているように[40]、良き司法官として重視されたのは、第一に家族 famille である。良き家族に属していることは、入念な教育 éducation soignée が行われていることの保証であり、そこに属していること自体が、地方における重み、影響力の保証となりうると考えられた。第二に、社交性 sociabilité であり、良き社交仲間 bonne compagnie に属していることは、その地方の社交界に受け入れられているということを意味し、先祖来の地方的影響力と家族の徳 vertus familiales の保証である。第三に、財産 fortune であり、大きな経済的余裕 large aisance をもっていることは、必要条件であり、これこそが、彼の人柄 caractère、彼の立ち居振舞 tenue、そして政見 opinions politiques を担保するものであると考えられた(41)。

個人調書に含まれている推薦書が担保するのは、まさにこの三つの要件であった。様々な推薦人の中には、県知事、大司教、司教、将軍、議員、皇帝、皇族といった地方から中央に及ぶ全フランスの名望家、被推薦者自身の親族、家族、同じ司法官仲間としての資格で推薦する高級司法官が含まれていた。かれらが、推薦状の中で、被推薦者を、上記の要件を網羅しながら推薦されうる très recommandable 人物であることを証明していくのである(42)。

以上のように、裁判官を含めた司法官人事の実態を見るとき、司法大臣による裁判官選任慣行は、かれを頂点とする各司法管理職から構成される司法監督系統に依拠し、そこからあがってくる空席司法官職への推薦を基礎にしながら、司法官の選任を行うシステムであった。この慣行は、ある意味では、一つの準則を伴っていた。すなわち、司法監督系統に依拠した推薦を尊重することによって、この系統を超越した政治的・社会的縁故による人事は遮断されるのであり(43)、政府・司法大臣と司法管理職・司法官団との間の政治的同質性が確保されていた第二帝政においては、この人事システムは、ある意味では、裁判官を含めた司法官全体の組織的安定性を維持することになったといえよう(44)。

しかしながら、裁判官が果たした抑圧的機能に対して批判が加えられる中で、第二帝政の崩壊とともに、政府・司法大臣と司法管理職・司法官団との政治的同質性が完全に失われていく一八七六・七七年以降になると、上述したような司法大臣の裁判官選任システム自体の改革が不可避であるとされるようになる。その場合の改革の具体的制度設計として、政府選任制そのものの廃止（司法官団体による同輩選出的要素の制度化あるいは人民選挙制）、司法大臣の選任に対する制度的・法的統制（従来の司法監督系統からの推薦に法的拘束力を付与する、補職要件の厳格化など）、司法大臣の選任と司法管理職系統による推薦との切断、あるいはもっとも政治的であるが、反共和政的司法官の追放による司法大臣と司法管理職との政治的同一性の回復が、考えられ得るものであった。これらの中で、最終的には、最後の二つが選択されることになる(45)。

第四節　裁判官の身分保障（不可動性原則）と裁判官の罷免

一九世紀フランスにおいては、罷免されないという消極的意味での不可動性は、一七九九年憲法で政府任命制への転換が行われるのと平行して、第六八条で「裁判官は、治安判事をのぞき、瀆職の罪によって制裁を受けるのでない限り、又は被選挙資格者名簿に登載されなくなったのではない限り、その職を生涯 toute la vie 保有する」と規定されて以降、憲法法規で不可動性が明文化されてきた。しかしながら、その実態は、次の表からうかがえるように、相次ぐ体制の変革によって「全体として司法官の追放が（一九世紀フランスの）伝統である(46)」というものであった。この表を参照しながら、各時期の不可動性原理の実態を概観しておこう(47)。

【一九世紀第三共和政初頭までの追放された裁判官数(48)】

体制	年	追放人数・追放の状況
第一帝政	一八〇七	一六二名
	一八〇八	一七二名
	一八一〇	若干数。ただしパリ控訴院では三二名中一五名追放

復古王政	一八一五	全司法官の国王任命への変更、控訴院判事二九四名　裁判所判事一四〇〇名
七月王政	一八三〇	ルイフィリップへの忠誠宣誓者すべてに、官職継続。約七五〇名追放
第二共和政	一八四八	若干数
第二帝政	一八五二	若干数、初任年齢を限定することで、過去の政府に関与した者は排除される

まず、第一帝政期についてみると、一八〇七年一〇月一二日元老院決議第一条は、「今後裁判官を終身として任命する辞令は、その職を五年勤務し、その期間の満了時に、皇帝が当該裁判官をその地位にとどまるに値する者と認めた場合にしか、交付されない」と規定し、第二条で「一八〇七年一二月中に、無能、行状及び職務の尊厳を損なう不品行の著しい裁判官の調査を行う」とし、第三条以下で、司法大臣が資料を作成し、皇帝が指名する元老院議員一〇名が構成する委員会がこの資料に基づいて調査を実施するとされた。この調査の結果、その政治的信条とともに裁判官としての能力によって罷免されるべきとされた裁判官は、皇帝の最終決済によって罷免された。さらに、一八一〇年四月二〇日法の施行に伴う控訴院から帝国法院への改称の際に、控訴院裁判官の再任審査が行われ、多くの裁判官が罷免された。

王政復古の段階にはいると、一八一四年六月四日憲章中に「王により指名された裁判官は不可動である」と定められたが、一八一五年二月一五日オルドナンスによって、この規定は帝政下に任命された裁判官には及ばないとされた。ナポレオンの百日天下の後には、同年七月二九日のオルドナンスによって、一八一五年三月二〇日以降に任命された司法裁判所の構成員の職の停止を命ずるとともに、破毀院の人数を減少させるなど約三〇〇名の罷免を行った(49)。

七月王政期にはいると、一八三〇年八月一四日憲章は、裁判官に対する新政府への忠誠を宣誓する義務を課し、この宣誓を拒否した裁判官を退職に追い込んだ。なお、憲章の審議過程で、「司法官職は再任審査に服す」という条項が提案されたが、議会の多数の反対によって採択されなかった。この際に、一八七〇年代の司法改革論議でもしばしば引用されるデュパン Dupin aîné 議員の「その地位を懸念する裁判官は、もはや裁判を行い得ない」という言葉が議会に大きな影響力を与えたとされる(50)。

第二共和政期にはいると、一八四八年三月一二日には、ルドリュロラン Ledru-Rollin 内務大臣によって、裁判官の監視と好ましからざる裁判官の職務停止の権限を、政府委員に付与する通達が出され、また四月一七日デクレでは、「共和主義と両立しない不可動の原則は、一八三〇年の憲章とともに消滅した」とされた。これにより一時的に不可動性が消滅し、王党派裁判官が追放された（破毀院、控訴院などの裁判官を含む高級裁判官一四名などが罷免）(51)。その後、一八四八年憲法八七条は、再度「裁判官は終審で任命される sont nommé à vie」とされた。

第二帝政期にはいると、一八五二年一月一四日憲法第二一条によって、裁判官に「不可動かつ終身の地位」が付与された。

以上のように体制変革時に、フランスにおいては厳しい裁判官追放が繰り返された。しかし、一九世紀フランスの国家と社会の体制の中で、裁判官も含めて司法官全体が、集団としての社会的均一性をもち、イデオロギー的にも現存の「秩序」維持という点において一体性をもつ段階になると、罷免それ自体は例外的な現象として扱われるようになる。むしろ、問題は、前述した巨大な階層的司法官職体系の中での昇進の保障もしくは降格の防止へと重心が移っていくことになるのである。

第一～四節で述べてきたように、一九世紀のフランスの裁判官制度の基本的要素は、次の四点であった。すなわち、①全司法組織の管理者としての強大な権限を有する司法大臣、②その管理者としての司法大臣の下に構築された各法院・裁判所の司法管理職からなる監督系統と、それに対応して、待遇・栄養において差別化された多くの階梯が階層的に積み重なった司法官職体系、③この階層的官職体系の中での裁判官の地位を決定する上で、司法大臣に認められた裁量性、そして、④消極的な意味での（罷免されないという保障という意味での）不可動性保障の軽視とともに③の帰結としての積極的な意味での不可動性保障の欠如、である。

このような一九世紀初頭以来の裁判官制度の基本要素は、第三共和政期に入っての司法改革論議での以下のような論点を構成することになる。(52)

まず第一に、裁判官の選任にあたって、特定の政治的あるいはイデオロギー的な庇護関係を理由に、裁判官が叙任されることがないようにするために必要な制度設計とはどのようなものでなければならないのかという観点から、裁判官選任についての司法大臣の広範な自由裁量（政府による裁判官の任命）に対する制度的・法的統制（あるいは選任権そのものの廃止を含む）をどのようにするのかという論点が提示される。この論点の中で、同輩選出制cooptation、選挙制、厳格な職業倫理要件と能力要件による審査（試験制）が議論されることになる。

第二に、消極的な意味での不可動性の保障をどのように強化していくのかという論点である。どのような選任方法をとるにせよ、不可動性原則は、法律上の例外を除いて、本人の同意なくして、免職、停職、職位変更、病気による変更などを行う、あるいは早期退職を促すことはできないものとされている。しかしながら、この原理の実効性は、司法官の職務上の懲戒を行う機関の独立性の程度によって決定される。そこで、懲戒裁判権限を行使する機関の構成が議論されていくことになる。

第三に、積極的な意味での不可動性の保障をどのように強化していくのかという論点である。不可動性は、罷免されないというだけでなく、前述したような階層化された巨大な司法官職体系が構築されている場合、その中での「昇進」問題は、権力の圧力にもっとも断固とした態度をとる裁判官すらも権力に対して従順にしてしまう。そこでは、昇進の厳格な抑制、廃止、あるいは官職体系そのものの廃止が議論されていくことになる。

そこで、次章では、第三共和政期に入ってからの司法改革論議で、以上の論点がどのように議論されていくのかを検討していくことにしよう。

［注］

（1）たとえば、第二帝政期の司法官の俸給は下記のような体系になっている（破毀院に関する一八五二年三月一九日デクレ、パリ控訴院に関する五二年三月一九日デクレ、パリ以外の控訴院に関する同年三月一九日デクレ、破毀院・控訴院所属司法官に関する六二年九月二二日デクレ、第一審裁判所所属司法官に関する六八年一一月一二日デクレ）は、以下の通りである（単位はフラン）。なお、一八六二年デクレにより破毀院長の俸給は二五〇〇〇フランに減額された。また、治安判事も、所在する市町村の規模等によって細かく俸給が細分化されている。法令に関しては、筆者の便宜上、R. de Villargues, *Code de l'organisation judiciaire comprenant les lois, décrets, ordonnance, règlements sur l'ordre judiciaire*, Paris, 1873 ; H. F. Rivière, Faustin Hélie, P. Pont, *Lois usuelles décret, ordonnances, avis du conseil d'État*, Paris, 1909 ; A.-A. Carette et al., *Lois annotées ou lois, décrets, ordonnances, avis du conseil d'Etat, etc.*, Paris も参照した。

職名	破毀院	控訴院		
		第一級 パリ	第二級 リヨン等四カ所	第三級 二三カ所
院長・検事長	三五〇〇〇	三〇〇〇〇	二五〇〇〇 ※ツールーズは二〇〇〇〇	一八〇〇〇
部長・先任検事	二五〇〇〇	一三七五〇	一〇五〇〇	七五〇〇
検事	二〇〇〇〇	一三二〇〇	八一六六	五八三三
判事	一八〇〇〇	一一〇〇〇	七〇〇〇	五〇〇〇
検事代理	—	一一〇〇〇	五二五〇	三七五〇

（単位　フラン）

第一審裁判所	第一級 パリ	第二級 リヨン等七カ所	第三級 ニース等九カ所	第四級	第五級	第六級
所長・検事長	二〇〇〇〇	一〇〇〇〇	七〇〇〇	六〇〇〇	四五〇〇	三六〇〇
副所長	一〇〇〇〇	六二五〇	四三七五	三七五〇	三三七五	三〇〇〇
予審判事	九八〇〇	六〇〇〇	四二〇〇	三六〇〇	三二四〇	二八八〇
判事・検事	八〇〇〇	五〇〇〇	三五〇〇	三〇〇〇	二七〇〇	二四〇〇

（単位　フラン）

（2）J. Poumarède, La magistrature et la République. Le débat sur l'élection des juges en 1882, dans *Mélanges offerts à Pierre Hébraud*, Toulouse, 1981, p.666

（3）フランスの一九世紀の裁判官制度に関しては、前掲序章注（3）の諸研究を参照。

（4）制度的要素毎に一九世紀の裁判官制度を概観するにあたって、J.-P. Machelon, *La République contre les libertés ?*, Paris, 1976, pp.75-77. を参考にした。

（5）革命期の裁判官公選制については、稲本洋之助「フランス革命初期の裁判官選任論」社会科学研究二三―二（一九七一）参照。

（6）同上五頁。

（7）同上六頁。

（8）F. Chauvaud avec la collaboration de J.-J. Yvorel, *Le juge, le tribun et le comptable, Histoire de l'organisation judiciaire entre les pouvoirs, les savoirs et les discours*（*1789-1930*）, Paris, 1995, p.142.

（9）破毀裁判所裁判官については、第二〇条により護憲元老院の選出による。一八〇二年八月四日（共和暦一〇年熱月一六日）の元老院の組織的決議により、破毀裁判所裁判官について、空席のたびに三名を提案する第一統領の推薦に基づいて、元老院が任命するように改められた。

（10）以下各時期の憲法典の条文については、M. Duverger, *Constitutions et documents politiques*, 14 éd., Paris, 1996、野村敬造『フランス憲法・行政法概論』有信堂（一九六二）、中村義孝編訳『フランス憲法史集成』法律文化社（二〇〇三）を参照した。同条文については中村同上書九〇頁。

（11）M. Rousselet, *Histoire de la magistrature française des origines à nos jours*, t. 1, Paris, 1957, pp.168-169. 中村前掲注（10）書九六頁

以下参照。

（12）Chauvaud, supra note 8., p.144.

（13）*Ibid.*, pp.142, 143.

（14）オリビエ・マルタン／塙浩訳『フランス法制史概説』創文社（一九八六）六七九頁以下参照。なお、フランスの司法省の歴史については、P. Durand-Barthez, *Histoire des structures du ministère de la justice 1789-1945*, Paris, 1973；Chauvaud, supra note 8 参照。

（15）一七九〇年一一月二七日＝一二月一日破毀裁判所に関するデクレ第三一条「フランス大尚書局長の官職株は廃止される」。

（16）Durand-Barthez, supra note 14, p.15.

（17）たとえば、一七九二年一月の司法省通達は「民事手続に関する一七九〇年五月二四日法の規定はしばしば守られておらず、それに関する非常に多くの破毀の申し立てはしばしば受け容れられざるをえないであろう」と述べ、同年七月九日の司法大臣による裁判所の状態に関する議会への報告は「裁判所吏員の貪婪さに対抗するための処罰方法が望まれるべき」と述べ、彼らの「司法を貶め市民に害する極悪非道なふるまい」に関して、裁判所に対する監督を強化すべきだという点を詳細に報告している。Durand-Barthez, supra note 14, pp.15, 16.

（18）東京大学社会科学研究所資料第五集『一七九一年憲法の資料的研究』（一九七二）一八〇頁。

（19）Durand-Barthez, supra note 14, p.17.

（20）ジャコバン独裁期については、*Ibid.*, pp.20-22. 一七九五年以降については *Ibid.*, pp.23-24.

（21）G. Legée, *La loi du 30 août 1883 sur la magistrature, thèse, faculté de droit de Paris*, 1904, p.64-68.

（22）その後、一八五二年三月一日のデクレは、上記一八一〇年法の第五六条の場合で停職処分を課す裁判所または控訴院の決定について、すべての審級の司法官を、破毀院に直接召喚できる権限を司法大臣に与えた。

（23）従来県 département 単位で置かれていた第一審裁判所を、アロンジスマン arrondissement 単位で設置することとされた。さらに、この第一審裁判所の上位に立つ裁判所としての控訴裁判所が設置された。これによって、破毀裁判所を別にして、選挙された裁判所はすべて独立であり平等であるとして上訴を担当する裁判所を設置せず、近隣県裁判所相互が上訴を担当する循環控訴制が廃止された。こうして、機構の上で上位に立つ裁判所が上訴を管轄することになった（三ヶ月章「フランスの司法制度について」『民事訴訟法研究第四巻』有斐閣（一九六六）一二二頁）。

（24）Chauvaud, supra note 8, p.145. なお、ここでいう「高級司法官」は、各法院、裁判所の司法管理職、とくに長、検事長クラスを指す。

（25）同法の関連条文については以下の通りである。
第一条　控訴院は帝国法院の名称となり、これらの法院の院長と他の構成員は、同上法院の帝国判事 Conseiller de Sa Majesté と称する。
第六条①帝国法院において検事 ministère public 職は帝国検事長によって行使される。
②帝国法院における法廷業務、検事局 parquet、および重罪院 cour d'assises と特別法院 cour spéciale の業務については、法院検事長代理 substitut が置かれる。
③帝国法院の法廷業務についても創設される法院検事長代理は法院検事 avocat général の称号を与えられる。
④重罪院と特別法院における業務を行う者は、刑事帝国検事の称号を与えられる。
⑤第一審裁判所にもうけられた者は、帝国検事の称号を与えられる。

（26）帝政貴族については、岡本明「ナポレオン帝政貴族」同編『支配の文化史――近代ヨーロッパの解読――』ミネルヴァ書房（一九九七）参照。これらの高級司法官が、授爵において、優遇されていたことについて、同上二〇八頁以下、また高級司法官への授爵状況については、二〇〇頁の表を参照。

（27）J. Poumarède, L'élection des juges en début sous la 3e République, dans sous la dir. de J. Krynen, *L'élection des juges*（*Étude historique française et contemporaine*）, Paris, 1999, p.115.

（28）M. Dehesdin, *Étude sur le recrutement et l'avancement des magistrats*, thèse de droit, Paris, 1908, pp.86.

（29）関連条文は以下の通りである。
同法第六四条　法律の定める場合を除いて、法学士号を取得し、かつ二年間弁護士に就業した満二五歳に達した者を、帝国法院での宣誓の後、第一審裁判所において判事又は補助判事に命ずることができる。

満二七歳に達しないものは裁判所長とはなれない
帝国検事代理は、二二歳に達しその他の必要条件を具備するときには、これを任命することができる。

第六五条　満二七歳に達せず且前条に定める条件を具備しない者は、帝国法院において判事又は書記に任命されない。

満三〇歳に達しないときには、院長又は法院検事長に任命されない。

法院検事長代理は、二五歳に達したときに任命されうる。

（30）Chauvaud, supra note 8, pp.154-155.
なお、同書は、この点につき、第一帝政期から復古王政期までは、司法大臣の個人的資質と政治的力量によって、裁判官の人事は大きく影響を受けていたが、その後は、本文で述べたような司法省内部の人事担当部局の整備と、集権的な監督系統の整備によって、司法大臣＝司法省による組織的な、したがって外見的には客観的な体裁をとった人事行政の運営がなされるようになっている、と指摘している。しかし、だからといって、その運営に様々な恣意が盛り込まれること自体が否定されているわけではないことについては、本文参照。

（31）*Ibid.*, pp.259-270.

（32）一八五〇年五月一五日の訓令は Ministère de la Justice, *Recueil officiel des instructions et circulaires du ministère de la justice*, 3 vol., tome II 1841-1862, Paris, 1880, pp.132-139 を参照。なお、同訓令は同月一八日の訓令によって補正と徹底が図られている（Ibid., pp.139-142）。この訓令に基づいて蓄積されていく個人調書に基づく司法官研究として、J.-P. Royer, R. Martinage et P. Lecocq, Juges et notables au XIXe siècle, Paris, 1982 ; J.-P. Royer, La notation des magistrats en France, dans *Être juge demain, Belgique, Espagne, France, Italie, Pays-Bas, Portugal et République fédérale d'Allemagne*, Lille, 1983 ; J.-L. Debré, La justice au XIXe siècle-les magistrats, Paris, 1981. 等を参照。

（33）Royer et al., supra note 32, p.33.

（34）*Ibid.*, pp.47-49.

なお、前述一八五〇年五月一五日の訓令は、司法官毎に個人調書が整理されるメリットとして、当該司法官に関する善悪含めての客観的な資料をもとにした人事行政が可能となり、そのことがひいては「あらゆる恣意性が司法行政から遠ざけられる結果をもたらす」ことが言及されている。Ministère de la Justice, supra note 32, p.139.

この時期を含めて、一九世紀全般において、司法官人事に関する伝統的慣行として、自己の管轄区域内の空席司法官職について、控訴院長は、三人の候補者を司法大臣に推薦し、この推薦を受けて、司法大臣が一人を選んで補職するということが行われていたといわれている。その後、一八七九年にこの慣行が明示的に廃止された。しかしながら、だからといって、裁判官監督系統に依拠した（法院長の推薦に基づく）司法大臣による裁判官選任がまったく消滅したというわけではない。むしろ、反共和政的裁判官が層として残っている一八七九年時点では、この慣行の廃止は、司法大臣がそうした司法官層に属する法院長らの掣肘を受けずに人事を行いうる効果をもたらしたというように考えるべきであろう。また、一八八〇年代初頭の司法改革論議において、裁判官選任に関する司法大臣の自由裁量性が批判されながらも、結局具体的な制度改革として実現されなかったこと、一八八三年法によって反共和政的な裁判官が追放されたこと、これらの結果、司法大臣が裁判官選任にあたって裁判官監督系統に依拠するという慣行上の準則がなくなったことによって、よりいっそう大臣の裁量性が拡大されたことになる。Machelon, supra note 4, 1976, pp.93

-94. 一八八三年法が、裁判官の選任については、出発点にしか過ぎなかったことをあらわしている。
(35) 柴田三千雄『近代世界と民衆運動』岩波書店（一九八三）三一五～三三七頁、三六四～三七五頁の叙述に依拠。なお、第二帝政期のフランスの政治過程については、同書の他、中木康夫『フランス政治史(上)』未来社（一九七五）、服部春彦・谷川稔編『フランス近代史』ミネルヴァ書房（一九九三）第三章、柴田三千雄・樺山紘一・福井憲彦『世界歴史大系　フランス史3』山川出版社（一九九五）第二章を参照。
(36) Royer et al. supra note 32, pp.12-25. の分析を参照。
(37) *Ibid*., pp.48, 49.
(38) たとえば、*Ibid*., pp.74, 75 においては、法院長や検事長によって、被選任者の推薦を行う際によく用いられた表現として、「某氏は最良の政治的見解 des meilleurs sentiments politique を有している」と表現するときには、かれが、現実の政治的秩序を尊重する能力があること、あるいは永続性とか安定性を兼ね備えた感性の傾向の持ち主であるという意味で用いられていること、あるいははっきりと「某氏は秩序観念に忠実な人間です dévoué aux idées de l'ordre」という表現が、「帝政に対して忠実」「皇帝陛下に忠誠を誓っている」「政府に忠実な」等の表現と並んで多用されていることが指摘されている。
(39) Poumarède, supra note 2, pp.667, 668.
　本文で引用したところから読み取れるように、司法官たちに「まとまりを与える団体精神」が「名望家」という点での社会的同質性のみによって説明されるものではないことは当然である。司法官職が、ガンベッタのいう「新社会層」にも門戸が開かれても、かれらの「まとまり」「団体精神」が強固であり続けた基盤として、法的技術を基礎にした専門職としての存在構造を考える必要があろう。近代日本との対比で考える際、この点の解明が鍵となってくるであろうし、また、集権的な裁判官制度に由来する矛盾の主体的克服・批判のあり方の差異となってあらわれてくる点であろう。
(40) Royer et al., supra note 32, p.46.
(41) *Ibid*., p.46.
(42) *Ibid*., pp.44.なお、その推薦の具体例については *Ibid*., pp.33-44参照。
(43) Chauvaud, supra note 8, p.263-264.
(44) 当時における司法官の名望家的構造と中央集権的司法官僚機構との結びつきは、柴田前掲注(35)書が指摘する「名望家が地域社会の指導者たりうるのは、この社会を基盤としながらも、それを代表して立法・行政・経済・文化の全国的規模を持つ機関の指導に参加してこそはじめて可能となる」という命題を当てはめれば、一九世紀第三共和政初頭までの司法官は、集権的司法官僚機構の結節点（院長、所長）として地方の控訴院、裁判所の指導に参加してはじめて、自己を「名望家」として貫徹することができた、ともいえよう（ただしこの点については注（39）参照）。したがって、第二帝政の崩壊以後、「共和主義者による共和政」が形成され始める一八七六・七七年頃まで、司法官たちは約三〇年間を安定した状況に置かれたのであり、逆に、七六年以後は、「新しい支配者たちに対してほとんど好意を有しない団体corpsを形成することになった、といわれている（J.-F. Tanguy, La plus grande épuration judiciaire de la France contemporaine : 1879-1883. Application au cas de quelques magistrats de l'Ouest., dans Société d'Histoire de la Révolution de 1848 et des Révolution du XIXe siècle, *Repression et Prison Politiques en France et en Europe au XIXe siècle*, Paris, 1992, p.129)。なお、名望家、貴族身分の側からの近代国家への統合現象としての「官吏化fonctionnarisation」については上垣豊「一九世紀フランスの貴族と近代国家——七月革命の前と後」史林七八巻四号（一九九五）参照。

（45）前掲注（34）および後述の一八七〇年代の司法改革論議に関する検討を参照。

（46）Tanguy, supra note44, p.129.

（47）一九世紀フランスの裁判官追放に関しては、序章の注（3）の諸研究を参照。

（48）Tanguy, supra note44, p.129 の叙述から作成。

（49）G. Legée, supra note 21, 1904, p.52.

（50）Tanguy, supra note44, p.129. 稲本洋之助「裁判官の『受難』」岩波講座世界史二七巻付録・月報二七（一九七四）一〇頁参照。

（51）同上一一頁。

（52）J.-P. Machelon, supra note 4, pp.73-75

第二章　一八七〇年代の裁判官と司法改革論議

第一節　一八七〇年代の政府と司法官

一八七〇年九月二日に第二帝政が崩壊し、その混乱の中で、九月四日共和政の宣言が行われ、国防政府が成立した（第三共和政）。トロシュ Trochu 将軍を首班とする国防政府は、ファーヴル Jules Fevre、シモン Jules Simon、ガンベッタ、フェリー Jules Ferry などの穏健派から急進派に至る共和主義者によって構成されていた。(1) この中に、司法大臣として、第二共和政においても司法大臣として政府に参加したクレミュー Adolphe Crémieux が再度参加した。

第二帝政の崩壊とともに、自己の権力の実現の可能性をもち得た共和主義者にとって、二重の意味で帝政の系譜を引く司法官、つまり、その制度的地位については第一帝政下の一八一〇年四月一〇日法に由来し、人的には第二帝政に系譜を引く司法官を、制度的に改革し、かつ人的刷新を図ることが、優先的な課題とされていた。(2) この点は、第二共和政期においても同様な課題が共和主義者の間で共有されており、第二共和政成立直後に、司法再組織化を担う委員会の発足と、ルドリュロランによる「自由に選挙された司法官の配置を待って不可動性を廃止する」という宣言とによって、裁判官の地位と選任の改革が着手された。そして、クレミューは、成立した共和政に敵対的な裁判官の精力的な追放に着手することで、司法改革のもう一方の核である人的刷新を担当した。(3) いずれの改革も、第二帝政への移行によって挫折することになったが、第三共和政の成立直後に司法大臣へ再度復帰したクレミューは、一方で、後述するように、司法組織改革委員会を設置すると同時に、司法官の人的刷新＝追放に取り組むことになった。

一　クレミュー法相による司法官（裁判官・検察官）追放

司法大臣に就任したクレミューは、一般的な理由として、帝政下の裁判官と検察官を含めた司法官全体が反共和主義的姿勢をもち続けていたこと、具体的には、第二帝政下の混合委員会 la commission mixte への多数の司法官の参加に象徴されるような、共和主義的言論、運動の弾圧に対して彼らが果たしてきた役割を理由に、帝政的＝反共和主義的司法官の追放に着手した(5)。一八七〇年九月五日および八日、一一日と、パリ、リヨンなどの控訴院の検事長、主席検事、セーヌ、リヨン、ボルドーなどの第一審裁判所の共和国検事、総計一四名の人事異動を行った。これらの人事を皮切りに、クレミューは一八七〇年九月から翌年二月の間に、控訴院検事長二四名、第一審裁判所検事約二一〇名、同検事代理約二二〇名の更迭を実施した(6)。このように大規模な検察官の更迭＝追放が行われ、その後任には、帝政下で犠牲となったとされ、弁護士として活動していた旧司法官が呼び戻された、といわれている。そのため、当時においてさえ、弁護士層を官職の奪い合いに巻き込むものだとの批判がなされたが、不可動性による身分保障が付与されていない検察官、および治安判事に対して、追放はたやすくなされたのである(7)。

クレミューは、以上の検察官、治安判事の追放に続いて、不可動性が保障されている裁判官に対して、追放を試みた。それが、一八七一年一月二八日と二月三日の国防政府の二つのデクレである。クレミューは、このデクレによって、第二帝政下の混合委員会に参加した一五人の裁判官（破毀院長ドヴィアンヌ Adrien Devienne(8)、三控訴院長、八控訴院判事、三裁判所長）を罷免しようとした。この二つのデクレは、「（混合委員会に参加した司法官を）断罪するためのデクレ décret flétrissurs」と呼ばれるものであり[9]、前文には、「司法裁判所すなわち法律の守護者達の中にあの忌まわしい専制による迫害にその名を提供し」「政治的委員会に参加し、正義の廃止に荷担することに同意し」「多くの市民をその行為によってではなく共和主義的見解のゆえに断罪した」司法官が存在したことを厳しく糾弾する前文が付せられていた[10]。

しかしながら、クレミューによる、第二帝政下の混合委員会参加司法官のうち、不可動性の保障を与えられている裁判官に対する報復的人事政策は、国防政府の中でも一致した合意が得られなかったといわれるが、国防政府をとりまく内外の政治情勢の変化によっても頓挫することになった。一八七一年一月の国防政府のプロイセン軍への降伏、休戦条約の締結に続いて、二月八日の総選挙において即時和平の実現を掲げた王党派（正統王朝派、オルレアン派）が、共和派（中央左派、穏健共和派、急進共和派）に勝利すると、クレミューの政策は挫折を余儀なくされた。

総選挙の後にボルドーで成立した国民議会は、二月一七日にティエール Louis A. Thiers（中央左派・保守共和派）をフランス共和国行政長官に指名した。ティエールは中央左派と穏健共和派を基礎に内閣を組織し、司法大臣には、クレミューにかわって、デュフォール Armand-Jules-Stanislas Dufaure が就任した[11]。

二　デュフォール法相と司法官人事政策

ティエールが行政長官として政府を組織し、一八七一年八月に初代大統領に就任し、七三年五月二四日に失脚するまでの期間は、「共和主義者なしの共和政」と称される保守共和政路線が採られた。この路線においては、農村における伝統的な「カトリック、王党派、大土地所有者達、すなわち旧時代の名望家」による支配の解体を前提に、民衆の民主主義的要求を先取りしながら「秩序」の安定のための政治形式としての共和政を樹立することによって、民衆を政治秩序の枠内にいち早く体制内化しようとする方向が追求された[12]。このような体制の下で、クレミュー前法相が追求したような、急進的な司法官をめぐる制度的・人的刷新は大きく後退せざるをえなかった。そして、後任のデュフォール法相は、「革命は終わった。共和主義者のない共和政なのだ。コミューンは容赦なく鎮圧されるであろう。秩序は回復された」との認識のもとに「秩序」の再建を優先していた。すなわち、司法に則していえば、現体制の基礎である「神聖なる権力分立の原則」は擁護されるべきであり、その原則を踏みにじった限りで帝政下の司法官は非難されるべきではあるが、その非難は「政府が可能な限りで尊重する」不可動性原理の枠内でなされるべきだという認識をもっていた[13]。

デュフォールは、クレミューによって追放された司法官達、とりわけ一月と二月のデクレによって罷免された裁判官を「犠牲者」として救済するために、議会内部のデクレ自体への批判を利用して、これらのデクレを無効とする法案を提出した。デュフォール自身は、帝政下の体制に対して懐古の情も、混合委員会の下した判決を事後的に承認しようとする気持ちもなく、むしろ、「司法官の神聖なる伝統を忘れ」「自ら身にまとっている栄誉ある性格を自ら進んで危険にさらした」ことを厳しく非難していた。それでもなお、クレミューのデクレは、第一に、裁判官の不可動性という憲法上の原理に反する contraires au principe constitutionnel de l'inamovibilité de la magistrature こと、第二に、権力分立に反するとともに、混合委員会に参加した経験のある裁判官のすべてを対象とするのではなく、その中の特定の裁判官を対象としたことで、差別的であり、個別の裁判官に対する懲戒的性質をこれらのデクレが有すること、この二つの理由に基づいて、デクレを無効とする法案を作成した。

議会の審議過程で、混合委員会に参加した司法官はすべて罪があると認めつつ、制裁は受けないということで、左右両派が満足することになった[14]。しかしながら、不可動性の原理を「憲法上の原理」と表現していた上述の法案の文言については、議会が将来においても、不可動性の原理に縛られることがないように、成立した一八七一年三月二五日法は、前述の二つのデクレは「権力分立の原則および裁判官の不可動性の原理に反するものとして無効であると宣言される。司法組織に関する議会の最高権限は保持される」と規定した。つまり、不可動性に対して、「憲法上の」という形容詞が削除され、さらに司法組織に関する議会の最高権限が確認されることで、将来において、議会が不可動性に束縛されることなく司法改革を行い得るような余地を残すことが改めて確認されたといえよう(15)。

こうして、クレミューが試みた、帝政下の系譜を引く裁判官の追放のための措置は無効とされ、不可動性を理由に、裁判官たちは「当面の間」少なくとも免職、停職、配置転換といったことに関しては政府の手の届かないところに置かれたままにされることになった。

三　「道徳秩序」下の裁判官の安定

上述のティエール政府のデュフォール法相は、国防政府下のクレミュー法相が行った親共和派裁判官人事の効果を削減するために、「秩序、道徳、伝統 l'ordre, la morale, la tradition」といった価値に親和的な人材を次々と登用していくことになる(16)。反共和政という点で共通点をもっている多くの裁判官にとって、クレミューによる裁判官人事は「ほんのエピソード」にすぎず、クレミューによって罷免された裁判官たちは、前破毀院長ドヴィアンヌも含めて当然に復権措置がとられるとともに、政治体制がどうであろうとあるがままの現行の「秩序」の維持について熱心であった帝政下の司法官も、その面が評価されて数多く復帰が図られた。また、「富裕で、立派な習慣を有するしっかりした家柄の家に縁付き、独立心があって誠実であり、さらに、そのエネルギッシュな保守性と秩序のために捧げる忠誠心(17)」をもっているような人物が、多数任用された。こうして、一八七一年のデュフォールによる人事政策は、「秩序と道徳」を懸念する傾向を極端にまで強めていくという点で、以後の人事政策の基本線を形作ることになった。

こうした傾向は、一八七二年五月二四日に、王党派が再結集した議会における反ティエール勢力によって、ティエールが失脚し、「道徳秩序」再建を標榜して、マクマオン Mac-Mahon が大統領に就任して以降、いっそう強められていった。この「道徳秩序」体制下において、王党派議会はブロイ大公 de Broglie を首相として内閣を組織させ、共和派を抑圧して「一切の国家機構を掌握」しつつ、カトリック教会による宗教的秩序とあいまって「新王政復古」への途をとった。[18] この体制の下での裁判官人事においては、「所有、宗教（カトリック）、反共和主義、反ライシテ、地方名望家としての役職等によって特徴づけられる家の出身者」[19] として、社会的均質性をもった者が優先的に採用され、この傾向は一八七八年まで続いたといわれている。[20] 逆に、反「道徳秩序」と見なされた司法官のうち、検察官層は容赦なく辞職に追い込まれ、共和主義者の志願者に対しては、司法官への途は完全に閉ざされた。[21] その結果、第二帝政期からの人的系譜を引く裁判官たちの地位は再度保証され、「道徳秩序」の中で平穏を取り戻すことになった。司法官の「秩序」に対する志向は、一般司法統計の中にもあらわれ、刑事弾圧の率についていえば、ここ半世紀の中で、一八七二年と七四年が最高であった、といわれている。[22]

一八七五年に第三共和政の憲法的諸法律が制定されると、王政復古の可能性が断たれ、共和政が制度として確立するとともに、「議会の全能」と大統領に対する閣僚の独立性、行政府の「議会への厳密な従属」という一元主義型議院内閣制が形成されていった。[23] さらに、七六年一月と二月の元老院・下院選挙によって共和派が勝利し、共和政支持の国民的基盤が確立されていった。そのことに危機感を抱いたマクマオンが、一八七七年のいわゆる「五月一六日の危機」において、ジュール・シモン共和派内閣を辞職させて、ブロイ王党派内閣の成立を強行し、下院の内閣不信任決議を機に下院の解散を強行した。同年一〇月の選挙において再び共和派が勝利した。

このような政治情勢の変化と平行して、「道徳秩序」体制の守護神としての裁判官のあり方に対する不信、反感が醸成されていくことになった。上述の「五月一六日の危機」の後、内閣を組織したブロイは、司法大臣を兼任し、一〇月の下院選挙までの期間、徹底した体制維持のための措置をとったのである。すなわち、七七年五月二八日の検事長に対する訓令によって「神聖なる法律、すなわち道徳、宗教、所有そして文明化社会の本質的土台を維持する法律」を尊重することを徹底し、具体的には「諸君は国家元首に対してなされうるあらゆる攻撃について、私に報告し、諸君の監督下にあるすべての司法官をして、それらの攻撃を訴追の対象としなければならない」と指示した。九月一九日、二二日には、選挙期間中の反政府的な集会、出版、報道に対する追及を指示した。その結果、わずか一ヶ月足らずの間に九〇〇件弱の出版・報道関係の犯罪の訴追がなされ、有罪判決が下された(24)。こうして、共和主義者に向けられた数多くの有罪判決が象徴するように、「道徳秩序」体制を維持・擁護することにおいて、司法官団は非常に努力した(25)。

このような司法官たちの「秩序」維持の態度に対して、一八七九年一月にマクマオンが大統領を辞職して以降共和派による厳しい報復が開始されることになった。一八七九年春以後、ジュール・グレヴィ Jules Grévy 新大統領のもと、「共和国においては、その敵と破壊者が仕えることはない」をスローガンに、行政官僚エリートについての追放が行われた。司法官に関しては、不可動性の保障がない検察官層に対して徹底的な追放が行われたのである。こうして、二月以降四〇〇名にのぼる検察官が追放された(26)。

こうした司法官に対する反感と不信が渦巻く中、裁判官にも及ぼうとした追放の手は、不可動性原則の壁に突き当たった。しかし、「道徳秩序」下の裁判官に対する反感と不信は、一八八〇年の無認可修道院に関するデクレの執行をめぐる共和政政府と裁判所・裁判官との対立を機に、不可動性の壁を乗り越え、裁判官の追放という政治課題に引きつけた司法改革論議を巻き起こしていくことになる。

この一八八〇年代に入ってからの司法改革論議については、次章の検討課題として、次節では、その前段階である一八七〇年代前半（本節一、二の時期）において、議会が第二帝政下の裁判官のあり方をどのように総括したのか、そうした総括をもとにどのような新たな制度設計を考えたのかを検討しておくことにしよう。

第二節　一八七〇年代の議会における司法改革論議——裁判官制度（採用・昇任・階層性）を中心に

前述したように、第二帝政の崩壊直後には早くも、司法改革が着手され、そのための委員会が設置された（一八七〇年九月一八日）[27]。こうして、一八七〇年代から一八八三年八月三〇日法の成立に至るまで、約二〇の法案を数える司法組織改革法案が、議会に提出されては否決・廃案されるという、司法改革論議が開始されることになった。

この司法改革論議での議論の焦点は、二つある。一つは、新たな裁判官選任方法の模索、そして昇進制の問題と不可分の関係にある階層的司法官職体系の是非をめぐる問題である。ここでは、政府任命制、実質的には司法大臣による裁判官の選任制度に対する制度的・法的統制が問題となった。二つ目は、反共和政的裁判官の追放という政治的課題に引きつけた裁判所組織の改革（裁判所数の削減、定数削減）をめぐる問題である。

一八七〇年代から八〇年代初頭にかけての司法改革論議のピークは、一八七〇年代前半と、マクマオン大統領失脚後の一八七九年から一八八三年の二つの時期にある。そして、前者の時期には、議論の中心課題が、上述の第一の論点が議論され、後者の時期は第二の点が中心となった。

一八七〇年代前半においては、第二帝政の崩壊を受けて、帝政的司法官の追放が政治的課題として追求された後、前述したように、再度「秩序」の再建が優先され、「秩序、道徳、伝統」に集約される価値、具体的には「カトリック、財産、保守＝王党派」に忠実な人物が司法官に採用されまたは復帰したといわれている[28]。こうした情勢の変化と平行して、司法改革論議は、「執行権力による裁判官の選択」を否定することから出発し、その否定を前提に新たな裁判官選任制度構想が展開されていく。しかし、状況の変化に応じて、改革への消極論が強まり、最終的に改革論議が挫折する。

一八七九年には、マクマオン大統領のもとでの「道徳秩序」体制維持に重要な役割を果たした司法官に対する批判から、まず司法官の追放という政治課題から出発して、不可動性の停止が議論され、無認可修道会の閉鎖問題を契機に一気に裁判官公選制の採用へと議論が急展開していった。そして、最終的に、公選制採用が議会で否決され、各裁判所と司法官定数の削減という技術的組織改革とその改革を行うための不可動性の三ヶ月間の停止とをセットにした法律（一八八三年八月三〇日司法組織改革法）が可決され、司法官の追放という政治課題の実がこの法律によって実現された。

ここでは、まず、一八七〇年代初頭の司法改革論議について検討しておこう。(29)

一八七〇年九月一八日に、国防政府は司法改革を準備するための委員会を設置した。委員会のメンバーは、アラゴ Emmanuel Arago(30) を長に、当時の弁護士、法学者から構成され(31)、議論は、第二共和政期に設けられた司法組織改革委員会の作成した案を下敷きに(32)九月二九日から開始され、翌年二月一日まで継続した。

委員会の共通認識は、委員であるフォスタンエリの「執行権力による裁判官の選択は不可能である」、ショディの「司法権と執行権は二つの異なる権力であり、お互いが従属関係に立たない国家機関である。これらが混交していることはもっとも重大な背徳である」ということである(33)。つまり、権力分立概念を用いて、裁判官の独立が著しく侵害された第二帝政下の経験を教訓として、「執行権力による選任」を否定するところから議論は出発したのである。しかしながら、では具体的にどのようにして裁判官を選任するのかという点について、共和派に属する委員たちは、無条件の選挙制採用と司法官団体 les compagnies judiciaires に完全に委ねられた任用制との二つの傾向の妥協を図ることが模索された。

しかし、この二つの傾向は、司法書記官であるエロルドが両者を折衷させた案を提示すると、委員会内部では、二つの要素、すなわち、司法官的要素 l'élément judiciaire と選挙制的要素 l'élément électif のいずれを大きくするか、というレベルの議論に引き下げられて、対立が生じることになった。

エロルドの案で鍵となるのは、県の首府に設置される第一審裁判所の裁判官の選任方法である。選任母体として県に一つの選挙団 un collège が設けられ、それは、第一審裁判所の構成員と治安判事、県議会議員、県在住の法学士号取得者からなると規定された。この選挙団が、第一審裁判所の裁判官を任命するのである。このようにして選ばれた第一審裁判所の裁判官が、管轄区域内の治安判事とその属する控訴院の裁判官の推薦名簿作成に一定の役割を果たすのである。すなわち、治安判事は、管轄の第一審裁判所が作成した推薦リストに基づいて控訴院が任命する。控訴院の裁判官は、控訴院自らが作成した推薦名簿と管轄区域内の第一審裁判所が作成した推薦名簿との二つの名簿に基づいて破毀院によって任命される。最後に破毀院の裁判官は国民議会によって選出される[34]。結局、司法界の要素、すなわち司法官による同輩選出の要素の比重を大きくしながら、県議会議員を加えることで民主主義的要素を加味したものであった[35]。

このエロルド案に対して、選挙制の要素を重視する立場（ヴァレット、ショディ、ルベルキエ）から、治安判事の選任に選挙制的要素を入れるべきだという批判が加えられる一方、裁判官の同輩選出の要素を重視する立場（フォスタンエリ）から、下級裁判所裁判官選任における控訴院の裁判官団の役割を強化すべきだとする批判が加えられた。最終的には、治安判事については、「カントンの議会によって提示される三倍数の候補者リストに基づいて第一審裁判所によって任命される」ことになった。逆に第一審裁判所裁判官については、「裁判所の構成員、治安判事、県議会議員、登録弁護士、法学士号を有する公証人と代訴士によって構成される選挙集会 assemblé によって提示される三倍数の名簿に基づいて控訴院によって任命される」ことになった。控訴院が破毀院によって任命されることに変わりはなかったが、三倍リストを提示する集会に、控訴院メンバーと管轄区域内の裁判所長に加えて、県議会議長と副議長、法学部教授、弁護士会の代表と公証人 notaires と代訴士 avoués の代表を加えた。破毀院の構成員は国民議会から選出される[36]。

結局、委員会の作成した案は、裁判官の選挙制という共和主義原理から遠くかけ離れたものとなった。委員会を構成した委員は、究極のところで、「司法名望家としての一体性を有し続けている司法官団の代表にすぎなかった」のであり、委員たちは、執行権力からの自由を熱望していたのにもかかわらず、自らの名望家層としての立場から、直接選挙制がもたらすであろう結果にたじろいでしまったのである。とりわけ、普通選挙制は、共和主義を標榜するこれらの名望家達にとってさえ、不安なものであった、といわれている[37]。

「選挙された裁判官 les juges électif」という言葉に委員達がためらいを感じたように、当時の裁判官達はそれ以上に反感を強め、選挙制は「裁判官の、裁判を受ける者たち les justiciables への最悪の従属」を生み出すものとして批判が展開された。しかし、こうした動きが大規模になる前に、一八七一年二月の総選挙による保守王党派の勝利と共和派の後退によって、ティエール後継政府は、委員会提案そのものを葬り去った[38]。

以上のように、「執行権力による裁判官の選任」ということを否定するところから出発して、新たな制度設計として共和政のスローガンである「すべての公務員の選挙」に依拠しながら、選挙制の要素を取り入れようとしたとき、そこで考えられたのは、普通選挙による直接公選制というにはほど遠く、間接選挙制を加味しながらも、司法官団体による同輩選出に著しく比重を置いたものであった。そして、普通選挙による裁判官公選制は、普通選挙による裁判官の指名を宣言したコミューン政府が崩壊する中で、完全に埋もれてしまうことになった[39]。それが再度掘り起こされるには、一八八〇年代初頭の司法改革論議を待たなければならない。

このように裁判官選任に関して選挙制の要素は後退した。しかし、「執行権力による裁判官の選任」に対する批判的認識は維持され、ティエール首班政府の保守共和政路線においても、「神聖なる権力分立」の原理をふみにじった帝政下の経験を教訓として、裁判官に対する政府の圧力を回避することができるような裁判官選任制度の構築の必要性自体は、否定されなかった。そして、目指されるべき方向として、「執行権力による選任」制度を維持しながら、その選任自体に法的統制を加え、司法大臣―控訴院長―地方裁判所長という司法内部の階層性と密接不可分の関係をもちながら、人事慣行上維持されてきた、「推薦に基づく任命システム le système des présentation sur recommandation」を改革しようとした。

議会では、一八七二年二月八日から司法改革の議論が再開された。討議に先立ち、新たな法案として三つの案が提示された。

まず第一に、アラゴ法案である。かれは前述したように一八七〇年九月の司法改革委員会の長であったが、再度そのときの最終案をほぼそのまま、自己の名前を冠して提案したのである。その内容は前述したように、裁判官の人事について選挙制的要素を加味しながら、司法官団体による同輩選出的要素を中心にした案である(40)。

第二に、ベランジェ René Bérenger 法案である(41)。この法案は、アラゴ法案と異なり、選挙制の要素を全く排除した。まず、採用段階においては、競争試験 concours を課し、合格者に、補職される権利を付与する。ただし、一定の実務経験年数を経た弁護士あるいは司法吏にはこの試験は免除される。そして、選任にあたっては、情実 favoritisme や縁故 népotisme に左右されず、司法の利益 l'intérêt de la justice のみによってその選択を行いうると想定された高等司法官団 un corps haut placé(42)によりその人物 la moralité が審査される。採用後の昇進については、二つの要件が課される。一つは、司法官職階層制の中でのある階梯に任命されるためには、当該階梯より下位の階梯において一定年数の修習 stage を経ていることが必要である。もう一つは、控訴院（構成員）に管轄区域内の弁護士会の会長と控訴院付き弁護士の評議会の古参構成員二人が加わった合議体によって推薦されることが必要である(43)。

そして、司法大臣を経由して行われる政府による任命に対して、以上の推薦は法的拘束力が付与される。

第三に、司法委員会の報告者としてビダール Theophile Bidard が委員会法案として提出した案である。この法案は、ベランジェ法案と共通する点をもちつつ、いくつかの点で異なっている。まず、採用段階については簡単な能力試験 simple examen d'apitude を導入する。この点に関しては、ベランジェ法案が試験合格者に補職の権利を与えて、司法大臣の選任に制度的統制を加えるという制度設計からは後退している。他方、採用後の昇進について、推薦母体として弁護士会は一切加わらず、ただ、控訴院に設けられる推薦の任務を負う委員会は、「当該院の検事長と弁護士会長の所見と推薦を聞くこと」とされた。こうした推薦に基づいて、司法大臣を経由して行われる政府による任命が行われる点は、ベランジェ法案と同じである。[44][45]

これらの法案をめぐる議論は、当初、一八七〇年九月の委員会での議論の対立を引き継ぎ、選挙制の要素と司法官団体による同輩選出の要素とのいずれが優位性をもって制度化されるべきかが論じられた。

この点で、アラゴは、司法が被っている最大の害悪の要因は「裁判官の任命と昇進に関する恣意的な制度」であるとし、試験制度と「執行権力による選任制度」の存置に対して、次のように他の二案に批判を加えた。かれによれば、選挙を通じて選ばれない司法権は「執行権力の道具」にすぎず、現に、これまでの政府は「任命の日によって、王国の裁判官、帝国の裁判官、共和国の裁判官を補職してきたにすぎないのだ。法律にのみ従う裁判官しかありえないはずなのに」。かれによれば、試験も政府の任命もあり得ない。あるのは選挙のみである。そして、かれの法案に従えば、選挙母体となる選挙団において裁判官が多数派となることはあり得ないことを強調し、他の二案に対して、自らを自らで選任することで「身分 un ordre、階級 une classe、特権階級 une caste を構築する」ような裁判官制度をもたらす危険性があることを指摘した。[46]

アラゴ法案自体においては、前述したように、選挙制の要素が非常に薄められているのではあるが、司法権の正統性の根拠を、間接的にせよ選挙を通じて国民に置くことによって、執行権力からの独立を担保しようとする意図をもっている限りにおいて、選挙制の要素は、アラゴの議論の中で不可欠のものであった。

こうしたアラゴの批判に対して、まず、ビダールは、上述したアラゴの議論における司法権の位置づけそのものに対して批判し、裁判官が裁判を受ける者たち＝選挙民の従属下に置かれてしまい、また、執行権力と対立する一個の権力 pouvoir を構成し、「行政機関と司法機関は、不一致をもたらす闘争状態、すなわち、設立された権力間の戦争状態に突入する」危険性を指摘する。さらに、想定されている選挙制的要素の技術的側面について、アラゴの法案で想定されている選挙母体の構成が、地域ごとに均質性を保てず、ある場所では、裁判官が多数派となり、またある場所では弁護士や司法吏が多数派となりうることを指摘した(47)。

選挙制的要素を裁判官選任の基礎に置くことに対する批判は、改革に消極的な現状維持論の側からも提示され(48)、結局王党派が多数を占める議会において、民主主義的改革につながる選挙制を前面に押し出したアラゴ法案は、修正を受ける余地すらなかった。そして、選挙制を制度設計の基本的要素に置くかどうかがまず議論された法案第一条の審議の際、自ら法案を撤回せざるを得なかった。こうして、選挙制の要素については、議論から排除されることになった。

残された議論の焦点は、残る二法案をめぐって、選挙制的要素に代わる司法官団体による同輩選出の要素を基礎において、「執行権力による裁判官選任」過程に対して、どれだけの法的統制をかけるのか、という点に移った。

この論点において、残された二法案のうち、ベランジェ法案は、司法官団体による同輩選出の要素を委員会法案よりも強くもち、試験制度と組み合わせながら、裁判官人事の恣意性を排除しようと試みるものであった。採用については、試験制度と高級司法官によって構成される会議体による審査とによって、司法大臣および採用者が直接関わる司法行政管理職（裁判所長や控訴院長など）の情実と縁故を排除し、昇進については、とくに司法官団体の代表からなる会議体による推薦を制度的に導入して、階層的司法官職体系の階梯を無視した昇進、政治的な意味合いをもつ職の異動、昇進の恣意的な拒否を防止しようとする。この点に関して、ベランジェは、これまで裁判官に加えられてきた非難に現実の裁判官が値するとは言い難く、むしろ裁判官が属する組織自体の欠陥こそが批判されなければならないと強調した。そして、現行の裁判官制度においては、入り口に関しては、「俗な言い方をすれば、法学士の称号さえあれば誰にでも門戸が開かれている」一方で、任官してからの昇進に関しては一切保障が与えられないことを指摘する。(49)かれによれば、改善策は、恣意性 l'arbitraire の代わりに法的かつ規律ある制度 régime légal et réglé を導入することなのであり、上述のような採用と昇進に関する制度設計となって具体化された。(50)

このベランジェ法案に対して、司法官団体による推薦を制度化することで、どれだけ情実や縁故を排除しうるのか、そして、裁判官がその中に組み込まれている階層的司法官職体系を存置しておいたままで、果たして、裁判官制度の改革が可能なのかについて、疑問が提出された。

まず、ベルトー Charles-Alfred Bertaud(51)は、裁判所は執行権力によって委任された権限しか行使できないのであり、司法官団体の提示する推薦に、司法大臣に対する法的拘束力を与えるような推薦制度は、「大臣の責任原理を排除するものであり、議会制度を破壊するものである」と批判した。さらに、上司に当たる裁判所長や控訴院長の推薦、あるいはその他の縁故と情実が、裁判官の選任（採用と昇進）の成否に大きな影響力をもち、それを基盤にして「真実の司法の家門の形成 la formation de véritables dynasties が促」されてきたこと、まさにそうしたことへの批判こそが、この改革論議の出発点ではなかったのか、と批判する。また、階層的な司法官職体系に関しては、「本来裁判官は階層的 hiérarchique であってはならない」として批判する。いずれの改革案においても、この点についての配慮が欠けている、もしこの官職体系を維持したまま、試験制度を導入すれば、最悪の結果を生み出すことになる。なぜなら、試験制度の導入は、必然的に若い青年層の司法官への任官を促すことになり、かれらは、まず、官職体系の一番低い階梯から司法官としての道を歩むことになる、その結果、かれら全員が、より高い階梯を望むことになるのは必然の成り行きであるからだ、と批判する[52]。

ゴブレ René Goblet[53] は、試験制度について賛成しながらも、とくに委員会法案については、真の意味で同輩選出的な司法官団体による推薦制であるとして、最悪の選択であると、批判する。もし、委員会が本当に第二帝政下の経験を総括しようとするならば、二つの観念、すなわち「できる限り昇進をなくすことと、裁判官の中に弁護士会の要素を取り入れること（すなわちイギリス的な法曹一元）」を受け入れなければならないと主張する。ベランジェ法案は、事実上上位の階梯へ昇進することに規制をかけようとしているが、それだけでは十分ではなく、全国の控訴院と裁判所を階層づけている等級、それに応じて所属裁判官の給与も細かく数段階に分けられている待遇についての階梯、これらをすべて廃止しなければならないとする。この措置と、ベランジェ法案に若干制度化されている弁護士会の役割をよりいっそう強化することによって、法曹専門職団体 profession judiciaire の実践的必要性を考えることの必要性を説くのである[54]。

以後の議論においては、上述ゴブレの意見を契機にして、裁判官の選任過程での政府（実質的には司法大臣）の裁量をどこまで制度的・法的に統制しうるのか、についてより具体的な制度設計案がいくつか提示されていった。制度設計として議会で議論されたものを、この時点までの法案も含めてここで整理すると以下のようになる。

①同輩選出の要素と選挙制の要素を組み合わせた制度設計

一八七〇〜七一年の委員会で出された改革案。アラゴ法案。

②同輩選出の要素を広く弁護士層やその他の法律職にまで広げて考える制度設計

法曹一元の前提としての法律専門職業団体（裁判官と弁護士）による選出を基本に置く前述ゴブレ意見。

③同輩選出の要素を、狭義に考え、司法官（判事と検事）に限定して考える制度設計
　弁護士会にまで広げている点もあるが、司法官団体内部での同輩選出の色彩の濃いベランジェ法案。司法官団体以外の要素を縮減している委員会法案。
④同輩選出の要素を排除する制度設計
　基本的に司法大臣の自由裁量の余地を多く残した現状維持論。

この点をめぐる議論は、上記①～④の制度設計あるいはいくつかを組み合わせた制度設計に基づく修正案が提出され錯綜する。(55)

まず、④を基調に、③の制度設計をさらに司法官職の階層制と司法行政管理職（控訴院長）に限定しようとする修正案が、とくに保守王党派から出されている。この場合、控訴院長が司法大臣に対して採用・昇進候補者名簿を提出していた従来の慣行をそのまま制度化する案である。これは現状の司法大臣を頂点とする監督系統にある控訴院長を推薦者として認めただけで、ほぼ現状維持に近いものといえよう。さすがにこれらの修正案は議会で採択されることはなかった。なお、この案に対しては、議会のほぼ全体において共有されている司法大臣の裁判官選任にあたっての裁量の統制の必要性について、改めてルフェーヴルポンタリス Amédé Lefèvre-Pontalis(56) から次の点が指摘された。第一に、不可動性は、権力に対して裁判官が恐れるものは何もないことを保障してくれるが、権力に期待することを何も与えてくれない。降格や罷免は革命などの特殊な状況においてのみ行われるものであり、これも恐れる必要はない。むしろ、昇進できないという恐怖に不可動性は何も答えてくれないのであり、この恐怖こそが、裁判官の職務への情熱を促し、その忠誠を確保するために、重く裁判官にのしかかってくるのである。第二に、大臣の責任に裁判官の選任を委ねてしまうことの危険性は、事実上大臣が行った任命には何ら説明を求めるこ

とができないという点にある。

次に、①と③の制度設計を折衷させた修正案が、共和派議員から提出された。これによれば、司法官団体から出された推薦名簿と議会から提出された推薦名簿から、裁判官が選任される。しかしこれも、議会で否決された。

また、②の制度設計については、前述のゴブレが、新たな修正を試みた。推薦母体として、司法官以外に、弁護士層および大学の法学部長層を参加させる修正を試みた。そして、③の制度設計との妥協を図り、控訴院の院長、検事長、四人の判事からなる推薦委員会と、弁護士会長、二人の弁護士会古参評議員、控訴院付代訴士団体の長、公証人団体の長、管轄区域内重罪院所在地の弁護士会長からなる推薦委員会とのそれぞれが作成する推薦名簿に基づいて推薦がなされるべきことが提案された。ベランジェは、この修正案に対して、批判的に摂取するとともに、委員会法案との妥協も図り、新たな修正案を委員会法案として提出した。これによれば、昇進に関する推薦委員会は、控訴院長、一人の部長、三人の判事、検事長、先任検事、弁護士会長、大学の法学部長、もし法学部がなければ最古参弁護士で構成される。

結局、ゴブレ修正案には共和派が賛成にまわったが否決、ベランジェ修正の委員会法案も共和派が反対にまわり否決された。さらに、ベランジェ修正による委員会法案が否決されたことを受けて、元の委員会法案の推薦制度が裁決にもち込まれ、これもわずか三票差で否決された[57]。

こうして、一八七二年の議会における司法改革論議は、終了した。

ここでの論議の出発点は、前年の司法改革委員会と同様、第二帝政期の裁判官が、政府の政治的圧力によってその独立が踏みにじられた点に対する反省であった。そして、その制度的原因は、「執行権力による裁判官選任」制度が、現状においては、実際に選任を行う司法大臣の自由裁量に委ねられていることにあるということが共通認識として指摘された。こうした現状把握の中で、具体的に課題とされたのは、法的でかつ規律された制度的枠組みを司法大臣の裁量に対して課すことによって、情実・縁故・政治的配慮等による恣意性を、裁判官人事から排除することであった。このための制度設計にあたって、考慮されたのは、選挙制的要素と同輩選出的要素である。しかし前者については、普通選挙による裁判官公選制は当初から考慮されず、もっぱら、同輩選出的要素と組み合わせて、一八七〇年九月設置司法改革委員会において、間接的な形（選出母体への県議会議員の参加）ですでに具体化された。これは、一八七二年以降の議会での司法改革論議では、アラゴ法案として提示されたが、早々に選挙制的要素に対する議会多数派である保守派の反感によって排除された。選挙制的要素に代わって、論議の中心となったのは、同輩選出的要素のみを基礎とし、しかも、「同輩」の範囲を司法官に限定して制度設計された、ベランジェ法案と委員会法案であった。「同輩」の範囲をどのようなものとして設計するか、あるいは裁判官の階層制の存置を前提とするかどうかという具体化にあたっての問題は、司法大臣に対するこれら「同輩」による推薦自体の事実上の拘束力の強弱、したがって裁判官の独立の強弱にかかわってくるもので、激しく議論されることになった。最終的には、一八七〇年九月に始まった司法改革論議は、結局なんらの改革も実現されることなく終わった。

その後、一八七三年には、大幅に後退した改革案が提出された。すなわち、控訴院長がそれまで事実上行ってきた推薦慣行を、法的に規定することによって制度化するものであったが、その推薦には司法大臣に対する法的拘束力が与えられなかった。そして、推薦された名簿以外から選任された場合には、任命のためのデクレに司法大臣の責任で成したことを明記するよう命じる規定が盛り込まれただけであった。この法案は議会の議事日程には上ったが、審議されずに終わった。その後一八七五年には、司法改革について、七二年に可決された法案の一部の条項（裁判官に任官するときの能力条件と、異なる階梯に移る際の要件に関する条項）についての報告が議会でなされたが、これも審議されなかった。これ以降、裁判官の選任にかかわる司法改革論議はいったん中断することになる。[58]そして、再度議会で司法改革論議が盛り上がるのは、前述したような道徳秩序下において反共和政的態度を露骨に示した裁判官に対する不信が、一八七九年のマクマオン大統領辞職以降一気に高まっていく時期まで待たなければならない。しかし、論議の焦点は、裁判所数の削減と司法官定員の削減という組織改革が中心となると同時に、マクマオン大統領の退陣によって、「道徳秩序」体制を支えてきた裁判官（さらに検察官）に対する不信感によって、これらの反共和政的な司法官を追放するという政治的課題の手段として、定員削減を軸にした組織改革、そして、そのための不可動性の停止という司法改革論議へと重心を移していくことになる。本節で検討した一八七〇～七二年の司法改革論議との関係でいえば、一八八〇年代初頭の段階においては、第二帝政期の人的系譜を引く現在の裁判官層に手を着けずにそのまま維持しながら、しかも、前述のような「同輩選出」的要素の「同輩」の中心に司法官団体を置くような一八七〇～七二年当時の制度設計が検討される余地はなくなっていたと考えるべきであろう。

次に章を改めて、一八七九年以降の司法改革を検討していくことにしたい。

［注］

（1）一七九六～一八八〇年。一八四八年二月革命によって成立した臨時政府の構成員。その後第三共和政期に司法大臣として司法改革に着手したことについては本文参照。J. Tulard（dir.）, *Dictionnaire du Second Empire*, Paris, 1995, p.428 ; P. Larousse, *Grand dictionnaire universel du XIXe siècle*, T. 5, Paris, 1869, p.486.

（2）J.-P. Machelon, La magistrature sous la troisième république à la travers le journal officiel, *Annales de la faculté de droit et de science politique*（*Université de Clermont I*）, fascicule 21, 1984, pp.9, 10.

（3）J. Poumarède, L'élection des juges en début sous la 3e République, dans sous la dir. de J. Krynen, *L'élection des juges*（*Éude historique française et contemporaine*）, Paris, 1999, pp.119-121.

（4）混合委員会は一八五二年二月三日の訓令により設置。のち、新たな裁判所の設置は法律に基づかなければならないという憲法原則に反していることとの整合性を図るために、三月五日のデクレによって事後的にその創設を遡及的に有効とする措置がとられた。委員会は各県に一つ設置され、構成員は県知事、控訴院検事長あるいは控訴院非所在地の場合は県の首府の裁判所の共和国検事、県の治安部隊指令将官l'officier supérieur commandant les troupes du départementによって構成される。この委員会の歴史は、弾圧の歴史の中でも特にひどい部類に入るものであり、単に手続の略式性、書面性によるだけでなく、防禦権の保障といった法準則や法原則をすべて放擲し、被疑者が出頭しないうちに、刑罰法規に規定していない違反行為によって罰せられるなど、罪刑法定主義をも無視した有罪判決が下されていたとされる。同委員会は、第二帝政期を通じて、反帝政的活動に対する抑圧に猛威を振るった。J.-P. Royer, J.-P. Jean, B. Durand, N. Derasse et B. Dubois, *Histoire de la Justice en France du XVIIIe siècle à nos jours*, 4e édit., Paris, 2010, pp.640-642.

（5）一八七〇年代の司法官の追放に関しては、R. Bouchery et J.-P. Machelon, L'épuration républicaine 1870-1871（Siège et Parquet）, 1872-1882（Parquet）, dans Association Française pour l'Histoire de la Justice, *L'épuration de la magistrature de la Révolution à la Libération : 150 ans d'histoire judiciaire*, Paris, 1993参照。

（6）*Ibid*. pp.70-71 なお、同論文によれば、研究者によって、追放された司法官の総数に若干に違いがあることを指摘するが、いずれにせよ、約四五〇の検事ポストについて異動が行われた。

（7）*Ibid*. pp.70-71.

（8）一八〇二～一八八三年。司法官。とくに、一八五一年一二月二日のルイ・ナポレオンのクーデターの翌日に各地に設置された混合委員会には、当初からボルドー控訴院検事長として参加し、五二年にリヨン控訴院検事長に転じて後も同委員会に参加した。五八年にパリの控訴院長に転じ、一八六五年には元老院議員。一八六九年三月に破毀院長。一八四八年革命から第二帝政に至る転変を目撃した彼は、一貫して自由主義的体制への恐怖を抱き続けたといわれる。本文中に述べるように、一八七一年一月に追放された後、数ヶ月後再び破毀院長に復職、一八七七年に退職を認められる。J. Tulard（dir.）, supra note 1, p.428.

（9）Royer et al., supra note 4, pp.663-664.

（10）Bouchery et al., supra note 5, p.72.

（11）一七八九～一八八一年。中央左派、穏健的共和派。第二共和政期に内務大臣。ルイ・ナポレオンによるクーデター後、弁護士会登録。その後一八六二年にはパリ弁護士会長。一八七〇年代に入って、ティエール政府の司法大臣（～七三年五月二四日）を皮切りに、オルレアニストのビュフェBuffet内閣の司法大臣就任（七五年三月一〇日～七六年二月二二日）、自ら内閣を組織して司法大臣兼任（七六年二月二三日～一二月一二日、七七年一二月一三日～七九年二月三日）といったように、七〇年代の司法改革論議において中心的役割を果たした。*ibid*., p.74 ; Larousse, supra note 1, T. 6, Paris, 1870, p.1352.

（12）中木康夫『フランス政治史（上）』未来社（一九七五）二三〇頁。

（13）J.-P, Royer, R. Martinage et P. Lecocq, *Juges et notables au XIXe siècle*, Paris, 1982 , pp.85-87.

（14）Bouchery et al., supra note 5, pp.75-76 ; Royer et al., supra note 4, pp.667-669.
なお、デュフォール法相は、議会で、デクレの無効によって再度裁判官職に復帰する者に対して、どのようにするのかを尋ねられた際に「私はこの議会内部において宣言された栄光ある判断が生み出すはずであろう効果に期待している。（中略―筆者注）諸君の判断によってもたらされたものは、不可動性によってその地位に復帰した司法官達に心底からかきたてられるはずの羞恥の念であることを私は認めよう。彼らは成すべきことを理解するであろう」と述べ、暗に辞職を期待していた。しかしながら、最も辞職が期待された前述破毀院長ドヴィアンヌ前掲注（8）は辞職しなかった。

（15）*Ibid.*, p.76. なお、混合委員会参加司法官をめぐる問題については、最終的には破毀院が、一八七五・七七年に同委員会の合法性を、非常に形式的な理由によって承認したことで、一応の終焉を迎えることになる。Royer et al., supra note 4, p.669.

（16）一八七一年のデュフォール法相時代から一八七九年のマクマオン大統領辞職までの時期の司法官人事については、Royer et al., supra note 13, pp.88-92.を参照。

（17）*Ibid.*, p.88.

（18）中木前掲（12）書二三五頁。

（19）Royer et al., supra note 13, p.89.

（20）この道徳秩序体制下に採用された多くの司法官は、検事については一八八〇～八三年、裁判官については一八八三年に追放された。*Ibid.*, p.88-90.

（21）Bouchery et al., supra note 5, p.77-79.

（22）J. Poumarède, La magistrature et la République. Le débat sur l'élection des juges en 1882, dans *Mélanges offert à Pierre Hébraud*, Toulouse, 1981, p.668.

（23）中木前掲注（12）書二三八頁以下。樋口陽一『比較憲法（全訂第三版）』青林書院（一九九二）一五一頁以下参照。

（24）Bouchery et al., supra note 5, p.80, 81. なお、同年八月から九月の間に、ガンベッタも二度にわたって訴追され、いずれも禁錮刑に処せられた。

（25）これらの司法官の「秩序」維持行動は、一八七〇年代を特徴づける、共和派に象徴される「新社会階層 une couche sociale nouvelle」と伝統的支配層との抗争の中で位置づけられる、といわれる。すなわち、司法官は、本書が扱う第三共和政初期において、いわゆる「名望家の時代」の終焉を特徴づける抗争に広く巻き込まれたが、そのことは、司法官のみにかかわるものではなかった。名望家層に属する、あらゆる高等行政すなわち高級官僚・省部局は、普通選挙の効果を最大限弱めるために、県知事あるいは検事長に対して強力な力を貸したのである。Poumarède, supra note 22, p.668.

また、Poumarède, supra note 3, p.114.は、一八七九年一月のマクマオン辞職以後、「官職革命 révolution des emplois」（いわゆる官僚エリート grands corps de l'État の淘汰）が進行し、保守派の名望家が、彼らの伝統的な地位から追放されていくとしている。なお一八七〇年代に官僚エリートの採用段階で試験制度が導入されていくなど、第三共和政期のフランス官僚エリート研究については永井良和『フランス官僚エリートの源流』芦書房（一九九一）参照。「官僚エリート」の訳語については同書に依拠した。

（26）Poumarède, supra note 22, p.668, 669 ; Bouchery et al., supra note 5, p.83-85.

（27）弁護士層と法律家 jurisconsultes の参加。この委員会についてはM. Dehesdin, *Étude sur le recrutement et l'avancement des magistrats*, thèse de droit, Paris, 1908, pp.66-71.

（28）Royer et al., supra note 13, pp.87-92.

（29）一八七〇・七一年の司法改革論議については、おもに、Dehesdin, supra note 27, pp.66-71. および、Poumarède, supra note 3, pp.122-124. を参照。

（30）一八二二～一八九六年。弁護士層出身。一八七〇年国防政府構成員の一人。第三共和政以後穏健共和派に属す。Larousse, supra note 1, T. 16, Paris, 1878, p.188 ; P. H. Hutton（éd.）, *Historical dictionary of the Third French Republic, 1870-1940*, A-L, U. S., 1986, p.32.

（31）他の委員は、ショディ Gustave Chaudey 一八二〇年生。法学者、ジャーナリスト。Larousse, supra note 1, t. 3, Paris, 1867, p.1095.）、ダレスト Rodolphe Dareste（一八二四年生。法学者、破毀院付弁護士会長などを経て同院判事。*Ibid.*, t. 16, p.639.）、ルベルキエ Le Berquier（一八一九年生。弁護士。*Ibid.*, t. 17, p.1507.）、リウヴィユ Albert Liouville、フォスタンエリ Faustin-Hélie（一七九九～一八八四年。法学者、司法省刑事局長、破毀院判事などを歴任。*Ibid.*, t. 9, 1873, p.150.）、ヴァレット Vallete（一八五〇年生。法学者。*Ibid.*, t. 15, 1876, p.744.）、パリ控訴院検事長ルブロン Leblond（一八一二年生。帝政崩壊後司法省へ入省。一貫して共和派、七一年から国民議会議員。*Ibid.*, t. 10, 1873, p.288.）、司法省事務局長エロルド Hérold（一八二八年生。五一年法学博士。パリ弁護士会登録。第二帝政では反帝政的活動で著名。帝政崩壊後司法省へ入省。*Ibid.*, t. 9, 1873, p.240.）である。

（32）この案については、Poumarède, supra note 3, pp.119, 120 ; Poumarède, supra note 22, p.672. 第二共和政下の一八四八年三月に普通選挙制が宣言され、それとともに、ルドリュロランの共和国検事への訓令「自由選挙された司法官の配置を待って不可動性の廃止を行う」が出され、司法改革委員会が設置された。しかしながら、同委員会の提案は、同年四月の総選挙による保守・名望家層の勝利によって、穏健なものとなった。すなわち、裁判官の任命権は政府の手に残されたまま、従来司法大臣を頂点とする階層性の各結節点にある控訴院長―裁判所長の事実上の推薦慣行を、各裁判所・控訴院の管轄区域毎に構成される司法官と司法補助吏によって構成される推薦母体 collège de magistrats et d'auxiliaires による推薦制度に変更し、破毀院の構成員のみを議会の推薦によらしめることにした。それとともに、各県の首府に一つだけ第一審裁判所を設置することによって裁判所数の削減、軽罪についての陪審制度の導入を盛り込んでいた。これに対して、折からのクレミュー司法大臣による反共和政的司法官の追放処分とあいまって、司法官内部からの反発が強く、最終的に葬り去られた。

（33）Dehesdin, supra note27, p.67.
（34）*Ibid.*, pp.67-68.
（35）Poumarède, supra note 3, p.123.
（36）Dehesdin, supra note 27, pp.68-71.
（37）Poumarède, supra note 3, p.123.
（38）*Ibid.*, p.124.
　第二共和政成立直後に設けられた司法改革委員会（一八四八年三月設置）と同じ運命をたどることとなった。注（32）参照。
（39）Poumarède, supra note 22, p.673. 参照
（40）Dehesdin, supra note 27, p.71.
（41）祖父が復古王政期の貴族院議員、父が七月王政期の司法官、議員であり、自身は中央左派に位置する。Poumarède, supra note 3, p.125.
（42）その構成員は、破毀院の構成員、パリ控訴院所属司法官八名、セーヌ裁判所の副所長、判事二名、検事一名である。一八八三年八月三〇日法で具体化される司法官職高等評議会 le conseil supérieur de la magistrature につながるものである、とされている。Poumarède, supra note 3, p.125.
（43）Dehesdin, supra note 27, p.72；Poumarède, supra note 3, p.125.
（44）司法官としての経歴をレンヌの検事として開始し、レンヌの法学部の教授、ついで法学部長となる。一八七〇年には、同市の市長を兼任。一八七一年より国民議会議員、オルレアン派に属す。Poumarède, supra note 3, p.126；Larousse, supra note 1, t. 16, Paris, 1878, p.367.
（45）Dehesdin, supra note 27, pp.72, 73.

（46）*Ibid*., pp.73, 74.
（47）*Ibid*., p.74；Poumarède, supra note 3, p.126.
（48）ドガバルディ de Gavardie は、選挙制に対する反感をもつ王党派に固有の明瞭さで、アラゴとともに他の二案に対しても批判を加える。能力試験あるいは競争試験の制度化は、選挙制と同じく「すぐれて共和主義的制度の表現」である、共和主義的制度の精神は、すべての人間に対して、事前の一切の研修もなしに、「知能の表示」以外の何ら提示すべき条件もなしに、社会生活上のすべての諸利益に参加することを許すことである。かれによれば、「教育、それこそが、共和主義的精神においては、人物を図る手段なのである」とされる（Dehesdin, supra note 27, pp.74, 75.）。こうした皮肉をこめた彼の意見は、第二帝政期からこの時期にかけて進行する名望家支配解体過程と平行して、一八七九年のマクマオン大統領辞任を一つの象徴とする「官職革命」、すなわち、官僚エリートを伝統的に支配していた保守派の名望家層たちが、そこから追放されていく歴史過程（前掲注（25）参照）を反映する表現であろう。共和主義的改革に対する一個の批判的見解を象徴している。
（49）この点についての、次のようなベランジェの議会での発言は、当時の裁判官人事の実態をうかがわせる。
　ベランジェは、法案中の情実を抑制するための措置を示した上で、次のように結論づける。「私に対する反対論者が望んでいること、すばらしいと考えているもの、すなわち、縁故を促進しないと考えているシステムとはこうである。控訴院には二人の長が存在する。控訴院長と検事長である。二人とも、誰も加わることができない秘密のうちに、（管轄しているすべての司法官の）家の父、両親、友人たちを調べ上げ、一切の異議申し立てを受け付けることなく推薦名簿を作成し、それを国璽尚書＝司法大臣氏に送付する。これで終わりではない。今度は、司法省自身が、自由に、自ら措定した準則を全く考慮しないのだ」。Dehesdin, supra note 27, pp.78.
（50）*Ibid*., pp.75, 76.
（51）一八一二〜八二年。弁護士出身。弁護士会長を経て、当時はカーン法学部の民事訴訟法教授。その後、元老院議員、破毀院付検事総長を歴任。Poumarède, supra note 3, p.127；Larousse, supra note 1, t. 17, Paris, p.545.
（52）Dehesdin, supra note 27, pp.77, 78.
（53）一八二八〜一九〇五年。弁護士層出身。第二帝政期より共和主義的政見により著名であり、帝政崩壊後すぐにアミアン控訴院長に任命されるが翌年辞職し、ガンベッタ派として政界に入り、一八八一年以後は共和左派へ移行。Hutton（ed.）, supra note 30, pp.423, 424；Larousse, supra note 1, t. 16, Paris, 1878, p.900.
（54）Dehesdin, supra note 27, pp.78-81.なお、これらの意見に対して、ベランジェは、法曹一元については、明確に反対し、昇進が存在することについては、「裁判官職が、昇進と、定期的にフランスの端から端まで移動する旅行を伴うような官職であってはならない」ことに賛意を示し、「必要なことは、裁判官が任官してから生涯を過ごす場所を見出せることである」と述べた。

（55）以下の経過については、*Ibid.*, pp.85-90.

（56）一八三三年生。五五年法学士。パリ弁護士会へ登録、七一年国民議会議員、中央左派に属す。Larousse, supra note 1, t. 10, Paris, 1873, p.318.

（57）Dehesdin, supra note 27, pp.90-91.

（58）*Ibid.*, pp.92-94.

第三章　一八八〇年代初頭の政府と裁判官
——無認可修道会に関する一八八〇年三月二九日のデクレをめぐる対抗と公選制

本章においては、一八七〇年から八三年にかけての司法改革論議の二つ目のピークにあたる七九年以降の時期を取り扱う。

前章第一節三で述べたように、七九年一月のマクマオン大統領辞任による「道徳秩序」体制の崩壊は、司法官団体に対する不信感と反感を解き放ち、司法改革を焦眉の政治課題へと押し上げることになった。権力を掌握した共和派、とくにオポルチュニストたちは、司法組織改革を標榜しながら、実際には反共和政的な司法官を刷新することを緊急の課題と位置づけていた。なぜなら、かれらは、司法官団体を、「宗教、家族、所有」という伝統的価値観に固執し（ジュール・グレヴィは「良いワインを入れようとしているにもかかわらず、まだ前のビネガー酢が染みこんでいるビネガー樽」に司法官団体を譬えている[1]）、その意味で反共和政的であり「軽蔑すべき、そして政治的有害性を遺憾なく示している社会的団体corps social」と見なしていたからである[2]。ここには、一八七〇年代初頭の改革論議で見られた、第二帝政下の裁判官のあり方に対する総括に基づいた、裁判官を選任（任用・昇進）する際の政府（司法大臣）の恣意を統制するという問題意識は薄れている。むしろ七八年のガンベッタの演説に見られるように、第二帝政といういわば「大衆の不信の中で倒れた政府、恥辱と腐敗の中に陥った政府」にその起源をもつ「頑強なるある団体corps（中略—筆者注）を調べあげ、それを新たな信任のもとに服せしめること」こそが「国民主権に由来する政府」に求められたのである[3]。司法改革論議の中心は、今や、反共和政的裁判官の淘汰という政治的課題に引きつけた裁判所組織改革（裁判所数の削減、定数削減）に移行したのである。

ところで、一八七九年から再燃する司法改革論議は、八三年八月三〇日司法組織改革法の制定に帰結する。しかし同法制定に至る過程は、反共和政的裁判官の淘汰という政治課題に引きつけた組織改革と不可動性の停止からなる改革案から、裁判官公選制を軸にした改革案の提示と採用、一転して同案の否決、そして再度の不可動性の停止と組織・人員整理案の採用（一八八三年八月三〇日法）といった複雑な過程をたどることになる。そこでまず、この紆余曲折をたどる公選制をめぐる動きについて、簡略な年表を最初に示しておこう(4)。

【一八七九年一月〜八三年一月の司法改革論議の推移(5)】

一八七九年

一・三〇　ジュールグレヴィ大統領就任（二九マクマオン辞任）（〜八七・一二・二）

二・　四　ヴァダントン Waddington 内閣（〜一二・二七）法相＝ルロワイエ P. Le Royer、ゴブレ

三・二二　ボワセット Ch. Boysset 他による「すべての審級のすべての司法官を新たに任命し直す法律案(6)」

一二・二八　フレシネ Freycinet 内閣（〜八〇・九・二二）、法相＝カゾ J. Cazot、マルタンフォイエ F. Martin-Feuillée

一八八〇年

一・二〇　政府（カゾ法相）による司法官の人的再組織に関する法案（以下、カゾ法相案と略記(7)）。

二・二八　カゾ法相法案等に関する下院の法案検討委員会報告(8)（ヴァルデックルソー Waldeck-Rousseau 報告）。

三・二九　無認可修道会に関するデクレ

六・　一　カゾ法相法案等に関する下院法案検討委員会の追加報告(9)（ヴァルデックルソー追加報告）

九・二三　ジュール・フェリー内閣（〜八一・一一・一三）、法相＝カゾ、マルタンフォイエ

一一・一三　カゾ法相法案と二・二八ヴァルデックルソー報告、六・一同追加報告による修正案をもとに下院での法案審議開始（〜一一・二二議決）[10]

一一・一六　ラングロワ Langlois による裁判官公選性を軸にした修正案（のち否決）[11]

一一・二〇　ボキエ Ch. Beauquier による裁判官公選制を軸にした修正案とその否決[12]

一一・二二　カゾー議員 Cazeaux による、司法再組織化の後の選挙による裁判官任命の修正案とその否決[13]

一一・二二　司法改革に関する法案の下院での可決[14]

一八八一年

三・　三　下院議決法案に関する元老院法案検討委員会報告（ベランジェ報告）[15]。全員一致で委員会は下院の可決した不可動性停止法案を拒否。

八・　下院選挙（八〜九月）と共和派の勝利。

一一・一四　ガンベッタ内閣（〜八二・一・二九）、法相＝カゾ、マルタンフォイエ

一一・一五　ガンベッタ内閣による八〇・一一・二二下院可決司法改革法案の撤回[16]

一八八二年

一・　元老院の三分の一改選

一・三〇　フレシネ Freycinet 内閣（〜八・七）、法相＝アンベール G. Humbert、ヴァランボン F. Varembon

二・一六　政府（アンベール法相）による司法組織改革法案提出（アンベール法相案）[17]

五・　六　アンベール法案等に関する下院法案検討委員会報告（ルグラン P. Legrand 報告）[18]

五・三〇　アンベール法相案、ルグラン報告をもとに司法組織改革法案の下院審議[19]（〜六・一〇）

六・一〇　下院で、ジェルヴィユレアシュ Gerville-Réache による裁判官公選制を軸にした修正提案、ドゥヴィユマイユフ Douville-Maillefeu の裁判官公選制を軸にした修正提案、両者の調整に基づいた「不可動性は廃止される。裁判官は普通選挙によって選挙される。」を法案第一条として可決。[20]
八・　七　デュクレルク Duclerc 内閣（〜八三・一・二八）、法相＝デヴ P. Dévès、ヴァランボン
一一・二三　アンベール法相法案等に関する下院法案検討委員会の第二報告（六・一〇可決の裁判官公選制の具体案の検討を主要義務とするルペール Lepère 報告）[21]

一八八三年
一・一五　裁判官公選制を具体化した法案の下院での審議[22]（〜一・二七）
一・二七　裁判官公選制法案の否決[23]

以下では、上述の過程を、裁判官に対する不可動性の保障の停止または廃止と裁判官公選制という二つの論点を軸にして次の五つの段階に分けて分析することとしたい。

(一) 一八七九年三月〜一八八〇年六月。この時期における司法組織改革諸法案を通じてみた司法改革論議の動向と、諸法案の類型化。

(二) 一八八〇年六月前後。共和派が政権を掌握したこの時期に本格的に始動した反教権主義的政策の一環としての教育の非宗教化政策、その具体化の一つである八〇年三月二九日の無認可修道会に関するデクレの施行をめぐる政府と司法官との厳しい対立。この状況を反映した、反共和政的裁判官淘汰のための不可動性停止または廃止の要求の高まり。

(三) 一八八〇年一一月〜一八八一年。裁判官の不可動性保障の一定期間内の停止と、政府による裁判所人的組織

再編を内容とする司法改革に関する法律案の下院での可決。下院で裁判官公選制の論点提示。元老院での下院可決法律案への反対。
(四) 一八八二年二月〜一一月。不可動性の廃止と裁判官公選制原理の下院での可決。裁判官公選制を軸にした法案の作成。
(五) 一八八三年一〜八月。裁判官公選制を軸にした司法組織法案が下院で否決。司法改革論議が再出発。反共和派裁判官の追放を軸とした一八八三年八月三〇日司法組織改革法の制定。
(一〜三) を本章で、(四・五) を次章で論ずることとする。

第一節　一八七九〜八〇年における司法組織改革関係諸法案

一　司法組織改革の制度設計の類型

前述したように、この時期の司法改革論議は、前章で検討した時期とは異なり、政府(司法大臣)による裁判官の選任に対する制度的・法的統制を中心にした改革論議は後退し、反共和政的裁判官の淘汰という政治的課題に引きつけた裁判所組織改革(裁判所数の削減、定数削減)が改革論議の中心となった。そのため、改革の基本線は、裁判所数・裁判官定数の削減→不可動性保障の停止→政府(司法大臣)による司法の人的組織の再編というものであった。しかし、不可動性停止の是非と裁判官公選制の是非といった論点をどのように考えるかによって、いくつかの制度設計の違いを生みだすことになった。すなわち、次のような三つの類型の制度設計である[24]。

（A）裁判官に対する不可動性の期間を定めた停止、政府（司法大臣）による裁判官選任（任用、昇進）権の存続。裁判所組織改革（裁判所数の削減、定数削減など）と連動させて不可動性を停止する方法であり、一八八〇年一月二〇日カゾ法相法案や六月下院委員会案などで採用される。この制度設計は人員削減を容易にかつ迅速にしうるものとされた。

（B）裁判官に対する不可動性保障の廃止、裁判官公選制（普通選挙によるのが原則。また必然的に政府（司法大臣）の裁判官選任権は否定される）の採用。

この二つを司法組織改革の機軸にすることが一八八二年六月に下院で可決される。

（C）裁判官に対する不可動性保障の停止・廃止への反対、政府（司法大臣）の裁判官選任権を存続させるが、それに対して何らかの法的統制を付加（試験任用制、任用資格要件の厳格化、年功制など）。

この時期においては、議会の中でほとんど影響力と説得力をもち得なかったが、七〇年代前半期の司法改革論議のコンセプトを維持し続けるとともに、（A）の類型に属する諸法案が審議される際の対案としての役割を果たすことになる。

ところで、一八七九年以降に確立する共和派による共和政は、周知のようにオポルチュニスム（日和見主義）路線を基本としていた。その担い手はオポルチュニストと呼ばれ、六九年『ベルヴィル綱領』路線（普通選挙制を軸とする政治的民主主義の徹底、政教分離、公務員の選挙制など）以来の急進主義路線を放棄したガンベッタ派（共和主義同盟）、共和派主流（共和左派＝穏健共和派、ジュール・フェリー主導）そして中央左派、この三者の提携勢力（オポルチュニスト）主導で推進されるようになっていく。そして、オポルチュニストとの提携を行うことで急進主義路線を放棄したガンベッタ派との対抗の中で、クレマンソー Clémenceau を中心とした急進派が、オポルチュニストと区別される勢力（クレマンソー派＝極左派）を形成していくことになる。[25]

こうした共和派の諸派と、前述した当面する司法改革の制度設計の類型とはどのように関係しているのだろうか。

クレマンソー派（極左派）は司法官全体にわたる淘汰を強く要求し「すべてのポストについて、すぐさま（淘汰する）」が、かれらの司法改革に関するスローガンであった、といわれる。[26]こうした姿勢は、裁判官に対する不可動性保障の廃止もしくは停止による反共和政的裁判官の罷免、さらには八一年選挙のために出された『急進社会主義綱領』での司法官の公選制の要求[27]へとつながっていくことになる。前述の司法改革の類型との関係では、（A）から（B）へその重点を移していくことになる。

これに対して政府を構成するオポルチュニストたちは、当初不可動性の保障について慎重な姿勢をとっていた、といわれる。その理由の一つとして、オポルチュニスト所属議員の約半数は法律家juristeの出身であり、第二帝政下に踏みにじられた不可動性に対して、かれら「弁護士の共和国」は、公然と手をつけることに消極的であった、といわれている。[28]もっとも、後述する一八八〇年三月二九日デクレの施行をめぐる政府と司法官との対立の中で、反共和政的司法官の淘汰要求への傾斜を強めていく（基本的には（A）。その後部分的に（B）への支持）。しかし、一方で、七〇年代初頭からの司法改革論議の延長線上にある（C）の類型の発想に依拠する部分も存在し、（A）や（B）に対抗することになる。

二　一八八〇年一月のカゾ法相案と二・六月下院法案検討委員会報告

さて、本節の対象とする八〇年前半期までの段階では、（B）以外の類型に属する法案がいくつか出された。ここでは、一月二〇日の政府（カゾ法相）提案をはじめとする（A）の制度設計につながる案をいくつか検討しておこう。

まず、（A）類型の法案の前提となる反共和政的司法官の確定を目的とするボワセット他複数議員提出の「すべての審級のすべての司法官を新たに任命し直す法律案」である（八三年八月三〇日法制定に帰結する議会での司法改革論議の最初の法案となる）。その基本は、再任手続によって裁判官を選別するという、復古王政、七月王政で採られた手法にある。理由書で[29]、提案者は「現職の裁判官たちは誰によって選任され、彼らの官職の使命はどこに由来するのか？」と問い、「それは、あらゆる公務員に対して、永遠の、積極的で、精力的な服従と忠誠と共謀を強く要求してきた帝政である」と自答する。このような帝政に起源をもつ裁判官は「再審査されなければならない」のであり、それによって「もし帝政の伝統がしみこんでいることが明らかになった場合、もしフランスに付与された自由な政府によって宣告されるべき敵であることが明らかになった場合」それらの裁判官を選別し、排除することは「高度の理性と賢明さを備えた政策」として正当化される、と主張する。

ここには不可動性の一時的な停止を、不可動性保障の原理的な問題としてではなく、前の政府によって権限が付与された裁判官と現在の政府との間の一時的な政治的問題として処理しようとする主張が示されている。

八〇年一月二〇日には、このボワセット法案の延長に位置し、（A）の類型の中心となるカゾ法相の司法官の人的再組織化に関する法律案が提示される[30]。前述したようにオポルチュニスト政府は、反共和政的司法官の淘汰を優先目標とし、制度的には裁判官を「政府のくびき」のもとに置くことを主張しながらも、不可動性自体の明示的な否定には消極的であった。同法案は、その表現であった。

法案の内容は次の通りである。

【裁判所組織の削減】

控訴院に置かれる部の数を削減する（第三条）。ちなみに、当時パリ控訴院が七部構成、ボルドー以下一一の二級控訴院が四部構成、それ以外の一四の三級控訴院が三部構成であった[31]が、法案では、パリ七部、ボルドー以下六の控訴院が三部構成、それ以外が二部構成となる。第一審裁判所に関しては、一年間に一〇〇件未満の判決数の裁判所を廃止し、一年間に四〇〇件未満の民商事判決数の裁判所は、三人で構成される部を一つだけ設置する（ただし、四〇〇件以上の裁判所には三人で構成される部を二部以上設置）（以上第四条）。

【裁判官職数の削減】

控訴院が判決を下すのに必要な判事数を民事について五人、刑事について三人とする（第一条、従前は七人）。控訴院の裁判官定数を縮減する（第二条）。

【裁判官の不可動性保障と司法組織の人的再組織化】

「第六条　この法律が施行されてから六ヶ月の期間内に、控訴院と裁判所の全般的な再構築 la reconstitution générale des cours et tribunaux が行われる。

前述の準則の適用によって必要となる削減は、無差別に人員の全体を対象として行われる。

新しい組織に包含されなかった司法官は、その職位 titre と俸給を、復職もしくは退職するまで保持できる。」

以上のように、カゾ法相案は、裁判所数・裁判官定数の削減→不可動性保障の停止→政府による司法の人的組織の再組織化という前述（A）の類型である。法案理由書には、制度改革内容が淡々と説明され、きわめて技術的な説明にとどまり、むしろ、裁判官の待遇が組織の簡素化によって著しく改善されることが強調されている。同法案は、政治的課題としての反共和政的司法官の淘汰を、一時的・例外的な政策的措置によって行い、不可動性保障停止の原理的な問題を表面化させることなく、組織的簡素化とそれによる司法官全体の待遇改善の問題として処理しようとしたのである。

こうしたいかにもオポルチュニスト的な法案は、二月二八日の下院の法案検討委員会報告[32]（報告者はヴァルデックルソー）によって、重大な修正を被った。すなわち、第一条で「不可動性の利益は後の法律の対象となるであろう司法官の新たな任命 une institution nouvelle de la magistrature が行われるまで停止される」と明文で不可動性の停止が規定された。これにより、特定されない期間の間に、全裁判所、全部局、全裁判官の官職ポスト数の削減を行う枠組みの中で、政府は、望ましくない裁判官のすべてを淘汰し、自由にそれらを取り替える権利を享有することになったのである[33]。【裁判所の削減】、【裁判官職数の削減】については、基本的にカゾ法相案の基本線を維持している[34]。

さらに、ヴァルデックルソー報告では、カゾ法相案とは異なり、不可動性停止に関する踏み込んだ説明がなされている。報告によれば[35]、「不可動性の保障は、ある政府が任命した investir 裁判官を罷免することは政府にはできないという考慮の上に基礎づけられたものである。不可動性の保障は（政府と裁判官との間に取り決められた―筆者注）契約 contrat を前提としているのである。したがって、不可動性は国家 l'Etat が選択した裁判官についてのみ存在しうるのである」とされる。すなわち、不可動性の問題は、政府と司法官との間の個別的な契約関係として理解され、一方当事者が消滅すればその契約関係は失効し、継続するためには「第三共和政の裁判官たちが、（新たな政府の）新たな委任によって、行使すべき官職を更新されなければならない」とされるのである。

以上の点は、下院での法案審議の際に再度議論されることになるので、ここでは、続く六月一日の下院の法案検討委員会追加報告[36]（報告者はヴァルデックルソー）について検討しておこう。

この報告でも、【裁判所の削減】、【裁判官職数の削減】については、基本的にカゾ法相案の基本線を維持しているが、これらに加えて新たな提案として【司法階統制 la hiérarchie の簡素化】が提示されている。これによって多段階に階級づけされた控訴院と第一審裁判所の等級が減じられた（前者はパリとそれ以外の二級、後者は三級）。それとともに、これまでは抽象的に裁判官の待遇の改善を図るとのみ述べられてきた点については、司法階統制の簡素化に伴って裁判官間の俸給の格差も緩やかになり、全体としての俸給の改善も図られることになった[37]。

【裁判官の不可動性保障と司法組織の人的再組織化】に関しては、二月二八日報告とは異なり、明文で不可動性の停止を規定せず、さらに、期間も限定して、「この法律が施行されてから、一年間の期間内に、前記規定に従って、法院と裁判所の人事の組織化 l'organisation du personnel が行われる」（第八条）という規定を設けた。そして、この第八条の適用を受けて「休職とされた mis en non-active」裁判官に対する年金保障規定を詳細化した（第九条）。

委員会は、第八・九条の説明において、政府は「新しい組織化を行うために政府に委任される権限」、すなわち「人的組織が体制と協調を保てるように」するために「その知識と経験が有効に用いられ得るような人々を招く権利」を与えられているのだと述べる。具体的には「①政府が保持しうると考えられない現職者の選別と除去を行う権利、②自由にその空席ポストの補充を行う権利」が政府に認められるのだとする。また、当初期間を特定していなかったにもかかわらず、一年間という期間を限定したのは、一年間で十分だと考えるようになったからだ、とされている。

以上のように、前述カゾ法相案に、ヴァルデックルソー委員会報告が対置され、両者を妥協させたような線で同委員会追加報告が行われた。これらで確認されたのは、不可動性の一時的な停止は、前の政府によって権限が付与された裁判官と現在の政府との間に生じた一時的かつ例外的な政治的課題を処理するための措置に過ぎないのだということにある。これに対して、不可動性保障の停止を原理的な問題としてとらえ、七〇年代初頭以来の司法改革論議の問題意識の延長線上で問題をとらえようとする案、前述（C）の類型の案が提示される。次にこれらの法案群を検討しておこう。

三　不可動性の停止に対する反対、政府（司法大臣）の裁判官選任権の統制、司法階統制の水平化

（A）の制度設計とは異なり、政府（司法大臣）の裁判官選任における恣意を統制しようとする七〇年代初頭以来の問題意識に立った場合、制度設計として二つの方向性が考えられる。一つは、七〇年代初頭のように、裁判官の任用そのものについて司法官団体による同輩選出的要素と選挙制的要素を組み合わせることによって、政府（司法大臣）から裁判官選任権を奪うかもしくは裁量を小さくする設計である。もう一つは、政府の裁判官選任権を維持しながら、その際の裁量を、試験任用制[38]や裁判官の資格要件の厳格化などによって統制する設計である。

前者の設計として、七〇年代後半以降に出されたものとして、一八七七年に元老院で提起されたジュール・ファーヴル案がある[39]。この案は、選挙制的要素と同輩選出的要素を加味させた七〇年代初頭司法改革論議の延長にある法案であり、裁判所、弁護士会、公証人、代訴士の代表に加えて、県議会議員五人によって作成された名簿に従って第一審裁判所裁判官を、同じように作成された名簿に基づいて控訴院の裁判官を任命することを求めるものであった。

しかし、一八七〇年代末から八〇年代にかけての状況の中で、上述のような形で、政府（司法大臣）による裁判官選任制度の改革を行うことは、多かれ少なかれ「司法官団体に対して推薦権 un droit de présentation」を認めざるをえず、その結果、激しい攻撃の対象となっている司法官の影響力を永続させることにつながるという危惧が共有されていた[40]。そこで、政府（司法大臣）の裁判官選任に関する裁量に何らかの統制を加える設計がいくつか提起されることになった。これが、前述（C）の設計としての法案群である。

まず、カゾ法相案が提出された直後一八八〇年一月二七日に下院に提案されたゴブレによる法案である[41]。ゴブレ自身は、一八七〇年代初頭の司法改革論議で、政府（司法大臣）の裁判官選任に関する裁量への法的統制の必要性、司法階統制の水平化を主唱し、閉鎖的な司法官団体による同輩選出を拒否して法曹一元的な要素を取り入れることを主張してきた人物であり[42]、その点で、当面する司法の問題は、政府（司法大臣）による裁判官の任用・昇進といった選任における恣意と、「昇進への期待」を絶えず誘発する集権的な司法階統制としてとらえる問題意識を有していた。

一月二七日の法案理由書において、ゴブレは現状を、次のようにとらえる。すなわち、議会に提出される法案の多くが、「政府によってこの団体の構成と精神が再構成されるのに必要な期間の間の不可動性の停止」を要求している原因は、「帝政期にその出自を持つ司法官層が、現政府と共和国がよって立つ基礎原理に対して、敵対感を表明することをはばからず、他方で、司法官たちが司法制度に対する危機を醸成しているのだという司法官に対する不信感が煽動されている」からである、とする。そして、不可動性の停止もしくは廃止に関しても、原理的な問題として反対する。すなわち「裁判官の不可動性は、裁判官が政府によって任命される限り、その独立を保障するために不可欠のものであり、従属した裁判官というものが司法の観念と両立するものではなく、専制の道具にしか過ぎないことは周知のことであるはずだ。もし不可動性を廃止できないとすれば停止もできない。いったんこの手段を執れば、恣意的に流れることは間違いなく、そうなれば、裁判官は自らを任命する権力と命運を共にする政治的な官僚団 un corps de fonctionnaires politiques に過ぎなくなる」危険性が指摘されたのである。

こうした原理的立場から、現在の司法の抱える問題を次のように整理して、自らの法案を提示する[43]。まず第一に、裁判官にふさわしい徳性 moralité と能力を確保するに十分な制度的保障なしに、裁判官の任用が政府の恣意的選択に委ねられてしまっていることが指摘される。第二に、不可動性の原理は、現状では裁判官の尊厳と独立性の実質的な保障となることをやめてしまい、かれらの無能力と敵対的精神 l'esprit d'opposition を護持するものに過ぎなくなっている。なぜなら、政府（司法大臣）が、差別的で垂直的な官職・俸給体系の中での各裁判官の地位（昇進と降格）を唯一分配できる権力 le pouvoir として大きな影響力を行使しているからである。第三に、閑散裁判所の存在に見られるような、財政的な理由というよりも、むしろ良き司法行政 la bonne administration de la justice という観点からみて、多すぎる裁判所と裁判官を減員することが必要とされている。

以上のように、ゴブレは、七〇年代初頭の司法改革論議の問題意識の延長線上にある、裁判官選任に関する政府（司法大臣）の恣意性から、現状の問題点を指摘した。そして、彼にとっても「良き司法行政」の観点から見てアンバランスな裁判所・裁判官の配置は放置できない。しかし、人員の削減と再配置を行うことは、不可動性保障の恣意的な停止と政府による恣意的な人員再組織化という彼にとって原理的な問題が障がいとなってしまう。そこで、かれは、後にその曖昧さが批判される(44)次のような案を提示する。

まず、かれは裁判官選任方法の改革は提起せず、政府任命制と不可動性は維持する（第二一条）。不可動性については裁判官にとっても、裁判を受ける人々にとっても保障されるべき原則として維持されるべきである点を明確に打ち出す。この点は、前のカゾ法相案等が、不可動性の保障を政府と司法官の間のものに限定してとらえていた点に対するアンチテーゼとなっている。しかしながら、「良き司法行政」の観点から、場合によっては異動を行う方がよい場合がありうることを彼は認め、異動対象となった官職ポストと同等の地位が保障される場合に限って、政府に一定の要件のもとに配置転換を行う権限を与えてもよいとした。すなわち「第二一条　民事裁判所の裁判官、控訴院の裁判官、破毀院の裁判官は政府によって任命される。彼らは不可動である。しかしながら、裁判所と控訴院の構成員は、全控訴院長の一致した意見に基づいて、配置転換される前と同等の官職ポストに異動されうる」のである。また、司法官全体の選任に関する政府の裁量の統制に関しては、任用要件を厳格に規定し、裁判所、控訴院の裁判官もしくは検察官については法学博士号や五年以上の法律実務もしくは学識経験（検察官、治安判事、弁護士、裁判所吏、法学部教授など）を求めることとした（第一六～一八条）。

司法制度の現状の問題点を政府（司法大臣）の裁判官選任に関する恣意性と差別的で垂直的な司法階統制に求める問題意識を上述のゴブレ案と共有しながら、司法階統制そのものの水平化を徹底しようという案も同じ時期に提案されている。すなわち、裁判官に常に「昇進への期待」を抱かせ続ける源である、裁判官組織内部での多段階に設定されている官職と俸給体系を水平化する案である。

たとえば、ゴブレ案と同じ日に提出されているヴァランボン案[45]は、「あらゆる審級で司法裁判所を侵食する最大の悪徳の原因である」昇進制度の改革を目指すことを謳い、次のような提案を行う。昇進は、「年功 anciennité」と「選択 choix」によって行われる、とされる。裁判官がある裁判所・控訴院の内部で昇進したり、同じランクの裁判所・控訴院間を異動しながら昇進することは「年功」により行われ、たとえば、第一審裁判所から控訴院へ、といった裁判所・控訴院のランクを越えた「抜擢」などは「選択」により行われるとされる（第二四条）。そして、毎年全国の控訴院長と検事長によって構成される司法官職評議会が、昇進表と任用表を作成し、その表に基づく昇進と任用が行われるとされている。

また、二月一四日ヴェルジニー C. Versigny とベルナール J.-G. Bernard の提案による法案[46]では、裁判官の階級を廃止し、同じ官職同士（裁判所判事、法院判事）の給料の同一化を図る（第二条）こと、法院長と裁判所長は、所属裁判官により選挙される（第四条）、裁判官の補充については法律の施行令によって定められた、司法官によって構成される会議体によって推薦されることなどが提案されている。

さらに、同じ時期に、元老院では[47]、試験任用制度の採用とすべての第一審裁判所、控訴院の裁判官の俸給の同一化と、年功を基準にした増俸を軸にしたエマールデュヴェルネ Eymard-Duvernay の提案、カゾ法相案に対抗して元老院で提示されたジュール・シモン案などがある。ジュール・シモン案は、裁判官の選任に関して、司法官団によって作成された推薦名簿と、「候補者をよく認知し判断することのできる最良の人々（弁護士など）」からなる選挙団によって作成された名簿、これら二つの推薦名簿に基づいて行うことが提案されている。

以上のような法案は、多かれ少なかれ、七〇年代初頭の問題意識の延長線上に展開されているものといえよう[48]。議会の外でも、この時期様々な司法改革関係の出版が展開されたといわれ[49]、これらの前述（C）の制度設計に立った法案群と同じ問題意識を有するものが少なくなかったといわれる。しかしながら、議会外の一部ジャーナリズムや議会内少数派により提案され、少なくとも第二帝政下の司法官のあり方に対する深刻な総括をもとに展開された七〇年代来の司法改革論議をふまえた法案群は、議会（一八八〇〜八三年）では、ほとんど議論の対象とはされなかったが、前述カゾ法相案等の（A）の制度設計に対する対案としての役割を果たすとともに、八三年八月三〇日法成立以後八〇代後半以後の司法改革論議に向けた蓄積となっていくことになる。

とはいえ、この時期において、なによりも議会での議論の中心は、不可動性の停止（ある案は廃止を要求）とその間の政府（司法大臣）による裁判所組織全体の人的再組織化（淘汰を含む刷新）であった。さらに、こうした方向性を一層強く押し進め、上述した（C）の制度設計の可能性を完全に葬り去ることになるのが、八〇年六月に本格化する、八〇年三月二九日の無認可修道会に関するデクレの執行をめぐる、政府と司法官との間の対立の激化であった。次にこの点を見ることにしよう。

第二節　無認可修道会に関するデクレの執行をめぐる司法官と政府の対立

八〇年代オポルチュニスト政府の内政路線の柱の一つに「反教権主義」が存在した[50]。この反教権主義的政策の意図するところは、第二帝政以来の伝統的名望家層の精神的支柱であったカトリック教会の影響力から農民を引き離し、保守的な王党派の基盤を掘り崩すところにあったといわれる。なぜなら名望家層は、神への信仰以上に、聖職者と修道会に対して、自らの後継者を育成する教育施設として尊重していたからである(51)。こうした意図をもつ反教権主義は、中央左派から極左派＝クレマンソー派を含む広範な支持を受けていた。そして、この路線は、教育面では、八一・八二年のいわゆるフェリー法による「初等教育の完全な無償と義務化、世俗化（宗教教育の排除）」を帰結する。八六年には教育者の「世俗化」を通じて、教育面での「共和国の定着」が図られていく。

こうした八〇年代のジュール・フェリー主導の一連の反教権主義によって導かれた教育改革は、すでに七九年二月にフェリーが、公教育大臣として無認可修道会による教育活動を禁止する法案の作成に着手した時点から準備されてきたものであった。この法案は、公教育高等評議会 le conseil supérieur de l'instruction publique から聖職者と高級官僚を排除する法律案と学士号を付与する権限を国立大学にのみ留保する法律案であった。後者の法案の第七条に「どの段階の教育であれ、無認可修道会にその教育施設が属している場合、何人も公教育施設も私教育施設を経営し、そこで教育を行うことはできない」という文言が挿入されていた。法案は下院を通過した後、八〇年三月に元老院によって第七条についてのみ否決されたのである(52)。フェリーは、公教育大臣に留任して、下院で無認可修道会に対して従来の国法を厳格に適用することを宣言してその信任を得、三月二九日に二つのデクレを制定した。一つは無認可修道会に対する解散命令であり、もう一つが無認可修道会に対して三ヶ月以内に認可申請を行うことを命じるものである。これが本節で問題となったデクレである。この解散令の主な標的になったのは、中等教育に大きな勢力を築いていたイエズス会であり、フェリー自身が首相となった九月以降厳格な実施が本格化し、このデクレによって多くの修道士・修道女が追放され、修道会系のコレージュや初等学校が閉鎖されたが、他方で、教会側の抵抗も激しかったといわれている(53)。

　このような教育に関する反教権主義的政策の実施が推進されていく中で、当時の司法官層は、抵抗勢力の一つとして立ちはだかることになった。そもそも、一八七九年に共和政が確立して以降、顕著な後退を見せる保守主義的王党派とボナパルティストたちの最後のよりどころとなっていたのは、外交、教会、軍隊、そして司法であったとされている[54]。当時の共和派全体にとって、一致しているのは「これらの砦の破壊」であり、司法官については後にクレマンソーが議会で唱えた「共和国の敵（反共和政的裁判官）の除去の実施[55]」であった。このような反共和政的勢力の基盤の一つであった司法官団が、前述の八〇年三月二九日のデクレの実施に消極的になるのは当然であった。さらに、後述するように、その消極的態度がさらに大きな抵抗へと展開していく背景には、七九年二月以降に、身分保障のない検察官の人事異動が進められていたことがあった[56]。二月五日の破毀院検事総長、パリ控訴院長の更迭に始まり、地方についても各控訴院検事長職二七のポストのうち一八について異動が行われた。同年六月の元老院で、ボナパルティストに属し七〇年に罷免された旧司法官であるドガバルディは、二月以来検察官と治安判事の罷免 révocation が五三九を数えることを問題にしたが、ルロワイエ法相は「私は体制に対して敵対的な人々を調査してきたし、その信条がどうあれ司法官職の中に閉じこもる人々を保持もしてきた。治安判事に対してその内心を穿鑿する気はないが、私は、検察官に対しては、現体制への完全な忠誠を要求しなければならないのだ」と答えるのみであった[57]。ルロワイエ法相のいう体制への敵対性の有無の判断は、具体的には、共和主義的熱意をもたないこと（「良き共和主義者」ではないこと）、「道徳秩序」体制下で、出版犯罪、選挙法違反、マクマオンへの攻撃に対する訴追で「悪しき振る舞い」をした mal comporté こと、帝政への忠誠を示し続けていること、反共和政的態度が明白であること、親カトリック的態度が明白であることなどが基準とされたといわれている[58]。

　以上のように、三月二九日デクレが実施される背景には、すでに、人事面を通じて共和政政府と司法官団との間の対立と緊張が高まりつつあったのである。こうした中、同デクレで定められた修道院に対する認可申請の期限である六月二九日が迫ってきた。政府は、認可申請を行わなかった修道会に対する解散命令を、六月三〇日を期して執行する準備を進めた。そのために、カゾ法相は、六月二四日に全国の検事長と共和国検事に対して三月二九日デクレに基づく無認可修道会に対する解散命令の執行に関する訓令を発した。[59] この訓令には、各検事に対して、（三月二九日デクレの）解散命令の執行を監視するよう準備することが指示されていた。具体的には、生じうる犯罪（とくに修道会の立ち退きを執行するときに生じうる個人的または集団的抵抗について、官吏抗拒罪、官吏侮辱罪などの成立を予定）の検証を行い、それらの鎮圧などの治安維持に必要な措置をとり、これらの犯罪が生じたときには、速やかに現行犯手続に基づき、裁判所に対して訴追しなければならないとされている。そして「行政活動は、個人的あるいは集団的な事実上の抵抗によってのみならず、法的な外観をまとった抵抗によっても攪乱されてはならない。したがって、当面は、行政当局と共に秩序の維持と行政活動の必要な独立性を維持することを守るために、君たちの協力を求めるのみである」と強調されている。この訓令とは別の秘密訓令においては、「共和国検事諸君へ六月三〇日午前六時に、県知事のところに、配下の検事と共に出頭せよ。そこで三月二九日のデクレを実施する命令を受け取れ。必要な場合には朝六時には軽罪裁判所が開廷できるように準備せよ」とされていた。

以上の経過をたどって、六月三〇日に修道院解散命令の執行が全国で展開されることになった。この日以後全国の二六一の修道会に官憲が強行突入し、五六四三人の修道士や修道女を強制退去させた。[60] 全国で展開される公権力による強制処分は、修道会側の法的手段による抵抗を生み出すことになり、それと密接不可分の形で司法官側の抵抗運動が展開することになった。

まず、三月二九日デクレの執行の「やむを得ざる共犯者」となる検事局構成員の二五九名は、解散命令の執行当日を含めて、集団的な自発的辞職行動をとった。裁判官の場合は、これに対して、三二名であったとされる。つまり、これらの司法官は、「神の名においてとともに共和国に抗して」辞職を選択したのであり、政府にとっては、望まれていた淘汰が、検察官については自発的な淘汰 auto-épuration として実現する結果となったのである(61)。

修道会側が法的対抗措置として、裁判所に対して急速審理 référé を請求して、損害賠償だけでなく現状回復を請求するとともに、県知事を、不法侵入で告発した。前者の訴えに対して、県知事側は、訴えを受理した司法裁判所に管轄権がないことを主張した。これらの訴訟に関して、少なくない司法裁判所が、自らに管轄権限があることを主張して、修道会側の請求を認容する判決を下した。これに対して、順次破毀院、権限裁判所がこれらの判決を覆し、反教権主義的政策に反感を抱いた司法官たちを追いつめていったとされる(62)。このことが、上述した検察官を中心とした司法官による「自発的淘汰」に拍車をかけていくことになった。

ところで、これらの自発的に退職した検察官たちの個人調書を検討した研究によれば、かれらの大部分は、平均的な司法官よりも教養が高く、能力も高かったといわれている。そのほとんどが、「良き家柄、財産、親カトリック的信条」を備えた人々であり、政治的には「王党派」「反動」「保守」「熱心な教権主義」といったキーワードで監督者である検事長によって説明される人々であった。彼らは、確信的に反共和政的信条をもっていたとまではいえないにしても、少なくとも「家族、宗教、所有」を軸とする伝統的「秩序」への愛着を保持し続けていた人々であった。しかし、共和派にとっては、このこと自体が「公共精神 l'esprit public と政治秩序に対して敵対する感情をもっている」ことの証であり、その点で「司法全体の利益に反する」人々であり、したがって「反共和政的」だと判断されたのである(63)。

検察官の自発的退職に始まる検察官全体の「刷新」は、八〇年六月から八二年にかけて行われ、二一四八人中一七六三人の検察官、二九四一人中の一八七九人の治安判事の異動（辞職を含む）が実施されたといわれている(64)。

以上の三月二九日デクレに基づく無認可修道会解散命令の執行をめぐる司法官と政府との対立は、共和派、とくに極左派を激化させるとともに、共和派ジャーナリズムを中心にして「法服と僧服との同盟」に対する警戒と批判を世論に喚起させることになった。[65]司法官のうち、検察官については、不可動性の保障もなく、上述した過程で「刷新」が開始された。共和派にとって残された課題は、不可動性によって護られた「軽蔑すべき、そして政治的有害性を遺憾なく示している社会的団体 corps social」である反共和政的裁判官に打撃を与え、刷新することであった。無認可修道会に関するデクレの執行をめぐる司法官と政府の対立は、前節で検討した、緊急にそしてたやすく裁判官を刷新できる（A）の制度設計の実現を推進させる役割を果たすことになった。

第三節　一八八〇年一一月～八一年一一月の議会における司法改革法案審議

一　一八八〇年一一月の下院における法案審議——不可動性の停止をめぐって

前節で検討したような、無認可修道会に関するデクレの執行をめぐる政府と司法官との間の対立、さらに後者による激しい抵抗は、議会の共和派の態度を硬化させ、反共和主義的と見なされる裁判官の淘汰を迅速にかつ政府の裁量のもとで効率的に行いうる八〇年一月二〇日カゾ法相案を基礎にした法案の成立を促進することになった。そのため、第一節で検討した（C）のような制度設計は、むしろ「不可動性によって守られた反共和政的裁判官の脅威」が声高に叫ばれる中では、ほとんど議論されることはなかった。

八〇年一一月一三日から開始された下院での審議においては、第一節で検討した、一月二〇日カゾ法相案と二月二八日下院法案検討委員会報告を基礎にして、六月一日に提示された同上委員会追加報告とそこで示された法案を軸に審議が行われた。

ここでの議論の焦点は不可動性の停止の是非をめぐる点であったが、そもそも、不可動性の原理が一九世紀のフランスにおいて常に諸政府によって尊重されてきたわけではないことは、本編第一章第四節で検討してきたとおりである。一一月の議会で不可動性の停止を正当化しようとする者は、一九世紀において作り出された先例を列挙し、とくに、二月革命後の臨時政府による一八四八年四月一七日のデクレの論理を重視した。すなわち、このデクレにおいては、共和政政府と両立し得ない司法官の不可動性原理は、一八三〇年の憲章とともに消滅したとされ、国民議会が改めて司法組織について宣言する日まで、一時的に、裁判官の停職あるいは罷免は、公益の処分として司法大臣によって宣言される、とされたのである(66)。この論理を用いて、臨時に一時的に採られる不可動性の停止措置は、決して不可動性原理を損なうものではなく、公務員に対して政府に認められた権利と権限の避けられない結果にすぎないと主張されたのである。

この議論においては、不可動性の保障は、裁判官に対して無期限に付与されるものではなく、ある体制によって司法官に付与された不可動性は、異なる、さもなければ対立する原理を取り入れた体制の下では存続し得ないし、無条件に延長させられることもないことが重視される。そして、あくまでも、信頼できる公務員によって支えられるという政府の権利、政府の前提とする秩序に従わない公務員を分離できるという政府の「権利」が、過去の一九世紀の先例から導き出されたのである。不可動性の保障は、したがって、原理的に否定はされないし、共和政の原理とも抵触することはない。ただし、立法者にとって、手の届かない、権限外の、侵してはならない神聖なものではなかったということが確認されたのである(67)。

一月二〇日のカゾ法相案を基礎にして一年間の不可動性停止とその間の政府（司法大臣）による司法の人的再組織化を柱とする下院法案検討委員会の報告を行ったヴァルデックルソーは、委員会を代表した下院での発言の中で、上述の論理を次のように説明している(68)。

かれは、まず、「現在において（中略―筆者注）対立した体制から引き継いだこの共和国が、前の政府が信用していた裁判官を、必ず引き継がなければならないのかどうか、を知ることが重要なのである。いいかえれば、(中略―筆者注) 我々にとって重荷になるものでしかない帝政の負債のみならず、帝国を支持した人々をも引き継いだ共和国が、一個の最高法規によって、その人々に対して、帝政が存在していたときに司法を行うよう認めた権利のみならず、帝国がもはや存在していないときにも司法を行いうる権利を認めなければならないのだろうか、が問題なのである」とする。そして、不可動性の保障は、政府と司法官の個別の契約関係であり、一方当事者が消滅すればその契約関係は失効し、継続するためには「第三共和政の裁判官たちが、(新たな政府による) 新たな委任によって行使すべき官職を更新される」ことが必要だという、前述二月二八日下院法案検討委員会報告においても用いられた論理を再度展開した。そして「我々が、我々によって同意されていない契約の関係にあるのかどうか、諸君が破壊したかった政府、そしてその廃位を諸君が宣言した政府によって (裁判官と) 結ばれた約束を守らなければならないのかどうかを決定することが問題だ!」と主張する。

しかし、こうした主張に対して、原理的な面から批判が加えられた。

まず、不可動性保障を政府と裁判官の間の個別の契約と見ることに対して次のような批判が加えられた(69)。「明らかに、裁判官は国民の委任を受託しているものである。しかし、諸君は、国家 l'Etat と、執行権力の引き続く変化とを取り違えているのではないだろうか。(中略―筆者注) 政府の変化のたびに、我々国家の代表は、次々と代わる大臣達の成した約束を葬り去る権利を持っているのだろうか。社会が、不可動性を与えることで司法官達と交わした厳粛な約束を、ふつうの約束事以下に貶めることがなぜ諸君にできるのだろうか。もし、不可動性が、政治的目的のために与えられたと証明されるならば、以上のことも正しいのかもしれない。しかし、原理において、目的において、そして実際の効果においても、不可動性は、あらゆる政治的影響と政治革命に対して、司法官に認められた保護であることを諸君に対して私が明らかにすれば、諸君が持ち出した理由は、諸君にとってまさに不利益となるのである」と。そして、裁判官は、あくまで、法律によって報酬を受ける官職に任命され、法律によって定められた能力条件を満たしながら、法律で決められた年齢に達するか、法律で定められた手続によってのみ、退職させられるのである。このような司法官の任命から生じる相互の義務は、法律によって措定されたものであり、契約によって決められたものではなく、国家も官吏も個別の協定によってその義務を変更することはできないと主張されたのである。[70]

さらに不可動性の保障を政府と個別の裁判官との関係の中でとらえようとする見方に対しては、次のような批判が加えられた。

「不可動性は、常に、そして、異常なほどの徳を備えていなくとも、裁判官が（中略―筆者注）職を失うかもしれないという心配によって危険にさらされやすい公明正大さを、常にもつことができるようにするために確立されてきたのであ」り、社会秩序の高次の利害の中で付与された、裁判官の人間的な弱さから裁判を受ける人たちを保護するためのものである、とされる。[71]この帰結として、裁判官はその職務を、激情や狂信とは全く離れて、政府の恣意に挑み、圧力に抗し得るような姿勢で行使しなければならない、とされる。政府（司法大臣）にその任用と昇進を負っている裁判官は、裁判を受ける人たちとの関係においてこそ保護されなければならないのである。

結局、政府と下院の法案検討委員会は、特定の例外的・一時的な政治状況の中で、政府を信用していない公務員を分離する権利を政府が有するということ、それは、不可動性保障の原理といえども障碍にはならない権利であることを強調した。不可動性の停止に反対する人々は、不可動性の保障が、裁判を受ける人たちの利益、すなわち「社会秩序の高次の利害」において認められてきた終身の特権である以上、裁判を受ける人々こそが、不可動性の保障の利益を享受するのであり、政府がそれを取り上げる権利はないと反論した。[72]しかしながら、こうした原理的な批判は、前述の政府と司法官との対立状況が激化し裁判官の人的刷新が要求される状況の中では、支持は得られず、政府や委員会の主張する、一定の期間に限定した政治的な対応策であり、原理的に不可動性を否定するものではないという一見すると現実に即応したように見える案が支持されることになった。

二　一八八〇年一一月の下院における法案審議――裁判官公選制をめぐって

裁判官に対する不可動性保障の停止に対しては、上述の不可動性擁護の立場からの批判が加えられるとともに、逆に不可動性を廃止する立場からの対案が出された。これが、裁判官公選制と不可動性保障の廃止（といっても選挙された期間中の不可動性は保障されることが含意されている）を組み合わせた第一節で整理した（B）の制度設計である。その理由とするところは、極左派議員からの提案であることからわかるように、フランス革命時の裁判官公選制の経験をもとに、司法権を主権者たる人民に基礎づけ、その民主主義的正統性を確立することにある。

こうした裁判官公選制という対案は、まず、一一月一六日に、極左派に属するラングロワから提案された(73)。ラングロワは、この提案の中で、あえて審判人 arbitre という言葉を用いて、選挙された審判人＝裁判官の必要性を、憲法制定議会以来の、司法権は政府にではなく社会＝人民に由来しなければならないという理念に基づいて主張した。その法案第一条には「市民が自ら選択した審判人によって自分たちの紛争について判断させる権利は侵害されない。これらの審判人の決定は、市民が異議申し立てを行う権利を留保しなければ最終的なものとなる」と記されていた。そして、審判人は、普通選挙によって「市民が自ら選択」するのだと説明された。審判人公選制のねらいは、「人民の普通選挙によって『道徳秩序』の最後の砦（裁判官）を崩壊させること、そこになみなみと民主主義を注ぎ込むこと」とされ、政府と法案検討委員会と同じ目的を有するものではあるが、裁判官の淘汰を人民の直接的選択によって行おうとする点で異なるものであった。この時点ではラングロワの提案は議会で問題とされなかった(74)。

ついで、審議が逐条審議の段階に入ると、一一月二〇日にボキエから、六月一日法案検討委員会追加報告中の第八条「この法律が施行されてから一年間の期間内に前記規定に従って、法院と裁判所人事の組織化が行われる」について次のような修正案が提案された。「第八条　①裁判官の不可動性は廃止される。②すべての審級の裁判官は普通選挙によって選挙される。③既存の法律によって決められている欠格事項に該当せず、三〇歳以上で法律学の学士号をもつか、もしくは、司法の職（治安判事、公証人、県評定官、商事裁判所判事、労働裁判所判事）に三年以上の経験がある場合、被選挙資格を有する。④治安判事は各カントンで選挙される。⑤第一審裁判所判事はアロンジスマン毎に連記投票で選挙される。⑥控訴院判事は各法院管轄区域毎に選ばれ、通算五年の経験を持つ司法官からのみ選挙される。⑦破毀院の構成員は、フランス全土の治安判事および控訴、裁判所の裁判官によって任命される。[75]」

ボキエの提案理由も、フランス革命での裁判官公選制の経験の再評価であり、これにアメリカとスイスの事例が付加されて評価されている。さらに、実際的な理由として、政府任命制と不可動性を組み合わせた裁判官制度の場合、もし政府が「人」の選択を誤るとそれを是正する途は閉ざされてしまうが、公選制であれば、選ばれている期間にその人物を見極めて、選択が誤っていることに気づけば、次の選挙でその誤りを是正できるのだと述べる。

この修正案は、議会での議決に委ねられることになり、前出ラングロワ議員の提案で、ボキエ提案中①と②のそれぞれについて投票が行われることになった。まず、①の不可動性の廃止については一九九票対二四一票で否決された。ついで、②については一二五票対一七二票で否決された[76]。最終的に否決されたものの、公選制に対する賛成投票が急進派の当時の議席数を大きく上回っていたことが議会に与えた衝撃は大きく、この議会の後急速に裁判官公選論が世論に受け入れられていく契機となった[77]。

さらに、一一月二二日には上述の委員会追加報告中の第八条が可決された直後、カゾー Cazeaux 議員により、同条に「この期間の後すべての裁判官の選挙を行う」という追加規定を付す修正が提案された。その理由は、司法大臣がどのような人物であれ、裁判官全体の人的組織の刷新を短期間に行うことは不可能に近く、また、刷新の方法が以前のまま政府（司法大臣）の恣意に委ねられたままであるならば、新たな裁判官の質が本当に保障され得るのか期待できない、というものであった。この追加修正案についても議決に付され、一七五票対一八三票というボキエ修正案以上の僅差でかろうじて否決されたのである。(78)

こうして、一月二〇日提出のカゾ法相案を基礎にした司法改革に関する法律案は、下院における審議の最終段階に入って、裁判官の公選制という新たな制度設計に基づく対案が提示されながらも、かろうじて一一月二二日に可決され(79)、元老院に付託されることになった。

三　一八八一年三月における元老院での司法改革に関する法律案検討委員会の報告

下院で可決された司法改革に関する法律案は、元老院で法案検討委員会に付託され、八一年三月三日にベランジェによって委員会報告が行われた(80)。

この報告は、下院が可決した法案の、人員を削減する点、裁判所の階級と裁判官の階梯を簡素化し司法階統制を緩和している点、それらを通じて全体として裁判官の地位と待遇を改善し、独立で威厳ある地位を復活させようとしていること自体は、有用で賢明な改革だとして、評価している。しかしながら一方では、下院の法案が「本質的に政治的な性格と例外的措置に走ろうとする性質をもった措置」を伴っていることを批判する。すなわち、政府（司法大臣）の裁量のもとで裁判所組織の人的刷新のために不可動性の保障を停止することや、控訴院長と第一審裁判所長職を五年任期と定めることなどは、政府の恣意による裁判官の昇任・降格を可能にするものだと批判するのである。

とはいいながら、委員会も、前体制に起源をもつ裁判官たちが、自分たちの義務よりもその起源である前体制の価値秩序に対して忠実であること、共和政政府に敵対する有力な勢力が裁判官のうちに見出され、脅威となっていることの問題性は否定しなかった。しかし、だからといって、一九世紀の歴代の政府が裁判官を淘汰する際に用いてきた「不可動性の保障は政府が取り決めた契約を前提とし、政府自らが選択した司法官についてのみ機能するにとどまる」というような理由づけは正当化できないとされる。なぜなら、不可動性の一時的な停止によって政府の意のままに裁判官の人的刷新を行うことを認めることは、「将来的に、司法の高官の内閣に対する従属を確保する」帰結をもたらすからであり、「これ等の手段の重大性は、それがまさに公安のための手段であり、同時に報復法une loi de représaillesであることにある」からである。

報告によれば、委員会の最初の会議において、委員全員が一致して、司法制度がよって立つ基礎原理を侵害することの危険性を理由として、不可動性の停止の規定に反対するとともに、控訴院と裁判所の長の五年任期制の規定にも、一人を除いて反対した、とされる。唯一賛成した一人も、裁判官の独立を侵害するような告発の手段としてこの任期制を利用されないよう条件を付していた、と付け加えられている。そして、最初の会議において上記二つの規定を、委員会は、全員一致で、「報復法」と断じて、これには断固として拒否することを決定したのである(81)。

元老院の法案検討委員会は、裁判官制度の当面する問題が次の点にあることを強調する。すなわち、不可動性の保障にもかかわらず、権力と司法官との間の「絆」は、「昇進、俸給、息子に地位を開くこと、名誉号を付与されること、どれ一つとして政府(司法大臣)が関与しないものはない」というような密接なものである、こうした関係の中で培われてきた「裁判官の精神と伝統こそが、その権力に対する忠誠を保障してきた」のであり、問題はここにあるのだとする。このような現実的な認識からすれば、不可動性の停止という措置は、上述の問題を解決するどころか、さらに拡大するものでしかないのである。かといって、八〇年三月二九日無認可修道会に関するデクレの実施の際の様々な「反抗」があったことは委員会として否定しない。しかし、それでも、委員会は「それらの反抗はあくまで個別的なものであり、ある団体 un corps に打撃を加えるための、また、裁判官制度の原理を破るための理由とはならない」という判断に立ち、このような「個別的な逸脱に対しては懲戒処分で十分である」と考えたのである。(82)

以上の考えによって、委員会は、裁判官の独立を再興するため必要な今後の制度設計の方向として、いくつかの点を提示した。注目される点として、第一に、「裁判官の任用の条件や昇進の条件のより自由な libérale な決定手続」を考案することの必要性、第二に、司法大臣の影響力の下にある現在の推薦システムを、「人事案件について司法大臣の影響力を免れうるような提案方法へ変更」することの必要性、第三に、「裁判官から将来の心配を取り除き、(昇進に向けた) 絶え間ない懇願 sollicitations の必要性から解放するための階級表 l'état de la carrière の改善、すなわち、俸給の改善、階級の整理縮小など」の必要性、これらの諸点が示されたのである。(83)

こうして、元老院においては、法案検討委員会のレベルではあるが、第一節で整理した制度設計でいえば、(C) の制度設計 (裁判官に対する不可動性保障の停止・廃止への反対、政府 (司法大臣) の裁判官選任権の存続と何らかの法的統制の付加) という視点から、下院可決の不可動性停止法案が拒否されたのである。

これまで検討してきたように、「道徳秩序」を支えてきた司法官団に対する不信と反感は、不可動性の停止と政府 (司法大臣) による司法の人的再組織化という前述 (A) の制度設計に基づいた案が、八〇年三月二九日無認可修道会に関するデクレの執行問題を媒介に、下院で可決されるに至った。しかし、下院の審議の中でも、また元老院の法案検討委員会報告書の中でも批判されたように、この法案は、常に不可動性の停止という原理的な問題がつきまとい、たえずそれへの抵触が問題とされ続けた。一時的、例外的な政治的措置であることを強調して、裁判官の淘汰を強行する (A) の制度設計は、下院で可決されたとはいえ、依然として問題を残すものであった。実際多くの共和派にとって、裁判官を淘汰せよという要求だけでは時代遅れのように思われたのも事実であった[84]。そこで共和派の少なくない層に注目されたのが、八〇年一一月下院審議で登場した（B）の制度設計、すなわち、裁判官公選制と不可動性の廃止という制度設計であった。急進派だけでなく、穏健な共和派にとっても、この制度設計は、フランス革命時の経験に立ち戻り、それを現在に再興することを通じて、不可動性保障という原理的な問題に抵触するような外観をとることなく、反共和政的裁判官の問題を解決する洗練された方法として魅力的なものとして受け取られたのである[85]。

こうして、一一月の下院での審議の後、八一年九月に予定されている下院選挙にかけて、裁判官公選制の議論が出版界で活発になるとともに、九月選挙の争点ともなった。この間に、急進派が路線の対立から、ガンベッタ派＝共和主義同盟と極左派＝クレマンソー派に分裂した。そして、裁判官の公選制は、公的には後者のジャコバン的急進共和主義伝統に立った「急進社会主義綱領」の中でのみ掲げられているものでしかなかった。しかしながら、九月選挙で当選した議員が選挙運動中にどのような公約を掲げていたかを分析した研究によれば、極左派を越える人数の議員が裁判官の公選制に賛成していたことが明らかにされている[86]。

総選挙の結果、共和派、とくにオポルチュニスト勢力が圧勝したが[87]、共和派内部の対立などもあり、裁判官公選制論も含めて司法改革論議は一頓挫することになる。そのため、選挙が終わった後八一年一一月一五日にガンベッタ内閣は、前年一一月二二日に下院で可決された司法改革に関する法律案を撤回した[88]。こうして司法改革論議は八二年二月以降に再度諸法案が提案される時期に先送りされることになった。

［注］

（1）J.-P. Machelon, L'épuration républicaine, La loi du 30 août 1883, dans Association Française pour l'Histoire de la Justice, *L'épuration de la magistrature de la Révolution à la Libération : 150 ans d'histoire judiciaire*, Paris, 1993, p.88.

（2）J.-P. Machelon, *La République contre les libertés ?*, Paris, 1976, p.79.

（3）ガンベッタの一八七八年九月一八日における演説（discours de Romans）。*Ibid.*, pp.79-80.

（4）一八八三年八月三〇日法に関する議会での立法資料（法案、報告、議事録）は、『フランス官報 *Journal Officiel de la République française*』（以下 *J. O.*と略記する）に収録されており、その一覧は、30=31août 1883. Loi sur la réforme de l'organisation judiciaire, J.-B. Duverger (éd.), Collection complète des lois, décrets, ordonnances, règlements, et avis du Conseil d'Etat, t.83, Paris, 1883, p.195の脚注に列挙されている。

なお、議会関係資料を引用する際には以下のように略記する。

一八八〇年以前については、元老院と下院の議事録（Débats）およびその他議会資料（Documents parlementaires）が官報の発行日毎に掲載されており、引用の際には、単に *J. O.* du 6.avril 1879, p.3023というように示す。

一八八一年については、議事録およびその他議会資料が、元老院と下院毎にまとめられてから、官報の発行日順に掲載されており、引用の際には、元老院の場合、*J. O., Sénat*、下院の場合、*J. O., Chambre des députés*（さらに、*J. O., Chambre*,と略記する）とする。

一八八二年以降については、元老院、下院それぞれについて議事録とその他議会資料も別々にまとめられるようになり、引用の際には、元老院の場合、議事録については、*J. O., Sénat, Débats parlementaires*（さらに、*J. O., Sénat, Déb. parl.*と略記する）、その他議会資料については、*J. O., Sénat, Documents parlementaires*（さらに、*J. O., Sénat, Doc. parl.*と略記する）、下院の場合、議事録については、*J. O., Chambre des députés, Débats parlementaires*（さらに、*J. O., Chambre, Déb. parl.*と略記する）、その他議会資料については、*J. O., Chambre des députés, Documents parlementaires*（さらに、*J. O., Chambre, Doc. parl.*と略記する）とする。

（5）以下、内閣の変遷については、Annexe IV-D Listes, pour la période 1873-1940, des titulaires des principaux ministères dans Y.-H. Gaudemet, *Les Juristes et la vie politique de la IIIe République*, Paris, 1970.に依拠した。

（6）PROPOSITION DE LOI tendant à prescrire une investiture nouvelle de tous les magistrats actuellement en fonctions, présentée par MM. Charles Boysset,..., députés, Annexe n. 1271（Séance du 22 mars 1879）, *J. O.*, du 6 avril 1879, p.3023.

（7）PROJET DE LOI relatif à la réorganisation du personnel de la magistrature, présenté...par M. Jules Cazot…, Annexe n. 2206（Séance du

20 janvier 1880), *J. O.*, du 20 février 1880, pp.1975-1976.

(8) RAPPORT fait au nom de la commission chargée d'examiner le projet de loi et les diverses propositions de loi sur la réforme judiciaire par M. Waldeck-Rousseau, député, Annexe n. 2340 (séance du 28 février 1880), *J. O.*, du 9 mars 1880, pp.2801-2802.

(9) RAPPORT SUPPLÉMENTAIRE fait au nom de la commission chargée d'examiner le projet de loi et les diverses propositions de loi sur la réforme judiciaire par M. Waldeck-Rousseau, Annexe n. 2670 (séance du 1er juin 1880), *J. O.*, du 8 juin 1880, pp.6235-6236.

(10) Séance du 13, 15, 16, 18, 20, 22 novembre 1880 , *J. O.*, du 14 (pp.11038-11051), 16 (pp.11110-11126), 17 (pp.11159-11172), 19 (pp.11237-11250), 21 (11317-11325), 23 (pp.11375-11379) novembre 1880.

(11) Séance du 16 nov. 1880 , *J. O.*, du 17 novembre 1880, pp.11168-11170. 同月二〇日に後掲ボキエの案などと合同して調整案が作成され採決されるが、否決（次の注を参照)。

(12) ボキエの法案とその理由については、Séance du 20 nov. 1880 , *J. O.*, du 21 novembre 1880, pp.11322-11323 参照。なお、その裁決については、*Ibid.*, p.11324.

(13) Séance du 22 nov. 1880, *J. O.* du 23 novembre 1880, pp.11377-11378.

(14) Séance du 22 nov. 1880, *J. O.* du 23 novemble 1880, p.11379.

(15) RAPPORT fait au nom de la commission chargée d'examiner le projet de loi, adopté par la Chambre des députés, relatif à la réforme judiciaire, par M. Bérenger, senateur, Annexe n. 79 (Séance du 3 mars 1881), *J. O., Sénat*, du 10 mars 1881, pp.209-223.

(16) DÉCRET du Président de la République, portant retrait du projet de loi sur la réforme judiciaire, Annexe n. 27 (Séance du 15 novembre 1881), *J. O., Sénat*, du 27 novembre 1881, p.802.

(17) PROJET DE LOI sur la réforme de l'organisation judiciaire, présenté…par M. Humbert…, ministre de la justice, Annexe n. 422 (Séance du 16 février 1882), *J O. Chambre, Doc. parl.*, 1882, pp.377-378.

(18) RAPPORT fait au nom de la commission chargée d'examiner le projet et les propositions de loi sur la réforme de l'organisation judiciaire par M. Pierre Legrand (de Lille), député, Annexe n. 783 (séance du 6 mai 1882), *J. O.*, Chambre, Doc. parl., 1882, pp.1285-1296.

(19) Séance du 30 mai, 5, 6, 8, 10 juin 1882 , *J. O., Chambre, Déb. parl.* du 31 mai (pp.740-751), 6 (pp.789-802), 7 (pp.820-828), 9 (pp.833-848), 11 (pp.853-862), juin 1880.

(20) Séance du 10 juin 1882 , *J. O., Chambre, Déb. parl.* du 11 juin 1882, pp.855, 858-861.

(21) DEUXIÉME RAPPORT fait au nom de la commission chargée d'examiner le projet de loi et les propositions de loi sur la réforme judi-

ciaire par M. Charles Lepère, député, Annexe n. 1409（séance du 23 novembre 1882）, *J. O., Chambre, Doc. parl.*, du 18 décembre 1882, pp.2576-2583.

（22）Séance du 15, 16, 17, 18, 20, 22, 23, 25, 27 janvier 1883 , *J. O., Chambre, Déb. parl.* du 16（pp.24-38）, 17（pp.39-45）, 18（pp.47-62）, 19（pp.64-77）, 21（pp.83-91）, 23（pp.99-111）, 24（pp.113-122）, 26（pp.127-143）, 28（pp.145-158）janvier 1883.

（23）Séance du 27 janvier 1883 , *J. O., Chambre, Déb. parl.* du 28 janvier 1883, p.158.

（24）こうした分類は、M. Dehesdin, *Étude sur le recrutement et l'avancement des magisrats*, thèse de droit, Paris, 1908, pp.98-102; G. Legée, *La loi du 30 août 1883 sur la magistrature, thèse, faculté de droit de Paris*, 1904, pp.46-47などと、前掲年表中の諸法案の条文内容から行った。

（25）以上、中木康夫『フランス政治史（上）』未来社（一九七五）二四七～二五五頁、柴田三千雄・樺山紘一・福井憲彦『世界歴史大系　フランス史3』山川出版社（一九九五）一二一～一三八頁等を参照。

（26）J. Poumarède, L'élection des juges en début sous la 3e République, dans sous la dir. de J. Krynen, *L'élection des juges*（*Étude historique française et contemporaine*）, Paris, 1999, p.115.

（27）中木前掲注（25）書二五三頁。なお急進派の裁判官公選制要求については後述。

（28）Poumarède, supra note 26, p.115.

なお、一八八一年総選挙後にも維持される下院議員の法律家的要素についてGaudemet, supra note 5, pp.14-15 et Annexe I Diagrammes des Chambre de 1881参照。これによれば、下院議員五六〇名のうち二二九名が法律家（一四九名が弁護士avocat、一八名が司法官magitrat、一八名が公証人notaire、一七名が高級行政官僚grands corps、一四名が代訴士avoué、四名が法学部教授、四名が法学博士号所持者等）の出身であった。さらに、党派別に見ると、ガンベッタ派一六九名のうち八九名、共和左派一五三名のうち六八名が法律家であるとされている。

（29）PROPOSITION DE LOI...présentée par MM. Charles Boysset, supra note 6, p.3023.

（30）以下法文については、PROJET DE LOI...par M. Jules Cazot, supra note 7, pp.1975-1976による。なお、カゾ法相は、一八二一年生。七六年から終身元老院議員、共和主義同盟に属し、フレシネ内閣から法相、八三年4月には、破毀院長に任命される。P. Larousse, *Grand dictionnaire universel du XIXe siècle*, T. 17, Paris, p.754.

（31）一八七四～七八年の数字であり、PROJET DE LOI...par M. Jules Cazot, supra note 7, pp.1976に掲載されている控訴院の業務統計表による。

(32) RAPPORT...par M. Waldeck-Rousseau, supra note 8, pp.2801-2802

(33) *Ibid.*, p.2802, Machelon, supra note 2, pp.80-81.

(34) なお、破毀院についての「判決をなすのに必要な裁判官の数は一一人から七人に減員」規定（第二条）、控訴院について部の数の規定に、一年間に平均三八〇件の判決数を基準に三部構成か二部構成かを決める規定（第五条）などが設けられている。

(35) RAPPORT...par M. Waldeck-Rousseau, supra note 8, p.2801.

(36) RAPPORT SUPPLÉMENTAIRE...par M. Waldeck-Rousseau, supra note 9, p.6235.

(37) この点については、本編第一章注（1）参照。この司法階統制の簡素化と、その内部での裁判官格差の是正としての俸給の改善は、その後の法案でも一貫して維持されることになる。

(38) 司法官の試験任用制に関しては七〇年代初頭の司法改革論議の中で、選挙制や同輩選出制的要素を組み込んだ改革案に対抗して、議論された（この点については本編第二章第二節参照）。その後、試験制はデュフォール法相によって精力的に追求され、司法省試補、検察官に関して競争試験制度が一八七六年以後数度にわたって行われ、おおむね肯定的な評価が与えられた。しかし、一八七九年以降は実施されなくなった。Dehesdin, supra note 24, pp.93-97参照。なお、試験任用制度に関しては、一八九〇年代以降も一九〇〇年代まで紆余曲折をとげる。この点に関しては、Machelon, supra note 2, pp.85-92. 参照。

(39) Dehesdin, supra note 24, pp.98-99による。

(40) *Ibid.*, p.98.

(41) PROPOSITION DE LOI sur la réforme judiciaire présentée par M. René Goblet, député, Annexe 2242（Séance du 27 janvier 1880）, *J. O.*, du 20 février, 1880, pp.1978-1981. 本文に引用したのは同上一九七八頁。

(42) ゴブレと七〇年代初頭の司法改革案については、本編第二章第二節参照。

(43) PROPOSITION DE LOI...par M. René Goblet, supra note 41, p.1979.

(44) 二月二八日ヴァルデックルソーによる委員会報告の中で、ゴブレ案に対して、不可動性の停止に反対しながら、裁判官の意思によらない配置転換を認めていることの矛盾を批判している。RAPPORT...par M. Waldeck-Rousseau, supra note 8, p.2802.

(45) PROPOSITION DE LOI sur l'organisation judiciaire présentée par M. F. Varambon, député, ...Annexe n. 2243（Séance du 27 janvier 1880）, *J. O.*, du 21 février 1880, pp.2016-2017. ヴァランボンは一八三〇年生。リヨン選出、八二年フレシネ内閣では司法次官に任命される。Larousse, supra note 30, t. 17, Paris, p.1972.

(46) PROPOSITION DE LOI sur l'organisation judiciaire, présenté par MM. Versigny et Bernard, députés.... Annexe n 2294（Séance du 14

février 1880), *J. O.*, du 26 fvrier 1880 p.2230-2232.なお、ベルナールは一八三六年生。ブザンソン弁護士会に登録、議会では急進左派に所属。Larousse, supra note 30, t. 17, Paris, p.541.ヴェルジニィは一八一八年生。弁護士。*Ibid.*, p.1980.

（47）Dehesdin, supra note 24, pp.99-100による。エマールデュヴェルネは、一八一六年生、弁護士。Larousse, supra note 30, t. 17, Paris, p.1224.

（48）さらにいえば、第二帝政下の司法問題の正確な認識の上に、第二帝政最後の総選挙の際にガンベッタが示したベルヴィル綱領中の司法改革に関する一節が想起されるものである。それによれば、裁判所の数を削減することの他に、さらに三つの重要な改革が必要である、とされている。すなわち、第一に、本当に賢明で有識の者から裁判官を選択することであり、試問に基づく試験制度によって選抜すること、第二に予想される経済的な問題が候補者にとって障碍とならないようにその地位を名誉あるものとすること、第三に、裁判官には、昇進 promotion がないことが重要であり、昇進と呼ばれるものへの関心が存在する余地がなくなるだけの十分な年金と栄誉ある地位を与えることが必要である、とされる。Dehesdin, supra note 24, p.100.

（49）議会外では、推薦制度あるいは推薦リストを作成するためにしばしば提案された制度とよく似た一定の選挙団体による選挙制度がジャーナリストにより支持された。その例として、エンゲルハール Engelhard（弁護士かつ代議士）は、その著書 *La Réforme de la magistrature*, 1880のなかで、県議会議員、市町村会議員、治安判事、弁護士、公証人、代訴士からなる選挙団による裁判官選挙制を提案した。この選挙団の構成はここ何年来くりかえし出されてきた推薦団体 collèges de présentation の構成と同じではあるが、裁判官自身を排除している点と、裁判官の任命において政府（司法大臣）が果たす役割を完全に排している点で特徴的である。つまり、この提案では、もはや政府がその中から一人を選択するような複数候補者を選ぶことが問題となっているのではなく、任用すべきただ一人を選出することが基本となっているからである。*Ibid.*, pp.101-102.

（50）以下の叙述に関しては、中木前掲注（25）書二五六頁参照。

（51）J.-P, Royer, R. Martinage et P. Lecocq, Juges et notables au XIXe siècle, Paris, 1982, p.359.

（52）*Ibid.*, p.377.

（53）石原司「急進派とその政治行動――反教権主義と非宗教化＝世俗化政策を中心として」山本桂一編『フランス第三共和政の研究――その法律・政治・歴史』有信堂（一九六六）六〇頁以下、谷川稔『十字架と三色旗――もう一つの近代フランス』山川出版社（一九九七）一九〇頁以下、小泉洋一『政教分離と宗教的自由――フランスのライシテ』法律文化社（一九九八年）一六頁以下、大石眞『憲法と宗教制度』有斐閣（一九九七）第一部第二章、高村学人『アソシアシオンの自由――〈共和国〉の論理』勁草書房（二〇〇七）一九三頁以下などを参照。

（54）Royer et al., supra note 51, p.376.

（55）Séance du 2 juin 1883 , *J. O., Chambre, Déb. parl*. du 3 juin 1883, p.1153.

（56）R. Bouchery et J.-P. Machelon, L'épuration républicaine 1870-1871（Siège et parquet）――1872-1882（Parquet）, dans Association Française pour l'Histoire de la Justice, *L'épuration de la magistrature de la Révolution à la Libération : 150 ans d'histoire judiciaire*, Paris, 1993, pp.82-86.

（57）*Ibid*., pp.83, 84.

（58）Royer et al., supra note 51, p.359.個別的なケースの分析は、*Ibid*., pp.362-364を参照。

（59）この司法大臣訓令の全文は、J.-L. Debré, La justice au XIXe siècle les magistrats, Paris, 1981, pp.209-211に掲載されている。なお、この間の経緯についてはRoyer et al., supra note 51, pp.376-389 ; Bouchery et al, supra note 56 ; Poumarède, supra note 26, pp.114-116 ; J.-F. Tanguy, La plus grande épuration judiciaire de la France contemporaine : 1879-1883. Application au cas de quelques magistrats., dans Société d'Histoire de la Révolution de 1848 et des Révolution du XIXe siècle, *Repression et Prison Politiques en France et en Europe au XIXe siècle*, Paris, 1992などに依拠している。

（60）Tanguy, supra note 59, p.130.

（61）Royer et al., supra note 51, p.381.なお、Debré, supra note 59, pp.61, 211によれば、自発的な退職者の内訳は以下の通りである。

裁判所名	合計	内訳
破毀院	一名	検事　一名
控訴院	五六名	検事長三名　検事　二七名　検事代理　二六名
裁判所	二三四名	判事一六名　補助判事一六名　共和国検事六三名　検事代理一三九名
治安裁判所	二五四名	治安判事六六名　補助治安判事一八八名
その他	二一名	

（62）これらの法廷闘争および司法裁判所判決行動について、Royer et al., supra note 51, pp.378-380 ; Tanguy, supra note 59, pp.130-131.

（63）Royer et al., supra note 51, pp.387-389.

（64）Debré, supra note 59, pp.61, 62によれば　一八七九年二月から八二年一二月三一日の間の司法官全体の人事上の刷新は相当深いものであり、以下の数字を残しているとされる（ただし、裁判官については配置転換にとどまる）。

裁判所名	職名	異動数（定員中の異動割合）	定員
控訴院	判事	二三七名（三二　%）	七三九名
	検事	一九八名（七五・二%）	二六三名
裁判所	判事	七四五名（四二・七%）	一七四二名
	検事	一五六五名（八二・九%）	一八八六名
治安裁判所	治安判事	二五三六名（八六・二%）	二九四一名

（65）Poumarède, supra note 26, pp.114.
（66）Legée, supra note 24, p.52
（67）*Ibid.*, pp.52-55.
（68）Séance du 13 , supra note 10, pp.11048, 11049.
（69）リボー Ribot 議員の発言。Séance du 13, supra note 10, p.11040.
（70）Legée, supra note 24, pp.58-59.
（71）ニール Niel 議員の発言。Séance du 15, supra note 10, p.11113.
（72）Legée, supra note 24, p.59.
（73）Séance du 16, supra note 10, pp.11168-11170.ラングロワは、退役海軍大尉であり、プルードン派に属する。Poumarède, supra note 26, pp.128.なお、公選制につきまとう批判として、裁判官を政治的党派的争いに巻きこむことへの批判に対して、ラングロワは、三分の二の絶対多数制と広い選挙区を採用することによって政治的党派色を薄めることができると反論している。
（74）Poumarède, supra note 26, p.128.
（75）Séance du 20, supra note 10, pp.11322.なおボキエによる趣旨説明は、*Ibid.*, pp.11322, 11323.ボキエは、一八三三年生。第二帝政下において反帝政的著述活動を展開、第三共和制下で下院議員に選出。極左派に属し、裁判官公選制論者として知られる。Larousse, supra note 30, t. 17, Paris.
（76）*Ibid.*, p.11324.
（77）Poumarède, supra note 26, p.129.

（78）Séance du 22, supra note 10, pp.11377-11378.

（79）*Ibid.*, p.11379.

（80）RAPPORT...par M. Bérenger, supra note 15, pp.209-223. ベランジェについては、本編第二章注（41）参照。なお七〇年代初頭における司法改革論議でのベランジェの発言については、同上第二節参照。

（81）以上の委員会の審議経過については、*Ibid.*, p.209による。

（82）*Ibid.*, p.212.

（83）*Ibid.*, p.213.

（84）Poumarède, supra note 26, p.129.

（85）*Ibid.*, p.129.

（86）*Ibid.*, pp.129-130.による当選議員の態度の分析の結果（約五〇〇名の当選議員）、不可動性の停止または廃止に賛成のもの一四八名、司法官の一般的な改革に賛成するように約束するもの一二三名、裁判官選挙制に賛意を示すもの七二名であった。さらに、これらの簡潔な選挙公約以外に、この時期におびただしく出版されたパンフレット、文献の分析から、議会での公選制論議の活発化以後の一八八一・八二年には、普通選挙制が議論の中心を占め、「どのようにして投票箱の中から最も有能で誠実な裁判官を取り出させるようにするのか？　という解決不能な問題」について様々な論議が活発に行われたといわれている。

（87）この選挙については、中木前掲注（25）書二五三頁。また、選挙による勢力分布については、Annexe I-A Diagrammes des Chambre de 1881 dans Gaudemet, supra note 5によれば、五六〇議席中、四五五議席が共和諸派で占められ、王党派が四四議席、ボナパルティストが四三議席、その他という分布となっている。共和諸派の中では、極左派＝クレマンソー派が四九議席、急進左派Gauche radicalが五一議席（極左派と共和主義同盟との中間に位置するとされている）、共和主義同盟＝ガンベッタ派が一六九議席、共和左派＝フェリー派が一五三議席、中央左派が三三議席となっている（中木前掲書も参照）。

（88）DÉCRET du Président de la République, portant retrait du projet de loi sur réforme judiciaire..., supra note 16, p.802.

第四章　一八八三年八月三〇日司法組織改革法の制定
——不可動性の停止と司法官の追放

第一節　一八八二年一一月不可動性の廃止と裁判官公選制原理の採用

ガンベッタ退陣後、穏健な共和派のリーダーであるジュール・フェリーとシャルル・ド・フレシネらによって共和主義体制構築の実際が担われた[1]。その中で司法組織改革論議は、一八八二年一月三〇日に成立したフレシネ内閣（法相アンベールおよびヴァランボン、前章冒頭の年表参照）のもとで再開されることとなった[2]。前章で見たように、反共和政的な裁判官を追放すべく、不可動性の停止と政府（司法大臣）による司法の人的組織再編という（A）の制度設計に基づく法案は、裁判官の独立という原理問題がつきまとい、たえずそれへの抵触が問題となった。それが共和政の下で議会を通じて裁判官を統制しなければならないという政治状況のもとで例外的な措置として認められたとしても、政府（司法大臣）の影響力＝裁量のもとにある現在の推薦システムを維持し続けてよいとはいえないことも、広く認知されていたのである。そこで注目されたのが、一八八〇年一一月の下院審議で登場した裁判官公選制と不可動性の廃止という（B）の制度設計であった。

フレシネ内閣のもとで、改めて（A）不可動性の停止→政府（司法大臣）による人的刷新、（B）不可動性の廃止→選挙による刷新という二つの制度設計の対立の中で、司法組織改革論議が再開されたのである。「半ダースにも及ぶ」法案が議会に提出されたが、いずれの法案も反共和政的な裁判官の徹底的な追放を行うという点では一致していた。[3] こうした状況の中で、穏健共和派からなる政府は、一八八一年二月一六日、(A) の制度設計に基づくアンベール法相による司法組織改革法案を提出した。[4]

アンベール法相案は、その提案理由において、一八七〇年代以来の議会における司法組織改革論議をふりかえり、もはやこれ以上引き延ばすことのできない緊急の改革の柱として、次の三点を掲げた。すなわち、裁判所組織を事件数に応じて簡素化することで司法人員を削減すること、裁判官の階級を削減すること、以上を通じて、全体として裁判官の俸給の改善を行うこと、である。これらは、法案において以下のように具体化された。

【裁判所組織の削減】

過去五年間平均して二〇〇件に満たない判決しかない控訴院を最大七ヶ所削減する（第六条、現行二八ヶ所）。控訴院の判決法廷の最小構成裁判官数を民事・刑事について五人とする（第一条、従前は七人）。第一審裁判所に関しては、過去五年間平均して二〇〇件未満の判決数のアロンジスマンにある裁判所の業務を、同じ県内の隣接する裁判所の裁判官に委託できることとして削減可能とした（第七条）。

【裁判官職の階級の簡素化】

控訴院は、パリとその他の二つの階級に分けられ（従前三階級）、それぞれについて院長・部長・判事の三つの階級が、第一審裁判所は、セーヌとその他の二つの階級に分けられ（従前六階級）、それぞれについて所長・副所長・予審判事・判事の四つの階級が、それぞれ設けられた。第二帝政期の裁判官職の階級（第一章注（1）参照）に比較して簡素化され、水平化されるとともに、下位の裁判官について俸給の引き上げが企図された。

【裁判官の不可動性保障と司法組織の人的組織再編】

第一九条において「この法律が施行されてから、三ヶ月の期間内に、前記規定（裁判所組織の変更—筆者注）

に従って、法院と裁判所の人事編成 l'organisation du personnel が行われる」とされた。第二〇条では「新しい編成において職を保持できなかった司法官」については、勤続年数六年以下、六年以上、三〇年超の三つの区分に応じてそれぞれ所定の恩給を受け取るものとされた。

以上のうち、裁判官の職階を簡素化することによって司法階統制の簡素化を図る点については、勤務地の条件の格差がなくなった現在では、従来のような細かい階級づけは維持しがたいものであるとされ、何よりも、そうした多段階の職階はそれだけいっそう多くの人事異動を伴い、ひいては裁判官の特性をしばしば蝕む、異動ないしは昇進を「懇願する習い性 habitudes de sollicitation」を招きかねないからだとされる。不可動性保障については、司法の組織再編を行うためには、配置転換を行わざるをえず、それは必然的に人員の変更を伴わざるをえないとされ、しかしながら「この変更は不可動性の原理そのものをなんら侵害するものではな」いし、同原理が「改革にいかなる障碍をもたらすものでもない」とされる。新たな司法組織に裁判官を新たに配置することは立法権の任務である以上、司法組織再編によってポストが消滅し、有能な裁判官が退職せざるを得なくなったとしても、それは残念ではあるが、すでに議論されてきたように、やむをえない結果として甘受せざるを得ないとされていた。(5)

アンベール法相案は、裁判所組織の簡素化に伴う人員の再配置を行うために、一定の期限を限った不可動性停止という便法をとるという提案であった。そのことによって原理的な問題を回避しながら、司法大臣の裁量による裁判官任用を変えないという点で、これまでの改革論議を無視しようとする姑息なものと批判されることになった。(6)

フレシネ内閣発足後に議会に提出された法案群を審査した司法組織改革に関する諸法案審査委員会は、一八八二年五月六日委員会報告（ルグラン報告）において、裁判官の不可動性は「古めかしい迷信」にすぎず、これまでのいかなる体制もそれを尊重したことがなかったことを具体的な歴史的展開に即して示し、純粋かつ単純にその廃止を求めた。同委員会は、そもそも不可動性を保障し続けることを前提に、一時停止という手段によって政府は司法の組織再編を行わなければならないのだろうか？　と疑問を投げかけるのである(7)。そして「不可動性は良き裁判官を作り出すことにおいて不可欠なものではない」と明言し、委員会の多数意見として、すべての裁判所の裁判官は不可動であることをやめるべきだと判断したと報告した。では「誰によって任命されるべきなのか？」、この問いに対して、一部の委員は、裁判官を可動とすること l'amovibilité des juges は、政府による任命方式 le système de nomination と両立しうると考えたが、しかし大多数の委員は、この意見には賛同せず、可動な裁判官 juges amovibles の任命が政府当局 le pouvoir に帰属する方式をやめるべきだと判断したと報告された。そして委員会は、一八八〇年一一月のボキエ提案（本編第三章参照）を参照しつつ、裁判官は、特別な選挙団体 un corps électoral spécial によって一定の任期で、所定の要件を満たした者の中から選挙されるべきだとして、裁判官公選制を提案したのである。ただし、選挙方法と被選挙資格について規定を整えるまで、政府が、通常の規定に基づいて、人的再編を行うこととしたのである。

このように、下院の委員会は、不可動性規定の断固たる廃止を主張するとともに、選挙制の採用を提案したが、その具体化や、当面する司法の組織再編にかかわる裁判官の任命と採用の方法に関しては明言することはなかった。つまり、不可動性が奪われた後の裁判官が行政権の手の内に委ねられてしまうのかどうか、という肝心の点を曖昧にしたのである。そのことが、多くの共和派を不安にさせ(8)、五月三〇日に始まった議会審議の冒頭で、グロー G. Graux 議員が、行政権による裁判官任命という君主制原理に対して、直接間接の普通選挙によるにせよ専門的な選挙団による選挙によるにせよ、裁判官公選制を共和主義原理に沿うものとして対置させ(9)、そのことを契機として、なによりも裁判官公選制の是非に議論が集中することとなった(10)。そして、逐条審議に移った最初の六月一〇日の審議の冒頭から、不可動性廃止条項、それに続いて、裁判官公選制条項が立て続けに可決されることになった。

一八八〇年一一月の議会で裁判官公選制の修正提案を行ったボキエは、この六月一〇日の審議でも、不可動性保障はすでに議会において批判し尽くされているとして、現段階では政府任命制を採るか、公選制を採るかの二者択一しかないとし、共和主義的解決 solutuion républicaine は後者の選択しかありえない、と強調した。かれは、政府（司法大臣）による裁判官任命制を存続させることによって、結局一八七一年道徳秩序体制下デュフォール法相のもとで反共和政的な裁判官が登用されたこと（本編第二章参照）を想起するように訴え、政府任命制が残されている限りにおいて、真の追放 vrai épuration は行われず、それは公選制によってのみ可能だとした。[11]

すでにジェルヴィユ・レアシュによって委員会案に対する対案として「裁判官は四年間の任期で選挙される。裁判官は再任されうる」という規定が提出されていたが、ドゥヴィユマイユフ議員により、[12]これをさらに修正した「不可動性は廃止される。すべての審級の裁判官は普通選挙によって選挙される」が議長に提出された。議長はこれを報告し、同議員が同修正条項の説明に立った。かれは、不可動性の原理などというものは、現実にも法的に存在しなかったと述べるとともに、原理的にも同胞の生命と名誉を支配しうる司法権という大きな権力は人民によってのみ委任されるのであり、その委任の期間はできるだけ短くしなければならないとする。そして、「不可動性は廃止される」という修正条項がまず議会によって採択されるべきだとして、「すべての審級の裁判官は普通選挙によって選挙される」の条項については、「裁判官は選挙される」という文言の部分のみを先に裁決することを求めた。「普通選挙によって」についての具体的な規定について別個に検討されるべきだとした。[13]司法組織改革諸法案を検討した前述下院委員会のルグランは、ドゥヴィユ・マイユフ提案を受け入れることを表明し、不可動性廃止の部分と裁判官公選制の部分の議決に賛同し、「普通選挙」によるかどうかを含めた選挙方法については委員会の検討に委ねられるよう求めた。[14]

こうして議会はまず不可動性廃止に関する修正条項の採否を決定することとなり、二八三対一九二で、不可動性廃止条項が可決された[15]。続く裁判官公選制条項については、アンベール法相が反対答弁に立った。法相は、反共和政的な裁判官の追放を行わなければならないという例外的な政治状況のもとで、（A）不可動性の停止→政府（司法大臣）による人的刷新の必要性を述べるとともに、選挙方法の具体化がされないにもかかわらず、裁判官の公選だけが可決されることに反対した。そして、「現在の任命方式 le mode actuel de nomination は確かに理想ではない」ことを認めた上で、新たな「裁判官の任用に関する法律案を提出する」ことを断言した。かれによれば、その法案は「非常に単純な案」であり、「例外（弁護士会長経験者や一〇年以上の代訴士経験者等）を除いて、競争試験に合格した者からのみ裁判官を採用する」ものであるとされた。そして、昇進に関しても、すでに法相法案で提示されているような階級の簡素化とともに、検事総長、所長によって提示された作成された昇進候補者リストに基づいて任命を行うこと、そのリスト作成に地方議会などの第三者機関が参与することによる客観化を図ることなどを考えていることが表明された[16]。ここには、（A）不可動性の停止→政府（司法大臣）による人的刷新、（B）不可動性の廃止→選挙による刷新という二つの制度設計とは異なり、（A）を採用したときに生じうる司法大臣の「恣意」に対する批判を回避するための（C）不可動性の存続→政府（司法大臣）の裁判官選任権に対する法的統制という方向性に言及していることが注目される。この点は、（A）に対する対案としてそれ以前から絶えず議論されてきた方向であり、政府（司法大臣）も、単に（A）の制度設計のみでは裁判官選任の恣意性に対する批判に耐えられないことを認識していたことを示すものであろう。

これに対して、下院委員会委員のルペール C. Lepère は、法相の議論は裁判官候補者の能力や適性にかかわる制度改革を述べているに過ぎず、肝心の裁判官の叙任方法 le mode d'institution については何も述べていないことを批判し、現段階では選挙制原理の採否こそが問われているとして、裁決を強く求めた。この結果ドゥヴィユマイユフ提案の第二の条項「すべての審級の裁判官は選挙される」の採否が行われ、二七五対二〇八によって可決された[17]。

こうして、穏健な共和派、オポルチュニスト勢力が多数を占めるにもかかわらず、急進派とりわけ極左派の提案による不可動性廃止・裁判官公選制条項が下院で可決されることになった。その投票結果を分析した研究によれば、急進派のうちの極左派四六票に加えて、政府与党のオポルチュニストから一五一票、そしてこれに王党派とボナパルティストからなる右派から七八票が賛成票にまわったとされる。オポルチュニストたちは、反共和政的裁判官の追放を貫徹させるためには、革命的原理に不安を抱きながらも、アンベール法相案の曖昧さを批判し、選挙制に賛同した。右派の議員たちは、不可動性が廃止され裁判官の追放が目前になった段階では、むしろ政府の恣意l'arbitraire gouvernemental を避けるということを口実に、公選制を支持し、裁判官の追放の実施を遅らせるための時間稼ぎを行おうとしたとされる(18)。

いずれにせよ、議会は、（B）不可動性の廃止→選挙による刷新という方向を選択することになった。そしてその具体化については、選挙方法を具体化する委員会の報告を待つのみとなった。議会多数派が分裂し、政府提案に反する投票行動をオポルチュニスト陣営から大量に出したことはフレシネ内閣の倒壊を促進することとなり、八月七日からデュクレルク Duclerc 内閣に交代することとなる（法相＝デヴ、ヴァランボン）(19)。

第二節　一八八三年一月裁判官公選制を軸にした司法組織改革法案の否決

一八八二年六月一〇日の不可動性廃止と裁判官公選制条項の採択を受けて、下院の司法組織改革に関する諸法案の審査委員会は、一一月二三日に第二次報告（ルペール報告）を提出した(20)。委員会による法案冒頭には、第一条として「不可動性は廃止される。裁判官は選挙される」と規定された(21)。そして同法案は、従来の司法組織を大きく変えようとするものであった。第一に、治安裁判所、アロンジスマン裁判所判事は、いずれも六年間の任期で任命され、再選されうるものとされた（第六・三七条）。ただし、治安裁判所判事については、三〇歳以上のフランス人であると同時に、法学士号を取得して三年以上の実務経験を有していることなど所定の法律実務経験のうちの少なくとも一つを満たしていることが要求された（第五条）[22]。アロンジスマンの裁判所判事もまた、かつて控訴院ないしは第一審裁判所の判事であったこと、法学士号を取得して五年以上弁護士、代訴士もしくは商事裁判所代理人、裁判所もしくは控訴院書記官、公証人、治安裁判所判事、検事などの経歴を有することが求められた（第三六条）。治安裁判所判事はカントン毎、アロンジスマン裁判所はアロンジスマン毎に、普通選挙によって選ばれた選挙人（一〇〇〜三〇〇人）によって選出されるものとした（第七・三八条）。第二に、アロンジスマン裁判所の長は、同一裁判所内の裁判官会議 les juges réunis en assemblée général によって毎年互選されるものとした（第四三条）。第三に、控訴院は廃止され、隣接する県の裁判所に控訴は提起されることとなった（第四五条）。第四に、破毀院は破毀裁判所 tribunal de cassation と改称され、元老院・下院議員からなる選挙団体によって選ばれることとなった（第五五条）。

委員会法案は、裁判官公選制を導入しつつも裁判官に一定の法実務経験を要求したことや、控訴院を設けず同一審級の裁判所を控訴審としたことなどからわかるように、一七九〇年八月一六＝二四日の司法組織に関する法律に忠実に着想を得た、革命的伝統の回帰を巧みに利用しようとしたものであった。その点で、直接の普通選挙というもっとも急進的な考えと、専門職としての共通性をもつ特別の選挙団体のみによる選挙という考え方との中間に位置するものであった[23]。委員会は、「世論の現在の状態からみて、普通選挙は時期尚早であり危険」とし、同時に法律専門家たちの「カースト的な考えを再構築しないために」かれらに限定された特別の選挙人団体による選挙も同時に否定したのである[24]。

しかしながら、裁判官公選制を可決した「熱狂」は、その瞬間から急速に冷めていくことになった。とりわけ右派が公選制採択に合流したことによって、依然として反共和主義的反対者の勢力の強い約二〇の県では、王党派の裁判官が選出されるかもしれないという危険性に、共和派は気づかされたのである[25]。かれらは、六ヶ月前には熱狂的に支持していた公選制をあっさりと捨て去ることになった。

その代表的な「変節 palinodies」[26]をロッシュ Jules Roche の弁論に見ることができる。かれは一八八三年一月一五日の審議において二日間にわたる自らの発言冒頭に、「諸君、六ヶ月前、私は裁判官公選原理に賛成を投じた。しかし、長く熟考した結果、今から、公選制を葬るべく全力で闘うこととした」とし、「この議会にもち込まれた誤った情報に依拠したがゆえに、この誤りがもたらされた」のだと強弁した。そして「具体的な事実に基づいて考察すれば、裁判官公選制は共和国にとって最悪の選択である」とした[27]。かれによれば[28]、「教権主義党 parti clérical」がその勢力を再び拡大させている現状のもとで「公選制に賛同する前提条件は失われている」とする。そして、裁判官選挙が実施されたならば、反動的諸政党、王党派、教権主義者が多数派となり、これを通じて、「富 la richesse と官職地位 la position と地方的影響力 les influences locales からなる社会的影響力」（まさに本編第一章で検討した各地域の名望家的支配の一端を形作る裁判官層を指す）は、さらに強い力をもつことになり、裁判所を構築することになるのは、このようなカトリック法曹 les jurisconsultes catholique となるだろうとする。そして、ロッシュは「かれらの行動綱領とは何か?」と問い、それは、自然権であり神聖な権利 droit naturel et divin である家父の権力 l'autorité paternelle に対して、立法権すなわち議会が決して手を触れることはできないのだということを宣言し確立させることとなるのだ、と断言した。具体的には、公立学校での宗教教育禁止に関する一八八二年五月二八日法に代表される一連の反教権政策に対して、かれらは議会の「越権行為 un excès de pouvoir」として拒否し、「市民が同法の施行を拒否する権利」を正当化しようとするのだ、と批判したのである。こうした現状認識に立った上で、ロッシュは、フランス革命時以来の裁判官の歴史から、「立法権力に対して、同じ正統性の起源をもつ独立した権力を創設してはなら」ず、法の適用もまた立法権のもとで統一されなければならないとする。

ロッシュの発言に続き、ガンベッタ没後のオポルチュニストのリーダであったヴァルデックルソーは、選挙制の賛同者を「革命の本来の作品」すなわち国民的統一を破壊することを望む者だとして批判し、「自立した司法権力を創り出すこと、（中略―筆者注）すなわち、個々の政治的熱狂に応じて地方毎に様々に構成された司法を生み出すことは、結局法の統一そのものを破壊するものである」と強調した。[29] かれは「ここで諸君が要求していること」は「裁判官を任命する選挙区毎に、裁判官の諸集団、すなわち、最高かつ明確な無限の権力を創造すること」なのだとし、そこで「創られようとしているのは、他の二権に優越する第三の権力であり、他の二権を裁きかねない権力である」としてその危険性を指摘した。そして「そうした例を出すことは容易である」として、一八八〇年三月二九日のデクレ（本編第三章参照）を例に引いて「国民意志 la volonté nationale に基づくある決定の適用に対して提起された、諸君の決定をあらゆる面で重要だと見ようとしない裁判所との間の闘争」を想起せよと促した。[30]

ロッシュおよびヴァルデックルソーによる公選制批判は議会において決定的な影響を与え、一八八三年一月二七日に、前述した前年一一月二三日の委員会案「不可動性は廃止される。裁判官は選挙される」条項の採否が行われ、二二四票対二七四票で否決された。[31] この否決を受けて、デヴ法相は「不可動性廃止と裁判官公選制を規定する第一条の採否が行われないうちは政府として法案を出すことはできないと考えていたが、その障害が取り除かれた今、政府としての法案を提出することとした」と宣言し、[32] 一月二九日に政府提案としてのデヴ法相案が提出された。[33] その後、フェリー第二次内閣に交代したのち、同法案は三月一〇日に撤回され、[34] 改めて同日、新内閣のマルタンフォイユ法相案が提出された。[35]

第三節　司法組織改革法の成立と司法官の追放

一　司法組織改革法の成立

前節で見たように、公選制原理が廃止されることによって、一八八二年一月に再開した司法組織改革論議で対抗していた、（A）不可動性の停止→政府（司法大臣）による人的刷新、および（B）不可動性の廃止→選挙による刷新という二つの制度設計の対立は、（A）の制度設計に統一され、議会の多数派にとって重要な反共和政的裁判官の排除の具体化が急がれることとなった。

前掲マルタンフォイユ法相案を含めた司法組織改革関連諸法案を審査した委員会報告が、一八八三年五月一九日に提出された(36)。

その内容(37)は、まず控訴院の判決法廷の最小構成裁判官数を五人とした（従前七人、第一条）。控訴院の数は、これまでの法案では大幅に削減することになっていたが、ここでは従前の規模を維持しながら、部の数を削減することとした。従前パリ控訴院の七部構成を除き、各控訴院は三ないし四部構成であったが(38)、パリ以外は一ないし三部構成となり、全体として、九三部から五六部に削減された（アルジェを除く。第二条と法案付属の別表A）。これにより部長職の削減となる。これまでの法案と同様、控訴院は、パリとその他の二つの階級に分けられ（従前三階級）、それに伴って、従来控訴院の階級に応じて裁判官の階級も簡素化され、水平化されるとともに、下位の裁判官について俸給の引き上げが企図された（第四条）。

第一審裁判所についても従前の設置数を変更することなく、控訴院と同様、部の数を大幅に削減した。各裁判所は、パリの一一部構成を除き、一ないし四部構成とするが、パリ以外を三つの階級に分け（従前六階級）、第一級に属するボルドーやリヨンなど九ヶ所については二ないし四部構成、第二級に属する裁判所については一ないし三部構成、第三級の裁判所についてはほとんどを一部構成とした（第五条、別表B）。これにより全体として、従前の四六九部構成から四二〇部構成に削減した。[39] 裁判官の階級の簡素化と水平化、俸給の改善については控訴院と同様である（第八条）。

以上のように、控訴院と裁判所の組織全体を変更することなく、判決数の少ない、いわゆる閑散裁判所の部の数を削減するという司法行政上の合理化を行うという名目で、条文が構成されることになった。この合理化に伴って、裁判官のポストが削減され、全体としての裁判官数が減員されるのであるが、そこに、その分だけ望ましくない者の追放という政治目的の実現が企図されたのである。[40] そのために、第一一条で「本法の公布から三ヶ月の間に、控訴院と裁判所の組織再編が行われる」と規定された。そして、新たな組織においてその職を与えられない裁判官を含む司法官は、その勤続年数に応じて退職年金を受け取るものとされ、暗黙のうちに裁判官の不可動性が停止されることが含意されていた。

これに加えて、裁判官の懲戒制度を統一的に行う司法官職高等評議会 conseil supérieur de la magstrature の創設が規定された。これにより司法大臣を頂点とする監督権限のもと、司法大臣と全裁判所（破毀院、控訴院、第一審裁判所）との間で複雑に分有される懲戒手続の統一と整備が企図された。[41] もっとも、このような裁判官の懲戒制度の改革は、上述した裁判官の階層の水平化と俸給の改善も含めて、追放するという本質部分の添え物に過ぎなかったとされる。[42]

以上のような内容の委員会法案が提示され、一八八三年五月二四日から下院での審議が開始された。審議の中で焦点となったのは不可動性の停止であった。その中には、そのような政治的な手段を危険視し、その正当性を疑う発言が見られたことも事実である。穏健な共和派であるリボー Ribot は、立法権は権力を濫用し「裁判官を貶め」ようとしているのではないだろうか？　と問い、一八八〇年の議会での司法改革において、政府（司法大臣）の人事権の恣意性をいかに統制するかという観点から批判してきたゴブレ（本編第三章参照）は、この「政治的弥縫策が」結果として「司法の基礎を揺るがしかねない」ことを議会で警告した。[44] 裁判官公選制の議論をリードしてきた急進派もまた、「人事問題」が「原理的な問題」に優先する結果となったことを批判するとともに、なによりも「司法大臣の専制 le bon plaisir du garde des sceaux」を危惧した。[45]

こうした批判に対して、下院全体の論調としては、「保守的な裁判官の最悪で憎むべき性質」という文言が法案審議での決まり文句として用いられるように、きわめて激情的な議論が展開された。その典型例としてマディア・ドモンジョ Madier de Montjau は裁判官を反動的勢力として徹底的に糾弾した。[46] かれは、裁判官の威信、名声とされているものは、「想像に過ぎない伝説、嘘にまみれた伝説 Légende acceptée par l'imagination, légende menteuse qui a trop duré」として告発し、「偉大なる司法官という詩的な神話のベール le voile de cette poétique fable de la grande magistrature を引き裂こう！」と絶叫した。裁判官というものは「誰にでも宣誓を行い、その宣誓と同様、判決の中でも意見を左右にし、相手によって意見を変え、朝の友を夕には投獄し、義務に背く」ものであり、そうした存在に対して「力強い浄化 purification herculéences」「醜悪な堕落の源の徹底的な根絶 une extirpation radicale de l'affreuse gangrène」が不可欠であると主張したのである。こうした主張は、客観的に見れば極端なものではあったが、下院の大多数はこれに追随し、制定されるべき法律を、司法官追放の道具とすることに同意したのである。こうした方向が議会多数派たちの「報復心」によって突き動かされていたことは、ラスパイユ F. Raspail によって、第二帝政期の混合委員会（本編第二章参照）に参加した裁判官を追放する修正提案「一八五一年一二月二日以後に混合委員会に参加した司法官はフランス司法官職から排除される」が可決されたことに象徴的に示されている。[47]

下院では一八八三年六月五日に審議を終了し、上述した混合委員会参加裁判官の排除を第一二条二項に加えるなどの修正の上可決され[48]、元老院に送付された[49]。元老院では同法案は審査委員会に付託され、七月一二日に報告が行われ[50]、七月一九日から元老院での審議が開始された。元老院全体の趨勢として、最終的には下院可決の法案の基本線を承認することにはなるが、下院の激情的な論調に対して冷静な批判が加えられた点が特徴的である[51]。

たとえば、著名な公法学者であるバトビー Batbie は、一七八九年以来すべての憲法によって不可動性原理は一般原理として認められてきたものであり、一八七五年憲法的諸法律が条文として沈黙していたとしても、だからといって同原理を否定しているわけではないとし、同法案はいわば革命的な法律 une loi révolutionnaire というべきものだと強く批判した[52]。さらに、同法案が「報復」的な面を強く有していることについて、右派であるボナパルティストに属するラフォン le balon Lafond de Saint-Mur から「改革は政治的過去によって司法官をたたくという目的以外何もなく、復讐という熱情に支配されている」と批判された[53]。王党派からも、同法案は「司法官に対する侮辱であり、忌まわしい不正に満ちあふれた復讐と追放のための法律」であるとされた[54]。

前述したように、同法案が、（A）不可動性の停止→政府（司法大臣）による人的刷新の方向に純化されていることは明らかであるが、それが批判されるように報復のための裁判官追放という目的達成にのみ傾斜し、かつてアンベール法相が示唆したような（C）不可動性の存続→政府（司法大臣）の裁判官選任権に対する法的統制という方向性がなければ、政府（司法大臣）の恣意が繰り返されるに過ぎない。元老院でこの点を鋭く批判したのがジュール・シモンであった。

元老院の委員会での審査を経て、三ヶ月間の不可動性の停止にかかわる条文は「第一五条　①本法の施行後三ヶ月の間に、後に制定される施行規則によって、控訴院と裁判所の人員の削減が行われる。②その淘汰は職員全体に対して sur l'ensemble du personnel 区別なく indistinctement 行われる。③削減される人員数は、廃止されるポストの数を超えてはならない。④一八五一年一二月二日以降に混合委員会に参加した司法官は、その所属するいかなる裁判所においても維持されることはない」として、上述してきたような裁判官の報復的追放が行われることが条文として具体化されていた。この条文の②中の「区別なく」を指してシモンは、ここには「恣意という意味が潜り込まされている」のであり、これによって二五〇〇名に及ぶ裁判官すべてを自由に扱いうる権利を与えたことになったと批判する。彼自身は裁判官の減員には賛成するが、そのことと「フランスの司法官の全体の扱いについて、司法大臣にすべての最高権限を与える disposer souverainement de toute la magistrature de France こと、とは別問題」である、とする。裁判官を司法大臣の「恣意」の下に従属させることは、「裁判官を扱う上で決して良くないし、非常に重々しい権威と責任を司法大臣に与えることにな」ってしまうだろうと警告する。「諸君！　三ヶ月の間、司法大臣はどの裁判官であれ、その職から外に放り出すことができるのですぞ。そしてこの驚くべきたくらみは、その司法官についてのいったいどういう事実に基づいて行われるのだろうか?」とシモンは問いかける。それは過去に「国王万歳」と叫んだ裁判官あるいはマクマオン大統領による一八七七年五月一六日の危機以降の任命であろうし、これらは新たに設けられる司法官職高等評議会による懲戒手続で十分対応できることであり、それ以上の「報復」は不要であるとする[55]。こうしてシモンは「我々の見解に一致しない意見をもった司法官たちを、司法官職から追放すること、それを改革と呼ぶことは、憎むべき詭弁だ」と批判したのである[56]。

こうした批判に対して、政府は、共和国に敵対する司法官を対象にすることを断言し、司法官の独立も侵害しないし、政治的に監視下に置くこともしないとする、理由にならない理由で反論せざるをえなかったとされる[57]。こうした政府の立場を支持するべく、さきのシモンの批判の直後に演壇に立ったジュール・フェリーは、以下のように論じ立てた[58]。

まず、不可動性原則は、退職年齢に達するまでその名誉と俸給が保障されることによって十二分に保障されているのであり、裁判所や官職の削減が求められているときにそれを阻害してまで保障されるほどの「神聖 sacrée」なものではないのだ、とする。そして、いかなる裁判官を「選択 choix」するのか、つまり「淘汰の方法 la façon dont se fera l'élimination」は、公役務すなわち司法行政全体の利益によって図られるべきであり、それは、良き司法行政によってのみ判断されるのだとする。そしてそれを委ねることができるのは、司法大臣でしかないと断言し、フェリーは次のように続けた。「でも諸君は言う、選択すなわち恣意 l'arbitraire だ、と。よろしい、諸君に答えよう。それは恣意ではない。それは責任 résponsabilité である。それは司法大臣の責任なのであり、政府の責任なのである」と。フェリーによればこの選択はもちろん「政治的配慮」に基づいて行われるのであるが、それは過去の体制が繰り返してきたように体制に忠実な、その意味で「その職にあって政治的なことをなそうとする qui ferait de la politique sur le siège」「戦闘的な司法官 une magistrature militante」を作り出すことには結びつかない。「我々は、共和国の制度を尊重する司法官を望むのであり、いかなる政治的色合い、それがたとえ共和主義であろうとも、必要としないのである」。我々が行おうとするこの「淘汰」において従うべき準則は、「政治（的配慮によ る選択）によって、司法官から、政治そのものに巻きこまれるうるような者だけを排除しておくこと」である、とされる。したがって、三ヶ月間の不可動性の停止によって、人員の削減が職員全体に区別なく行われることについて、何ら不可動原則を侵すことにもならないのであり、単に公益を裁判官個人の私的利害の上におくという立法者としての権利と義務を果たすに過ぎないのだとされた。

フェリーの演説は、裁決の行方が不透明になっていた状況を間一髪で変えることになった。すなわち、問題となった前述草案第一五条「②淘汰は職員全体に対して sur l'ensemble du personnel 区別なく indistinctement 行われる」が、一三三対一三〇の僅差で可決されたのである。[59] シモンの雄弁な批判にもかかわらず、反対意見は弱まり、一八八三年七月三一日に、一四四対一二九で法案は元老院でも可決された。[60] 翌八月一日に、元老院で修正された法文が、下院でも二五九対三二の圧倒的多数で可決された[61]。

二　司法官の追放

こうして司法組織改革に関する法律が一八八三年八月一日に成立した[62]。しかし、その公布は憲法に定める期限となる八月三〇日まで遅らされることになった。それは、同法が、裁判所の組織再編を名目とした裁判官の追放を目的としていたことを反映するものであった。法律の執行を妨害するような反共和政的裁判官たちが自発的に辞職するのを待ち、そのことによって親政府的な裁判官を安定的に再配置するための猶予期間が確保されたのである。実際に八月に生じた自発的退職によって生じた三三の欠員は、同法の施行によって廃止される予定のポストであったとしても、すぐに親共和政的な層によって埋められたり、過去数年間空席であったポストも突然後任が採用されたといわれる[63]。

同法の内容は、これまでの草案とほぼ同様である。第一に、控訴院の判決法廷の最小構成裁判官数を七人から五人とし、第一審裁判所を五人から三人とし、さらに、控訴院、第一審裁判所のそれぞれの部の数を削減することによって、全体としての裁判官のポスト数を削減した[64]（第一・二・四・五条および同法付属の別表A、B）。具体的には、後に掲げる表のような内訳で、裁判官と検察官を合わせた削減対象ポストは六一四とされていた。

第二に、控訴院については、パリとそれ以外の控訴院の二階級とすることによって、それぞれの司法官（裁判官と検察官）の職階は簡素化され、水平化された（第三条）。第一審裁判所もまた、従来の六階級から、人口に応じてパリと三つの階級に分け、それに応じて設定されていた司法官の職階も簡素化され、水平化された[65]（第七条）。

第三に、第一のポスト削減に伴う司法官の人員削減については、以下のように定められた。

第一一条　本法が公布されてから三ヶ月以内に、前掲に定められた規則 régles を適用することによって、控訴院及び裁判所の人員の削減 la réduction du personnel des cours d'appel et des tribunaux を行う。

その淘汰 les éliminations は職員全体に対して区別なく行われる。

司法職において維持されないことにより、もしくは、提供される新たな地位を受け入れないことにより淘汰される司法官 des magistrats éliminés の員数は、廃止されるポスト des sièges supprimés の数を超えることはできない。

一八五一年一二月二日以降に、混合委員会に参加した司法官は、その所属するいかなる裁判所においても維持されることはない。

第三項にあるように、淘汰される司法官の数は廃止されるポストの数を超えてはならなかったが、第二項によって「職員全体に対して区別なく」及ぶことになった。この点に対する批判は、すでに議会審議でも指摘されていたが、政府（司法大臣）は際限なくその権限を行使したのである。つまり、追放の対象となる司法官を選択するに際して、同法付属の別表A・Bに基づいて廃止される六一四のポストの詳細（後掲の表参照）に拘束されることもなく、また裁判官と検察官との間の区分も関係なかった。廃止される人員の総数が、六一四の廃止予定ポスト数（裁判官ポスト三八三と検察官ポスト二三一）を超えなければよいのであり、その対象者はすべて不可動性を停止された裁判官のなかから選ばれたのである。こうして削減予定六一四ポストに対して、六一一名もの裁判官が淘汰対象となった。なぜなら、検察官層は、すでに一八八〇～八二年に実施された「刷新」（本編第三章第二節参照）によって、共和政に対する忠誠が確保された者によって置き換えられていたからであり、そうした検察官の多くが空いた裁判官のポストに横滑りしたのである。(66) こうして淘汰された司法官は、その勤続年数に応じて退職年金を受け取るものとされた（第一二条）。

【表　一八八三年八月三〇日法によるポストの削減と実際の追放数(67)】

時期	裁判所 控訴院（27ヶ所） 院長	控訴院 部長	控訴院 判事	地方裁判所（375ヶ所） 所長・副所長	地方裁判所 判事	治安裁判所 判事	検事局 検事長	検事局 検事	全合計
一八七九年二月～八二年一二月三一日の自発的退職・罷免数			二三七名（定員七三九名）※自発的退職		七四五名（定員一七四二名）※自発的退職	二五三六名（定員二九四一名）			
一八八三年八月三〇日法別表による削減ポスト数		九	一八九	五四	一三一		一六	二一五	六一四
一八八三年八月三〇日法施行以後	一〇名			一一七名（所長）					司法官退職総数　一一一二名 内退職判事職　六一一名 ※治安判事を除く

第四に、同法は、前述したように司法官職高等評議会を設け、法案段階とは異なり、破毀院をもって同評議会を構成するものとした（第一三条）(68)。同評議会に懲戒権を集約するとともに「一切の政治上の討議は、司法部に禁止

する。共和国政府の主義又は形式に敵対する一切の表示又は示威は、裁判官に対しこれを禁止する。以上の規定に対する違反は規律上の非行を構成する」と規定し（第一四条）[69]、議会において強く求められた、裁判所の「非政治化」が規定上実現されることになった。

以上の第三、第四にかかわる規定によって、同法の最大の目的である、反共和派的な裁判官の追放と裁判官の「非政治化」は、どの程度実現されたのであろうか。この点を、罷免された一三〇名の司法官の個人調書を検討した研究[70]によれば、以下の通りである。

総体として、政府（司法省）にとって、反共和政的な anti-républicanisme 疑いや証拠がありさえすれば十分であり、年齢、能力に関係なく追放の対象となった。たとえば、宗教的儀式に出席、県知事に挨拶をしなかった、という些細な事実が、噂、告発によって暴かれ、司法官としての職を失わせることになった。とりわけ裁判所長の大部分は、修道会に有利な判決を行ったという理由で多くが追放された。多くの高位裁判官たちは、その所属する名望家の家系 lignée de notables に属していることのゆえに排除されることになった。とりわけ、ここでは四つの類型の家系 faimilles が打撃を受けたとされる。個人調書が残されている追放された一三〇名についての上述の研究によれば、四〇％がボナパルティスト bonapartistes であり[71]、二三％が王党派[72] royaliste とブルボン正統王朝派 légitimiste、二一％が教権主義的保守派[73] conservateurs «cléricaux»、一五％が穏健派[74] modérés であったとされる。

同法は、排除される裁判官の選択を政府（司法大臣）の恣意に委ね、一種の制裁を与えようとするものであった。それは、二重の意味で帝政の系譜を引く司法官（裁判官と検察官）に対する一種の決算 un règlement de comptes であった。その制度的地位については第一帝政下の一八一〇年四月一〇日法に由来し、人的には第二帝政に系譜を引く司法官を、制度的に改革し、かつ人的刷新が図られたのである。人的刷新に関しては、上記の研究から明らかなように、最大限実現された。当時控訴院に着任した新院長たちは、その就任式において政府に対して忠誠を誓ったというエピソードから明らかなように、かれらにとっていまや優先されるべきものは、政府の意に適うということへの配慮であった[75]。同法第一四条に具体化されたように、多数の共和派にとって自明の観念は、「政府はもはや公的な官職の内に、敵対する者を抱え込むことは無い」ということであった。この観念のもとでは、第三共和政の下における裁判官は、もはや、団体精神 l'esprit de corps に結びつけられた「独立した審判人 arbitres indépendants」ではなく、政府の意に拘束された「官吏 fonctionnaires」でしかないのである[76]。

［注］

（1）柴田三千雄・樺山紘一・福井憲彦『世界歴史大系　フランス史3』山川出版社（一九九五）一二九頁。

（2）以下本章の叙述については、以下の諸文献によりながら、適宜『フランス官報 *Journal Officiel de la République française*』（以下 *J. O.*と略記する）中の国民議会の元老院・下院議事録によって補った（議事録引用の際の略記号については第三章注（4）を参照）。

G. Legée, *La loi du 30 août 1883 sur la magistrature, thèse, faculté de droit de Paris*, 1904.

M. Dehesdin, *Éude sur le recrutement et l'avancement des magistrats*, thèse de droit, Paris, 1908.

J.-P. Machelon, *La République contre les libertés ?*, Paris, 1976.

J.-P. Machelon, La magistrature sous la troisième république à la travers le journal officiel, dans *Annales de la faculté de droit et de science politique*（*Université de Cremont I*）*, fascicule 21*, 1984.

J.-P. Machelon, L'épuration républicaine. La loi du 30 août 1883, dans Association Française pour l'Histoire de la Justice, *L'épuration de la magistrature de la Révolution à la Libération : 150 ans d'histoire judiciaire*, Paris, 1993.

J. Poumarède, La magistrature et la République. Le débat sur l'élection des juges en 1882, dans Mélanges offerts à Pierre Hébraud, Toulouse, 1981.

J. Poumarède, L'élection des juges en début sous la 3e République, dans sous la dir. de J. Krynen, *L'élection des juges*（*Étude historique française et contemporaine*）, Paris, 1999.

J.-P, Royer, R. Martinage et P. Lecocq, Juges et notables au XIXe siècle, Paris, 1982.

J.-F. Tanguy, La plus grande épuration judiciaire de la France contemporaine : 1879-1883. Application au cas de quelques magistrats de l'Ouest., dans Société d'Histoire de la Révolution de 1848 et des Révolution du XIXe siècle, *Repression et Prison Politiques en France et en Europe au XIXe siècle*, Paris, 1992.

（3）Machelon, 1993, supra note 2, p.91.

（4）PROJET DE LOI sur la réforme de l'organisation judiciaire, présenté...par M. Humbert, garde des sceaux, ministre de la Justice et des cultes, Annexe n. 422（Séance du 16 février 1882）, *J. O.*, *Chambre*, *Doc. parl.*, 1882, pp.377-378.以下法案内容はこれによる。

（5）以上 PROJET DE LOI...par M. Humbert, supra note 2, p.377.

（6）Poumarède, 1999, supra note 2, p.131.

（7）RAPPORT fait au nom de la commission chargée d'examiner le projet et les propositions de loi sur la réforme de l'organisation judiciaire, par M. Pierre Legrand（de Lille）, député, Annexe n. 783（Séance du 6 mai 1882）, J. O., Chambre, Doc. Parl., 1882, p.1291.以下の引用部分も同上参照。

（8）Machelon, 1993, supra note 2, p.92.

（9）Séance du 30 mai 1882, *J. O.*, *Chambre*, *Déb. parl.* du 31 mai 1882, p.740.

（10）Machelon, 1984, supra note 2, p.20.

（11）Séance du 10 juin 1882, *J. O.*, *Chambre*, *Déb. parl.* du 11 juin 1882, p.854.

（12）一八三五年生まれで、元海軍大佐で一八七六年 Somme から選出、一八八一年再選。極左派に所属。Poumarède, 1999, supra note 2, p.132.

（13）Séance du 10 juin 1882, *J. O.*, *Chambre*, *Déb. parl.* du 11 juin 1882, p.855.

（14）*Ibid.,* p.856.

（15）*Ibid.,* pp.858-859.

（16）*Ibid.,*, pp.859-860.

（17）*Ibid.,* pp.860-861.

（18）Poumarède, 1981, supra note 2, p.678., Poumarède, 1999, supra note 2, p.132., Machelon, 1984, supra note 2, p.47., Machelon, 1984, supra note 2, p.92.

（19）Poumarède, 1999, supra note 2, p.132.

（20）DEUXIÉME RAPPORT fait au nom de la commission chargée d'examiner le projet de loi et les propositions de loi et les propsitions de loi sur la réforme de l'organisation judiciaire, par M. Charles Lepère, député, Annexe n. 1408（Séance du 28 novembre 1882）, J. O., Chambre, Doc. Parl., 1882, pp.2576-2583.

（21）*Ibid.*, p.2579. 本文中の条文については、*Ibid.*, pp.2579-2583.参照。

（22）その他の要件として、五年以上代訴士、公証人、裁判所書記官もしくは商事裁判所代理人であったこと、六年以上県・アロンジスマン議員もしくは治安裁判所補助判事 juge suppléant であったこと、一〇年以上治安裁判所書記等であったこと、が列記されている。

（23）Machelon, 1984, supra note 2, p.48.

（24）Poumarède, 1981, supra note 2, p.679.

（25）*Ibid.*, pp.679-680.

（26）Machelon, 1984, supra note 2, p.48.

（27）Séance du 15 janvier 1883, *J. O., Chambre, Déb. parl.* du 16 janvier 1883, p.34.

（28）以下のロッシュの発言は、Séance du 17 janvier 1883, *J. O., Chambre, Déb. parl.* du 18 janvier 1883, pp.50-52.による。

（29）Poumarède, 1981, supra note 2, p.680. Machelon, 1993, supra note 2, p.93.

（30）Séance du 25 janvier 1883, *J. O., Chambre, Déb. parl.* du 26 janvier 1883, p.142.

（31）Séance du 27 janvier 1883, *J. O., Chambre, Déb. parl.* du 28 janvier 1883, p.158.

（32）*Ibid.*, p.159.

（33）PROJET DE LOI ayant pour objet la réforme de l'organisation judiciaire, présenté...par M. Paul Dèves, garde des sceaux, ministre de la justice, Annexe n. 1657（Séance du 29 janvier 1883）et Annexe n. 1657（Rectifiée.）（Séance du 8 janvier 1883）, *J. O., Chambre, Doc. parl.*, 1883, pp.146-147. et pp.199-206.

（34）DÉCRET du Président de la République portant retrait du projet de loi（n. 1657 rectifié）sur la réforme judiciaire, Annexe n.1766 , *J. O., Chambre, Doc. parl.*, 1883, pp.438.

（35）PROJET DE LOI sur la réforme de l'organisation judiciaire, présenté...par M. Martin-Feuillée, garde des sceaux, ministre de la justice et des cultes, Annexe n. 1767（Séance du 10 mars 1883）, *J. O., Chambre, Doc. parl.*, 1883, pp.377-384.

（36）RAPPORT fait au nom de la commission chargée d'examiner le projet et les propositions de loi sur la réforme de l'organisation judiciaire, par M. Jules Roche（Var）, député., Annexe n. 1917（Séance du 19 mai 1883）, J. O., Chambre, Doc. Parl., 1883, p.753-769.

（37）*Ibid.*, p.756.

（38）IV. Cours d'appel.-Population, *Compte général de l'administration de la justice civile et commerciale en France pendant l'année 1880 et rapport relatif aux années 1821 à 1880*, Paris, 1882, p.19.

（39）XV. Population, étendue superficielle, composition de chaque tribunal, et relevé de ses travaux en matière civile., *Ibid.*, pp.50-67.

（40）Machelon, 1984, supra note 2, p.66.

（41）従前の裁判官に対する懲戒制度については本編第一章参照。なお第三共和政期の司法官職高等評議会については、江藤价泰「フランスにおける司法官職高等評議会について――裁判官の独立との関連において」『木川統一郎博士古稀祝賀　民事裁判の充実と促進』判例タイムズ社（一九九四）一七一～一七五頁参照。なお、この委員会法案では、司法官職高等評議会の構成は、破毀院長、破毀院から互選された四名の判事、両院から互選された五名ずつの議員の合計一五名から構成されるとされていた。この点で、後の一八八三年八月三〇日の司法組織改革法が、破毀院をもって司法官職高等評議会を構成するものとした点と異なる。

（42）Machelon, 1984, supra note 2, p.66.

（43）Machelon, 1993, supra note 2, p.96.なお、リボー発言は、Séance du 26 mai 1883, *J. O.*, *Chambre*, *Déb. parl.* du 27 mai 1883, p.1070.

（44）Machelon, 1993, supra note 2, p.96.なお、ゴブレ発言は、Séance du 24 mai 1883, *J. O.*, *Chambre*, *Déb. parl.* du 25 mai 1883, p.1054.

（45）Machelon, 1993, supra note 2, p.96.

（46）Séance du 4 juin 1883, *J. O.*, *Chambre*, *Déb. parl.* du 5 juin 1883, p.1164-1166.なお、同議員の発言については、J.-P, Royer, et al., 1982, supra note 2, p.366-367.

（47）Royer, et al., 1982, supra note 2, p.367.

（48）Séance du 5 juin 1883, *J. O.*, *Chambre*, *Déb. parl.* du 6 juin 1883, p.1192.なお、

（49）PROJET DE LOI adopté par la Chambre des dputés sur la réforme de l'organisation judiciaire, présenté...par M. Martin-Feuillée, garde des sceaux, ministre de la justice et des cultes, Annexe n. 217（Séance du 7 juin 1883）in *J. O.*, *Sénat*, *Doc. parl.*, 1883, pp.820-821.

（50）RAPPORT fait au nom de la commission chargée d'examiner le projet de loi, adopté par la Chambre des dputés sur la réforme de l'organisation judiciaire, par M. Tenaille-Saligny, sénateur, Annexe n. 344（Séance du 12 juillet 1883）in *J. O.*, *Sénat*, *Doc. parl.*, 1883, pp.899-925.

（51）Royer, et al., 1982, supra note 2, p.368.

（52）Royer, et al., 1982, supra note 2, p.368.同発言は、Séance du 28 juillet 1883, *J. O.*, *Sénat*, *Déb. parl.* du 29 juillet 1883, p.1109.

（53）Royer, et al., 1982, supra note 2, p.368.同発言は、Séance du 20 juillet 1883, *J. O., Sénat, Déb. parl.* du 21 juillet 1883, p.951.

（54）Royer, et al., 1982, supra note 2, p.369.

（55）Séance du 28 juillet 1883, *J. O., Sénat, Déb. parl.* du 29 juillet 1883, pp.1115-1116.

（56）Séance du 19 juillet 1883,. du 20 juillet 1883, *J. O., Sénat, Déb. parl.* du 20 juillet 1883. p. 938.

（57）Machelon, 1993, supra note 2, p.96.

（58）Séance du 28 juillet 1883, *J. O., Sénat, Déb. parl.* du 29 juillet 1883, pp.1116-1118.

（59）法案の最終可決に至る経過については Machelon, 1984, supra note 2, p.84.なお、草案第一五条②の可決は、Séance du 28 juillet 1883, *J. O., Sénat, Déb. parl.* du 29 juillet 1883, p.1119.

（60）Machelon, 1984, supra note 2, p.84.なお、草案全体の可決は、Séance du 31 juillet 1883, *J. O., Sénat, Déb. parl.* du 1er août 1883, p.1173.

（61）元老院から下院に回付された草案は、PROJET DE LOI adopté par la Chambre des députés, adopté avec modifications par le Sénat, sur la réforme de l'organisation judiciaire, présenté...par M. Martin-Feuillée, garde des sceaux, ministre de la justice et des cultes, Annexe n. 2227（Séance du 31 juillet 1883）, *J. O., Chambre, Doc. parl.*, 1883, pp.1446-1460.同草案の委員会審査報告は RAPPORT fait au nom de la commission chargée d'examiner le projet de loi, adopté avec modifications par le Sénat, sur la réforme de l'organisation judiciaire, par M. Jules Roche（Var）, député, Annexe n. 2234（Séance du 1er août 1883）, J. O., Chambre, Doc. Parl., 1883, pp.1534-1535.同法案の可決は Séance du 1er août 1883, *J. O., Chambre, Déb. parl.* du 2 août 1883, p.2065.

（62）以下同法の法文については、J.-B. Duverger（éd.）, Collection complète des lois, décrets, ordonnances, règlements, et avis du Conseil d'Etat, t.83, Paris, 1883, pp.195-224を参照。

（63）Machelon, 1993, supra note 2, p.97.

（64）第一条　すべて控訴院の判決は奇数の構成員で合議される司法官 magistrats によって下される。

判決は、部長 président を含む最低五名の判事 juges によって下される。

事件を担当する当該院の構成員が偶数であった場合には、官等表の最下位の評定官 conseillers は合議に加わることを差し控えなければならない。

厳粛法廷 audiences solennelles において下されるべき事案の判決については、少なくとも九人の判事によって判決 arrêts は下される。

さもなければ無効である。

第二条　各控訴院は本法別表Aに定められた数の部をもち、院長および、別表に定められた数の部長と評定官からなる。このように定められた数の部に加えて、控訴院には、一八八〇年六月一二日のデクレによって構成される訴追部 chambre d'accusation が置かれる。

各控訴院には、別表に定められた数の検事長、検事、検事代理、主席書記 greffier en chef、書記 commis greffiers が設けられる。

事務上の必要があるときには、特別の執行令によって par réglement d'administration publique、他の部からの評定官からなる臨時の部を設けることができる。

同じように、別表A中一人しか検事代理が置かれていない控訴院において、もう一人検事代理を任命することができる。

第四条　第一審裁判所の判決は奇数員数によって構成される司法官によって行われる。

これらの判決は最低三名の判事によってなされる。当該事件を審理する裁判所の人員が偶数である場合には、官等表の最下位の判事は協議に加わってはならない。

さもなければ無効である。

第五条　裁判所は別表Bに定められたとおりに構成される。

さらに、事務上の必要があるときにはいつでも、コンセイユデタの議を経たデクレ décret rendu en conseil d'État によって、重罪裁判所のある県庁所在地の裁判所に、判事一名を増設することができる。すべての裁判所において、事務上の必要に応じて、上記と同様に検事代理一名を増設することができる。

第六条　検事代理あるいは補助判事は、事務上の必要がある場合には、控訴院の管轄区域内において、その居住の裁判所とは別の裁判所の検事の職務を、検事長により委任されることができる。

(65) 第三条　パリ控訴院を除くすべての控訴院は同等のものと見なされる。あらゆる序列づけは廃止される。

これらの控訴院を構成する司法官の俸給は以下のように定められる。(以下、法文を表化した。単位はフラン―筆者注)

職名	パリ	パリ以外
院長	二五〇〇〇	一八〇〇〇
部長	一三七五〇	一〇〇〇〇
評定官	一一〇〇〇	七〇〇〇
検事長	二五〇〇〇	一八〇〇〇

検事	一三二〇〇	八〇〇〇
検事代理	一一〇〇〇	六〇〇〇
主席書記	八〇〇〇	四二〇〇
書記	五〇〇〇	三五〇〇

第七条　セーヌの裁判所をのぞく裁判所は、3つの等級に分かれる。（以下、法文を表化した。単位はフラン—筆者注）

職名	パリ	人口8万人以上の都市※	人口2万人以上の都市※※	右以外都市
所長	二〇〇〇〇	一〇〇〇〇	七〇〇〇	五〇〇〇
部長	一〇〇〇〇	七〇〇〇	五五〇〇	四〇〇〇
予審判事	一〇〇〇〇	六五〇〇	五〇〇〇	三五〇〇
判事	八〇〇〇	六〇〇〇	四〇〇〇	三〇〇〇
共和国検事	二〇〇〇〇			
検事		一〇〇〇〇	七〇〇〇	五〇〇〇
検事代理	八〇〇〇	五〇〇〇	三五〇〇	二八〇〇
主席書記	六〇〇〇			
書記		二四〇〇	一五〇〇	一二〇〇
書記補	四〇〇〇	三〇〇〇	二五〇〇	二〇〇〇

※＝ニースとヴェルサイユは第二ランクの都市所在の裁判所として扱う。
※※＝シャンベリーは第三ランクの都市所在の裁判所として扱う。

（66）Machelon, 1993, supra note 2, p.97.

（67）同表は、Tanguy, 1992, supra note 2, pp.133-134、Machelon, 1993, supra note 2, pp.97-98、J.-L. Debré, *La justice au XIX*^{e} *siècle; les magistrats*, Paris, 1981, pp.61-62から作成した。一八七〇年代末から八二年までの検察官を中心とした「刷新」については本編第三章参照。

（68）第一三条　破毀院は司法官職高等評議会を組織する。破毀院は各部連合するのでなければ、この資格において判決することができない。

破毀院付検事総長は、司法官職高等評議会において政府を代表する。

（69）第一四条　司法官職高等評議会は、破毀院及び控訴院の院長、部長、判事、第一審裁判所及び治安裁判所の所長、部長、判事、補助判事に関し革命暦一〇年熱月一六日の元老院決議第八二条、一八一〇年四月二〇日の法律第七章、及び一八五三年三月一日のデクレ第四条及び第五条の規定により、現に破毀院並びに控訴院及び裁判所に帰属している一切の懲戒権を行使する。

一切の政治上の討議は、司法官団 corps judiciaires に禁止する。

共和国政府の主義又は形式に敵対する一切の表示又は示威は、司法官 magistrats に対しこれを禁止する。

以上の規定に対する違反は規律上の非行を構成する。

第一五条　第一一条で予定されている再組織の期間が終了した後は、いかなる（破毀院と控訴院の）院長、部長、判事、第一審裁判所の所長、部長、判事、補助判事といえども、司法官職高等評議会の確定した意見がなければ転任させられることはない。転任はその対象となった司法官に対して、何らの職務の変更、階級又は俸給の低下をもたらすことはできない。

重大で永久的な廃疾のため、職務を行使することができないようになった司法官は、司法官職高等評議会の一致した意見に基づいて職権をもって退職させることができる。右の意見は一八二四年六月一六日の法律に規定する形式及び条件によりこれを発表する。

第一六条　司法官職高等評議会は、司法大臣による以外これを開くことができない。また当該司法官が受け入れ、正式に召換された後でなければ、意見を決議し又はこれを発表することはできない。

第一七条　司法大臣は民事並びに商事の裁判権の司法官に対して監督権を持つ。

司法大臣は右の司法官に譴責をなすことができる。右の譴責は、部長、評定官、所長、判事、及び補助判事に対しては、控訴院長により、検事局員に対しては検事長により、対象となった司法官に通告されなければならない。

司法大臣は罪となる事実に関し説明を聴取するため、一切の司法官を召喚することができる。

(70) Royer, et al., 1982, supra note 2, pp.369-375. なお、裁判官の個人調書については、前述第一章第三節参照。
(71) *Ibid.*, p.371. そこで追放につながった事項は、皇帝一門への密接な関係や周知の忠誠心について繰り返し表明していたこと、ボナパルティスト組織へ所属していたこと、裁判官や所長の任命が第二帝政期の皇帝によってなされたこと、第二帝政期に県庁の重職として帝国に仕えたことなどである。
(72) *Ibid.*, pp.371-372. 約四分の三が貴族層であったとされるが、そこで追放につながった事項は、パルルマン家系の出身者であったこと、反共和主義の経歴があること、などである。
(73) *Ibid.*, p.372. 裁判官においても反教権主義者を確保することは重要であり、極端な教権主義者はもちろん排除されたが、宗教的に保守的な信条を有する者や、政治活動に積極的でなくとも、良きカトリックであるという評判が追放の理由になった場合も見られた。場合によっては、正統王朝派かつ貴族であり、教会法研究の重鎮も排除された。

(74) *Ibid.*, pp.372-373. いかなる反共和主義的行動も記録されていない穏健派もまた排除された。共和派であっても、その態度が冷静に見え過ぎる者も排除されたとされる。
(75) Machelon, 1993, supra note 2, pp.99-100.
(76) *Ibid.*, pp.100.

結　章

本編の結びとして、これまでの分析を簡単にまとめておこう。

一九世紀フランスにおける裁判所・裁判官に関する基本法は、第一帝政期に制定された一八一〇年四月二〇日法である。当時のフランスにおいては、憲法的規範において裁判官は罷免されないこと（裁判官の不可動性原則）が規定され、身分保障が規定されていたが、めまぐるしい体制の変革の継起により、たびたび停止され、尊重されたわけではなかった。とくに、同法に定められた司法組織の著しい特徴は、その階層的な集権的組織にあり、裁判官はその中に組み込まれていた。その基本的要素は、次の四点にある。第一に、全司法組織の管理者としての強大な権限を有する司法大臣が設けられ、第二に、その司法大臣の下に構築された各法院・裁判所の司法管理職からなる監督系統と、それに対応して、待遇・栄誉において差別化された多くの階梯が階層的に積み重なった司法官職体系が構築されていた。第三に、この階層的官職体系中の地位を、裁判官毎に決定し、職を配置すること（人事権）において、司法大臣は、広範な裁量が認められていた。第四に、その結果、一定の決められた条件に従った処遇が保障されるという積極的な意味での身分保障が行われる保証は不十分であったし、また、前述のように政治体制の転換期には罷免されないという身分保障もまた、しばしば停止された。こうしたフランスの司法組織の集権性に対しては、司法大臣とそのもとにある司法管理職を通じた採用・昇進の人事権の恣意的な運用をもたらす危険性が指摘され、裁判官の不可動性の理念と矛盾することが、一九世紀を通じてつねに批判された。

しかしながら、当時の司法組織のもう一つの大きな特徴は、そうした司法組織を構成する裁判官が、それぞれの所属する裁判所が存在する地域の名望家層によって構成されていたことである。第二帝政についていえば、皇帝は、一方で普通選挙を通じて国民と直接結びつくとともに（人民的ボナパルティズム）、他方で「所有」「家族」「宗教」といったイデオロギーを共有できる既存の名望家層に依存した「秩序」維持を追求した（名望家のボナパルティズム）。第二帝政は、普通選挙制によって絶えず自らの存立基盤を脅かされながらも、名望家層が、地方から中央に至る官僚機構、議会の多数派を構成し、皇帝権力の体現者である官僚機構に依拠することによって名望家支配が貫徹するという構造によって支えられていた。裁判官もこうした名望家支配の政治構造の中で、その存在を規定されていた。かれらは、上述した集権的な官僚組織の中で司法官として成功することが、中央から地方に通ずる名望家支配に連なるものとしての権威を獲得する上で不可欠であった。多かれ少なかれ、裁判官の社会的出自はこのような「秩序」を軸に社会的同質性を有する者たち、すなわち名望家層に排他的に留保されていた。このような裁判官たちは、当時の支配構造の中で各地域社会の名望家的支配の一端を担う社会階層（団体）として、それぞれの地域の裁判所組織を排他的に掌握していたのである。中央政府の司法省＝司法大臣のもとで、各地方の控訴院長、地方裁判所長といった司法行政管理系統を通じて末端の治安判事に至るまで集権的・階層的に組織されているという組織原理は、かれらがそれを通じて中央から地方を通ずる名望家支配に参加する上で不可欠のものであった。かれらは、アンシャンレジーム期の法服貴族（裁判官職の世襲財産化を基盤としながら、身分制的原理に基づいた社会的同質性をもった緊密な社団を構成していた裁判官）とは異なるものの、一九世紀フランスの支配秩序の一端を構成する社会階層によって占められていた。その意味で、こうした裁判官たちは、垂直的な集権的組織に組み込まれた「官吏」という側面をもちながらも、それに純化されない一定の水平的な「団体性」をもった存在であった。そうした「団体性」は、たとえば、各裁判所の空席ポストを埋める際の制度慣行に反映されている。一九世紀には、各地の法院長が推薦する複数の候補者の中から司法大臣が選択するとされ、そうした「同輩集団」からの推薦が尊重されるという慣行があった。ここには、上述したような水平的な団体性をもった構成員によって構成される裁判所のような自律的団体において広く見られた同輩推薦制度の残滓を見ることもできよう。

このような一九世紀フランスの垂直的な集権的司法組織と水平的な社会的「団体性」をもった裁判官とのアンビバレントな構造は、一八七〇年代以降第三共和政が成立・確立することによって進められた「司法の共和主義化」に向けた改革の対象となった。その「司法の共和主義化」の具体化である司法組織改革論議は、様々に制度設計が分かれ、対抗することになった。改革の対象とされた裁判官は、いわば二重の意味で帝政の系譜、その制度的地位については第一帝政下の一八一〇年四月一〇日法に、人的には第二帝政時の任命、という二重の系譜を引いていた。こうした裁判官を目の前にしたとき、制度的な改革を図るという冷静な議論は、そのときどきの裁判官の示す反共和政的態度を契機とした政治状況の展開によって、徹底的な人的刷新を図るべきだという要求の前にしばしば後退せざるを得なかった。

とりわけ無認可修道会をめぐる反教権主義的な政府の施策が、こうした裁判官による頑強な抵抗を目の当たりにしたとき、改革論議は、裁判官の追放に純化された方向に大きく舵を切ることとなった。その場合、上述のアンビバレントな要素をつなぐ、司法大臣―控訴院長―地方裁判所長という階層性を前提とした「推薦に基づく任命システム」に基づいて、政府（司法大臣）が選任を行う制度を改革することが重要であることは共有されていた。しかし、上述した人的刷新を、政府（司法大臣）による裁量的な権限を最大限認めて行うべきなのか、それとも、何らかの選挙制的要素を導入した制度改革を通じて行うべきなのか、について激しく対立することとなった。

前者が、（A）不可動性の停止→政府（司法大臣）による人的刷新であり、後者が（B）不可動性の廃止→裁判官公選制による刷新であり、この二つの制度設計が一八八〇年代の議会において、激しく対立したのである。（B）の制度設計はいったん議会において可決されるが、司法の人的刷新の要請が高まる政治状況の中で退けられた。これに対して、(A)の制度設計には、不可動性の停止という裁判官の独立をめぐる原理的な問題がつきまとい、たとえそれを一時的な問題としてクリアしたとしても、政府(司法大臣)の大幅な裁量(「恣意」)による選任をいかに正当化するのか、という問題が残った。それに対する対案が、(C)裁判官に対する不可動性の停止・廃止に反対しつつ、政府(司法大臣)の裁判官選任権に対して何らかの法的統制を付加(試験任用制、任用資格要件の厳格化、年功制など)する制度設計であった。しかしながら(C)は、一八七〇年代初めの改革論議では議論されたが、一八八〇年代初頭の段階では、政府(司法大臣)によって制度設計(A)による反共和政的裁判官の追放後の裁判官の独立のありようを危惧する声に対応するために申し訳程度に触れられたのみであった。

長い議会での議論の結果、(A)の制度設計に基づく一八八三年八月三〇日法が制定された。これにより、裁判官の不可動性保障は一定期間停止された。そして、政府(司法大臣)のもとでの垂直的な集権的組織を強固に維持したまま、その担い手である名望家としての社会的同質性をもった(政治的には反共和政的)裁判官を大量に追放し、純粋に政府＝司法大臣の信任にのみ依拠する官吏に置き換えられたのである。この改革が、裁判官をして「独立した審判人というよりもむしろ官吏」たらしめることに帰結したと評価されるゆえんがここにある。同改革以降には、前述したような同輩推薦的な慣行は廃され、垂直的な司法大臣の裁量に基づく任命に純化された。いわば「政府が司法官の大部分を保護—被保護関係 clientele politique の下に置くことを可能にした」[1]のである。こうした点に象徴的にあらわれているように、司法大臣の司法行政権、とりわけ、ほとんどその裁量に委ねられた人事権の下におかれた集権的な司法組織に裁判官を置くことによって、独立した司法という観念と矛盾する「従属した裁判官」を生みだし[2]、裁判官をして「自らを任命する権力(司法大臣)と命運をともにする政治的な官僚団に」してしまう危険性[3]を現実のものにしたのである。

その意味で、一八八三年八月三〇日法は、結局、反共和政的勢力に対抗するという政治状況に追随した法律であるとされ、嫌悪されるべき裁判官の淘汰を志向し、裁判官の独立の身分的保障を増大させるものでもなかった、と評されるものであった。(4) しかしながら、他方で、これまで検討してきたように、同法の成立にあたっては、第二帝政期における裁判官の政治的従属をもたらした集権的組織・制度に対する批判的認識に基づく対案が様々に存在していたことが、その後の展開にとっての一定の意義を有していたこともまた過小評価されてはならない事実である。

同法によって創設された司法官職高等評議会は、確かに伝統的な司法大臣の懲戒権限を弱めることはなかった。一八一〇年四月二〇日法にあった各懲戒裁判所の懲戒判決を再審査する権限は剥奪されたが、懲戒権限のほとんどを集約させた同評議会に対しては、司法大臣のみが提訴できることとされた。また、司法大臣はそうした懲戒裁判の訴権以前の裁判官に対する監督権限を包括的に依然として付与されているのである。しかしながら、他方で、それが「裁判官の不可動性、したがってその独立の偉大な保護者」としてその機能を果たす制度論理が積極的に規定されたことの意味は大きかったとも評される。(5)

また、同法は、上述のように、政府（司法大臣）の裁判官選任・昇進における大幅な裁量を存続させるものであった。そのような中で、裁判官がより上位のポストに野望を抱き、さらにそのために行政権の恩顧 les faveurs du pouvoir exécutif を求めようとする場合には、不可動性原則はまやかしのものとならざるをえない。(6) 同法において裁判所の階層性は緩和され、裁判官の階梯の簡素化により水平化が図られたが、それでもなお、採用や昇進に関する政府（司法大臣）の裁量を法的に統制する規定は一切設けなかった。

しかしながら、同法の議会審議の中でたえず、この面での政府（司法大臣）の権限統制が批判の対象となったように、その後、その面での制度的対応が具体化されることとなった。その一つが、一九〇六年四月一七日の予算法律第三八条であり、そこには「司法官職の任用及び昇進の諸条件に関する組織法律の審署があるまで、予算法律の審署に引き続く三月内に予算法律の施行のために定められる施行令が司法職志望者に関する職業的能力の専門的保障を定め、かつ、司法官職のために昇進名簿 tableau d'avancement を創設する」と規定された(7)。これに基づき一九〇六年八月一八日のデクレ(8)（サリアンデクレと呼ばれる décret Sarrien）によって、試験任用制と昇進表が導入された。一八七〇～八〇年代の議会における司法組織改革論議において、たびたび対案として登場してきた制度設計の具体化といえよう。

同デクレは、選任における政府（司法大臣）の裁量に外枠を設けるために「何人も毎年行われる競争試験によってのみしか司法官になることはできない」と規定した。しかし、やはり限界はあり「四年以上の経験を持つ司法省の中央行政官吏」を例外としたり、志願者数が少ないときには、司法大臣は一八一〇年法に列挙された資格（法学士号の取得と二年以上の弁護士としての実務経験）を持つ者すべてを補助判事として採用することを認めていた。

さらに、昇任にかかわる司法大臣の裁量を統制するために、「昇進表に記載されていなければ、いかなる司法官もより高い地位に、もしくは、給料が増額される地位に推薦され得ないし、二年以上同じ地位にいなければ昇進表に記載され得ない」と規定された。しかしこれもまた例外が設けられていた。破毀院のポスト、控訴院長、検事総長、セーヌ裁判所長、同検事などの高位司法官について、昇進表の適用は除外されていた。そして何よりも重大な欠陥は、司法官としての前歴を有する者は試験なしで復職することができたのであり、その場合の職階についてはデクレは何も規定していなかったことである。そのため、政府（司法大臣）が特定の裁判官を昇進表に拘束されず昇進させるためには、いったん退職させて、新たな復職の任命を行うだけでよかった。

このように大きな限界をもつサリアンデクレであったが、それが裁判官の身分保障（独立）とかかわって、政府（司法大臣）が行う裁判官選任・昇進に対して、法的統制を加えうるということを、制度的論理として認め、具体化したことの意味は大きかった。なぜなら、そのことは議会で大きな波紋と議論を巻き起こしたからである。実際に、その後、司法大臣の裁量を損なわないような反動が生じ、デクレに修正が加えられ、一九一四年には廃止されることになる。しかしながら、裁判官の身分保障（独立）が、政府（司法大臣）の恣意的な裁量で行われうる選任・昇進によって損なわれることに対する批判的認識は消えることはなく、その後も制度化への試みが続けられることとなる。(9) 本書序論で述べたように、ここに、議会中心主義・一元主義型議院内閣制のもとでの司法大臣＝司法省を任命権者とする集権的な司法組織のもとで、いかにして裁判官の独立が実際の任命権者である政府（司法大臣）から保障されうるのかという問題に対する二〇世紀フランスにおける格闘が開始されることになるのである。

明治初年の日本の立法者が参照した「欧陸各国」の代表たる一九世紀のフランスにおける司法組織と裁判官制度の実態は、以上のようなものであった。フランスにおいては、垂直的な集権的司法組織と水平的な社会的「団体性」をもった裁判官とのアンビバレントな構造という歴史的文脈の中で、後者の徹底的な排除を行うべく司法組織の改革を行った。集権的な司法組織の背景にあるこのような歴史的文脈を有しない近代日本が、そうした制度をどのように・参照・継受したのか、これが本書第二編の課題となる。

［注］

（1）J.-P. Machelon, La République contre les libertés ?, Paris, 1976, p.92.

（2）J.-P. Machelon, L'épuration républicaine, La loi du 30 août 1883, dans Association Française pour l'Histoire de la Justice, *L'épuration de la magistrature de la Révolution à la Libération : 150 ans d'histoire judiciaire*, Paris, 1993, p.100.

（3）本編第三章第一節三中のゴブレ発言参照。

（4）Machelon, supra note 2, p.85.

（5）江藤价泰「フランスにおける司法官職高等評議会について——裁判官の独立との関連において」『木川統一郎博士古稀祝賀　民

事裁判の充実と促進』判例タイムズ社（一九九四）一七二頁。
（6）Machelon, supra note 1. p.84.
（7）江藤前掲注（5）論文一七三頁から引用。
（8）サリアンデクレについての以下の叙述については、Machelon, supra note 1. pp.86-89.
（9）これらの試みのその後については、江藤前掲注（5）論文一七四～一七五頁を参照。同論文によれば、これらが現在のフランスの裁判官制度の礎石となっているとされる。

第二編　近代日本の司法省と裁判官

第一章　裁判官の身分保障と司法省――明治三〇年代の「老朽裁判官」淘汰

第一節　問題の設定――一八九〇年裁判所構成法における司法行政事務運営方式の二面性

序論で述べたように、明治憲法下の司法制度の構造的特質の重要な特徴の一つは、人事権・監督権を含む司法行政権が、司法省＝司法大臣によって掌握されていたことにある。そして、その下部機関としての合議裁判所の長＝司法行政管理職と一般の実務裁判官との間に官等の差違が設けられていた。この構造のもとで、裁判所構成法における司法行政監督上の上下関係が階層的なヒエラルヒーに転化し、次第に組織の官僚制化が進行することとなる。この点について、次の二点が重要である。

第一に、司法管理職と実務裁判官との間の官等上の差別である。裁判所構成法においては、合議裁判所の長、区裁判所の判事または監督判事が司法行政上の監督機関であり、司法管理職として実務裁判官に対して、注意訓令諭告処分をなし得る立場に置かれている。こうした監督上の上下関係は、司法管理職が官等上優位に立つことによって、階層的なヒエラルヒーに転化する。[1]　一八九〇（明治二三）年の判事検事官等俸給令以後一貫して、司法管理職である大審院長・控訴院長・地方裁判所長はそれぞれの裁判所内部で官等は最も高く、しかも、控訴院長は大審院の多くの実務裁判官よりも官等が高く、地裁所長は、控訴院の実務裁判官よりも官等は高く規定されていた。こうした規定は、裁判官の間に、裁判官としての能力や経験の差違の故にではなく、司法行政監督官としての命令権を有するが故に上位に立つという、組織の官僚制化を助長する。

第二に、さらにこうした傾向は、司法管理職である長が、裁判実務から離れ、司法行政事務に専念するようになることによって、一層進展する。オットー・ルドルフが述べているように、各裁判所の長は、司法行政の機関としての資格と判事としての資格の二重の立場に置かれ、前者においてはその上官の命令に従わなければならないが、後者の立場では、一切の干渉を拒まなければならない、「かくの如く裁判所長の義務の間に矛盾の発生することのあり得る以上は、裁判所長も部長としての判事の職務を執行するのに与らしめるのが適当である」。ルドルフは、裁判所長としての地位が判事の公平と独立に影響を及ぼす危険性を指摘し、それを防ぐために司法管理職が裁判実務につくべきことを主張している。ルドルフの主張にもかかわらず、早くも明治三〇年代初頭には、後述検討のように『日本弁護士協会録事』に掲載されている諸論考は、司法管理職の裁判実務からの遊離を問題としている。

近代国家の成立の出発点から裁判官が集権的な国家組織の中に組込まれていた裁判官および裁判所は、国民から超越した存在として、天皇制秩序の擁護者として位置づけられることになった。そして、裁判所・裁判官は、天皇制秩序を擁護し、政府の行う諸政策を国民の抵抗を排して推進するための膨大な治安立法の円滑な運用を担うものとして、人権の抑圧に一定の役割を果たすこととなったのである。しかしながら、そうした役割が、憲法の司法権規定や一八九〇（明治二三）年裁判所構成法の規定にあからさまに反するような裁判所・裁判官に対する統制や干渉によって、果たされたわけではない。明治二〇年代においては、一八九一（明治二四）年大津事件に代表されるような政府によるむき出しの裁判干渉が行われる一方で、そのような裁判干渉あるいは裁判官の身分保障を規定した憲法・裁判所構成法を明白に無視した裁判官に対する人事統制が行われるたびに、政府と裁判所との間に確執が生じた。そのため、政府は、政府と裁判所の間に政治的な確執をもたらすような危険性のない裁判所・裁判官統制の体系を構築しなければならなくなったのである。上述したような裁判官・裁判所の役割は、そのような体系の構築によって可能になったと考えられる。

こうした裁判所・裁判官統制体系は、これまでの研究によって明らかにされているように、明治四〇年代以降の帝国主義段階における組織的な社会運動を弾圧するための治安政策の展開とともに構築されるのである。政府は、資本主義の矛盾の激化に伴う社会主義運動・労働運動をはじめとする社会運動の展開に即応した新たな治安政策的観点に立って、刑事手続政策を展開することを必要とした。そして、政府は、前述したような裁判官僚組織を前提として、司法行政の枢要の地位に検察官僚を配することによって司法大臣―司法行政管理職＝検察官僚出身者による司法行政権を通じての裁判所の掌握を図ったのである。(7) こうして、帝国主義期固有の治安政策的観点に立った刑事手続政策を、強力に裁判所・裁判官に貫徹させることが可能となり、司法行政または司法官会同等を通じて個々の裁判官の裁判権の行使にこのような政策が反映されるような統制体系が構築されていくのである。(8) この統制体系は、自由民権期(9)や大津事件に見られたようなむき出しの政府による裁判干渉とは段階を異にし、裁判所・裁判官自体が自ら積極的に政府の動向に順応することを促すもの(10)であった点が注意されなければならない。

ところで、このような裁判所・裁判官統制体系が成立しえた条件としては、次の二つが考えられる。第一に、前述したように裁判官僚組織が成立し、裁判官集団内部に司法行政管理職の一般実務裁判官に対する優位が確立し、裁判官集団内部に同じ裁判官としての同質性が喪失させられていたこと（官僚制化の問題）、第二に、司法大臣―司法行政管理職の司法行政上の命令系統の肥大化によって、少なくとも裁判事務の運営について認められていた各裁判所の裁判官による自律的な運営が損なわれていたこと（裁判官の自律性喪失の問題）、である。この二つは表裏の関係にあることはいうまでもない。

裁判所構成法は、一八七七年のドイツ裁判所構成法を母法として継受されたものである。(11) このドイツの裁判所構成法は、基本的には、司法行政を通じての「司法部の官僚制化＝垂直的支配化の運動」と「裁判官による自治＝水平化運動」[12]との間の緊張・対立・妥協を通じて形成されてきた。そのため、同法は、司法大臣に人事権と監督権を含む強大な司法行政権限を与え、その下部機関として各合議裁判所の長を司法行政管理職とし、司法大臣―司法行政管理職という司法行政上の命令系統を定める一方で、各裁判所における裁判事務の運営については、裁判官の合議体である「分科会」に委ねていたとされる。合議裁判所における部の構成員と裁判事務の分配などの裁判所における裁判事務の運営を裁判官の合議体に委ねるか、それとも、司法大臣―各合議裁判所の長＝司法管理職の命令系統によって決定するかという問題は、配属人事の組み合わせによって判決を左右する点で、非常に大きな意味をもっている。そのためドイツ裁判所構成法の制定時には、これに関して激しい対立が生じ、結局妥協的に、議長としての所長と各部長とその裁判所内の上席裁判官によって構成される「分科会（幹部会）」によって部の構成員と裁判事務の分配が決定されることになったとされる。そのため、裁判所構成法制定後も、この「分科会（幹部会）」の廃止と、その権限の司法省―裁判所の長の命令系統への移譲が執拗に目指された[13]。

これに対して、日本の裁判所構成法制定までの裁判事務運営に関する制度の変遷は以下の通りである。

一八七二（明治五）年の司法職務定制以来、一八七五（明治八）年司法省職制章程、一八七七年同改正においては、司法行政事務は、基本的に直接司法卿＝司法省が行うものとされていた。一八八〇（明治一三）年司法省職制並事務章程は、司法卿につき「部下ノ官員ヲ統率シ兼テ判事ヲ監督シ主管百般ノ事務ヲ幹理ス」るものとしていたが、この「主管百般ノ事務」＝司法行政事務の具体的な分担委任の方法は、明文によって規定されていなかった。現実には、一八八六（明治一九）年三月三日司法省請議が「従前控訴裁判所ニ属スヘキ行政事務ハ会計ヲ始トシ総テ司法本省ニ於テ処弁シ分担委任セシメサル慣例ニ有之候」[14]と述べていることからわかるように、司法省が直接各裁判所の司法行政事務を行っていた。

しかし、基本的に司法省が司法行政事務全般につき処分を行うことは、「諸般ノ行政事務細大トナク決ヲ本省ニ仰キ百事牽制ヲ免カレサルヲ以テ其事務疎通敏捷ナラサル（前掲司法省請議―筆者注）」弊害を生み出すことになった。そのために、一八八六（明治一九）年五月四日の裁判所官制によって、司法大臣―大審院長―控訴院長―始審裁判所長という系列の司法行政上の司法管理職系統を定め（第二四条）、それぞれに管轄下諸裁判所の監督権を与えた（第二五条）。裁判所官制は、第四六条において、大審院に「総会議」を設け、先例変更の際以外に、司法大臣の諮問に応じて司法制度に関する意見の提出を行う際に開会を認めた。こうした裁判所内の合議体を、同年司法省令丙八号裁判所庶務規程は拡張し[15]、一定の範囲の司法行政事務につき独任制官庁である裁判所の長ではなく、治安裁判所を除く各合議裁判所の裁判官全員が参加しうる「裁判官総会議」に委ねることを定めた。そして、この「裁判官総会議」につき細かく次のように規定した。まず「裁判官総会議」は「其庁ノ行政事務ニ関シ」て開かれるものであり（第八条）、そこでは、庁内執務規則の設定変更に関する事項、庁内雇員取締規則の制定、裁判区画変更に関する意見の司法大臣への陳述、法律規則執行に関する事項の議決、司法大臣から諮問された法律の草案について意見を陳述すること、裁判所附属吏員の組合が提出した意見の審査が行われることになっていた（第九条）。控訴院「総会議」は、「前年八月ヨリ其年ノ七月迄一年間所轄裁判所ノ執リタル裁判事務ノ成蹟ニ関スル検事長ノ報告ヲ聴キ匡正スヘキ弊害アレハ相当ノ処分ヲ評決」するものとされていた（第一一条）。控訴院・始審裁判所においては、「其庁翌年中各裁判官ノ分課代理ノ順序及開廷ノ日割ヲ予定スル」ために「総会議」が開催される（第一二条）。この制度改正は、「欧州各国ノ制ニ参照（前掲司法省請議―筆者注）」の下に立案された。

以上の日本の裁判事務運営に各裁判所の合議体が関与する制度は、結果的には、当時のヨーロッパにおける伝統的な裁判官の「自治」と司法行政を通じての官僚制化との間の対立・妥協の産物としての司法行政に関する構造を継受することとなった。一方では、司法大臣―各裁判所の長＝司法管理職という司法行政系統の確立、他方では、一定の範囲内での裁判官の合議体による司法行政事務の処理という構造を日本の司法制度にもたらすことになったのである。ただし、裁判所官制では、検事は、裁判事務についての監督を別にして、「司法ノ行政ニ関スル事項ニ付監督ノ職務」を行うものとされていた（第二七・二八条）。そして、裁判所庶務規程においては、始審裁判所上席検事は当該裁判所及び所轄の治安裁判所の「前一箇年間取扱ヒタル事務ノ挙否及其弊害ヲ匡正」する方法を控訴院検事長に具申し、控訴院検事長は、「裁判官総会議」に出席し、管内裁判所の「裁判事務ノ成蹟ニ関スル」報告を行い、「前一箇年間取扱ヒタル事務ノ挙否及其弊害ヲ匡正」する方法を「演説」するものとされていた（第八・一一・三八・三九条）。検事もまた裁判事務の執務状況について一定の監督を行うものとされていたことには、フランスの検察制度の影響が見られるだろう（後述第二節三参照）。

このようにして、裁判所官制において、裁判官の合議体による裁判事務運営の制度が導入され、一八九〇（明治二三）年裁判所構成法はそれを引継ぎ、さらに、ドイツの裁判所構成法を継受することによって、このような一方における司法行政権限の司法大臣への付与、他方における裁判官の合議体による裁判事務運営という、二面的な構造をもつことになった。具体的には以下の通りである。

合議制官庁としての裁判所に委ねられた司法行政事務について定めた同法第二二条によれば、各地方裁判所における事務の分配、部長部員の配置・代理は、司法大臣の定めた通則にしたがって、裁判所長・部長・部の上席判事一人によって構成される会議（「分科会＝Präsidium」）での合議によって決められる。この規定は同法第三六条によって控訴院にも適用される。大審院については、同法第四五条によって、事務の分配・代理については、大審院長が部長と協議によって決めるとされているが、地方裁判所と同様に「分科会」で決めるように解釈するのが首尾一貫しているとされていた。

「分科会」規定は全裁判官の構成ではなく、また予審判事が除外されている点で限界があることは否定できない。しかし、この規定が、ドイツにおいては、司法省―各裁判所長官・長―局長・部長―判事という一元的な支配を目指す政府側と、官僚制的支配関係を司法部から排除し部の構成員と事務の配分を裁判官全員の会議（裁判官による自治）で決めようとするリベラル派との間の対立の結果、その妥協として置かれたものであることに注意すべきであろう。[19]また、ドイツにおいては、「分科会」の構成は長・部長・当該裁判所の上席判事であったが、日本においては長・部長・各部の上席判事であり、ドイツよりも構成員が拡大している。この「分科会」の構成について、裁判所官制・裁判所庶務規程が当該裁判所の裁判官全員が参加しうる会議によって構成されていたのに対して、裁判所構成法の「分科会」は、長と部長と各部の上席判事であるという点で後退していることは否定できない。司法大臣の人事権との関連でこうした裁判官の合議体にかかわる制度として、退職については、同法第七四条によって、判事が身体・精神の衰弱により執務不可能となったことと、控訴院または大審院の総会の決議を経ていることとを要件として、司法大臣に退職命令を出すこととした点は重要である。もっとも、この規定はルドルフがその註釈において述べているように、自ら退職を申し出た判事の退職についても総会の決議が必要であるかどうかが曖昧な条文である。したがって、司法省が何らかの政治的圧力ないしは懐柔策によって当該判事に退職を促し、形式的には自らの意思によって退職を申し出た場合に、総会の決議が不要であるとすれば、身分保障は事実上形骸化されうる。実際司法省は、一八九三（明治二六）年、同法第七四条に定める身体もしくは精神の衰弱による判事に対する司法大臣の退職命令に必要とされる大審院・控訴院の総会決議は、当該判事の請願による退職の場合には経る必要がない、と解釈し、大量の判事を退職させたのである。この退職処分については、一八九四（明治二七）年に衆議院に質問書が提出され、これらの処分の不自然さが指摘されている。[20]裁判所官制との大きな違いとして、裁判所構成法は、前述したような裁判所官制の規定する、検事による裁判事務執務状況の一般的監督規定を設けなかったことが指摘されよう。

裁判所構成法を以上のような当時の西欧の制度に由来する二面的な構造をもつものとしてとらえるとき、裁判所官制・裁判所構成法は、はじめて裁判所・裁判官にとって裁判事務の自律的運営を行いうる制度的基礎を与えたという点で画期的なものであったといえる。裁判事務そのものに対して、自由民権期に見られるようなあからさまな統制・干渉を政府が行うことは、裁判官の身分保障とともに、制度上困難になったことは否定できない。裁判官の側からいうと、司法行政上の司法大臣の権限を通じて行われる裁判所・裁判官統制をできるだけ抑制し、少なくとも裁判事務の運営については自己の自律的な運営を行いうる制度的基礎を得たのである。とすれば、政府が前述した明治四〇年代以降の裁判所・裁判官統制の体系を構築するためには、裁判所構成法の運用において、各裁判所における裁判事務に関する裁判官の合議体による自律的運営の比重を可能な限り小さくし、司法大臣―司法行政管理職の司法行政上の命令系統による運営の比重を高めていくことを、どれだけの「正当性」あるいは「説得力」をもたせて行いうるか、ということである。

以下では、この問題を明らかにするために、次の点を検討することとする。第一は、明治三〇年代初頭の「老朽裁判官」問題を契機として、司法省・検事局・在野法曹たちは、裁判所・裁判官の行う司法行政事務・裁判事務に対してどのような批判を展開したのか、である。第二は、そうした状況下で、司法大臣―各裁判所の長＝司法行政管理職を通じて、裁判所・裁判官の監督・統制を強化することが、どのように「正当化」されたのか、である。

第二節　司法省および検事局の裁判所・裁判官統制強化論

一　一八九八年の老朽裁判官淘汰処分の実施[21]

裁判所構成法施行後一〇年もたたない明治三〇年代前半に早くも裁判所・裁判官監督の強化が司法省によって打

ち出された直接の契機となったのは、「老朽裁判官」淘汰問題である。そこで、まずこの問題について簡単にふれておこう。

裁判官の採用について、一定の知識能力を備えたものを試験によって選考し任用することが制度化されたのは、一八八五（明治一八）年の判事登用試験をはじめとする。近代的法知識を有する専門家を養成することを目的とした政府による法学教育は、一八七一（明治四）年の明法寮設置に始まるが、より体系的に取り組まれたものとしては、明治一〇年代においては、司法省法学校正則科[22]、東京大学法学部[23]、司法省法学校速成科[24]の三つを柱としている。このように、専門的な近代的法学教育の歴史は裁判所構成法施行時において僅か一〇年余りに過ぎず、専門的な法知識を有するものは少なかったのである。大審院判事の人事構成を分析した楠精一郎の研究によれば、大審院判事のうち司法省法学校正則科・速成科、東京大学あるいは帝国大学の出身者は、一八九二（明治二五）年一月段階では三一名中六名、一八九七（明治三〇）年一月段階で二九名中一一名にすぎなかったことが明らかにされている[25]。

このように、近代的法学教育の歴史の浅さによって、裁判官の中に、専門的な法知識を有するものが少なかったことは、明治憲法の制定時にも、裁判官の身分保障に関する規定（大日本帝国憲法五八条二項にあたる）についての枢密院審議でも問題とされた。すなわち、この規定について、一八八八（明治二一）年七月四日の第二読会では、現状においては、多くの裁判官は試験を経て採用されたものではなく、「学術ノ基礎」を有さないものである、したがって、憲法によって強固な身分保障を与えれば、「不学ノ裁判官ノ為ニ後進ノ発達ヲ妨ケ実際ニ差支ヘヲ生セランカ」という質問がなされている[26]。このときの山田顕義司法大臣の答弁は、当時の三等以上の裁判官はなるほど試験を経ないものが多いが、四等については半分が、五等以下については七、八割は試験任用されたものによって占められている、一部の問題によって憲法の大義を揺るがせにすることはできないというものであった。しかしながら、裁判所構成法施行後一〇年近く経つにもかかわらず、試験任用された裁判官と、政治的功績などによって裁判官に採用されたものとの交替は進まなかった。そして、司法管理職を中心として、試験任用されていない、専門的知識を欠いた裁判官（いわゆる「老朽裁判官」）が滞留する現象が見られた。

司法省は、「老朽裁判官」淘汰のために、一八九三（明治二六）年頃から、裁判所構成法の規定を拡大解釈しながら、退職処分や、退職を促すための転所処分を行った(27)。すなわち、同法第七四条に定める身体もしくは精神の衰弱による判事に対する司法大臣の退職命令に必要とされる大審院・控訴院の総会決議は、当該判事の請願による退職の場合には経る必要がない、と解釈し、大量の判事を退職させた。また、一八九四年には大審院判事千谷敏徳を、一八九六年には甲府地方裁判所判事別所別を、同法第七三条「第七十四条及第七十五条ノ場合ヲ除ク外判事ハ刑法ノ宣告又ハ懲戒ノ処分ニ由ルニ非サレハ其ノ意ニ反シテ転官転所停職免職又ハ減俸セラルルコトナシ。但シ予備判事タルトキ及補欠ノ必要ナル場合ニ於テ転所ヲ命セラルルハ此ノ限ニ在ラス」という規定の例外を許す但書を広義に解釈することによって本人の意思に反する転所を命令している。この「補欠ノ必要ナル場合」を、広義、狭義いずれに解釈するかによって、司法大臣の人事権、および裁判官の身分保障の強弱に影響を及ぼすことはいうまでもない。つまり、判事の死亡、依願免官、懲戒処分などによって欠員が生じたときで、補充員を募集しても補充員を見出すことができず、放置すれば裁判所の裁判事務に著しい害を及ぼすときに初めて意に反する転所を司法大臣は命じることができる、と狭義に解するときには、司法大臣の人事権はかなりの制約を受ける。しかしながら、裁判所に欠員が生じ司法大臣が必要と認めたときには欠員の生じた理由の如何を問わず、転所を認めるというように広義に解釈すれば、司法大臣の行為によって生じた欠員を、他所の裁判官によって順次補欠していくことが可能となり、裁判官の身分保障は実質上弱められることになる。実際、千谷事件では、それによって事実上の左遷を行っている。しかしながら、明治二〇年代においては、裁判所の側の抵抗が強く、「老朽裁判官」の退職、意に反する転所などの人事統制はそうたやすくはなかった。たとえば、別所事件では、司法省の裁判所構成法第七三条の解釈につき、大審院の懲戒裁判所は狭義に解すべきことを判決している。(28)

そこで司法省は、判事の休職ないしは退職処分を行う際に、できるだけ裁判所構成法の定める身分保障規定に抵触しないよう配慮しつつ淘汰を行った。(29)まず、一八九八（明治三一）年六月二〇日の勅令一二二号によって、各級裁判所毎に定員を定めていた判事検事官等俸給令の改正を行い、大審院・控訴院・地方裁判所の各部長の定員を「通シテ八八人ヲ以テ定員トス」とし、また判事についても各級裁判所を「通シテ一〇九九人ト」(30)した。そのことによって、司法大臣が休職命令を出すときに経なければならないとされる控訴院・大審院の総会に司法省の意向に反することがないと思われる判事を送り込むことによって、総会での多数を制することができることになった。したがって、これから行う判事の休職処分に対する障がいを取り除くことが可能となったのである。そして、六月二八日には、大審院部長・判事、控訴院長、控訴院検事長クラス一五名の休退職処分が行われた。これをはじめとして、同年一〇月から翌年三月にかけて大量の休退職処分が行われたのである。(31)

以上の処分は、初めての政党内閣である隈板内閣成立直前に行われたこと、その処分の立案・実行の中心が山県有朋系の官僚であった清浦奎吾・横田国臣・高木豊三らであったことなどからみて、政党系弁護士の裁判官採用を通じての政党勢力の裁判所への浸透を防ぐための一環としてとらえられる(32)が、本書において問題なのは、こうした「老朽裁判官」問題を契機として噴出した裁判所・裁判官に対する批判とともに出された裁判所・裁判官監督強化論である。次にこの点を検討しよう。

二　「司法大臣演説案(33)」

以上に述べた老朽裁判官問題を契機として、司法省は、裁判所・裁判官の監督の強化を打ち出すのであるが、それをどのように正当化したのであろうか。ここでは、この点を一八九八（明治三一）年の「司法大臣演説案」によって検討しておこう。この「演説案」は、当時民刑局長であった倉富勇三郎によって作成されたものである。倉富は、一八七九（明治一二）年に司法省に入り、その後一八九一（明治二四）年一一月には司法省参事官、続いて、一八九八（明治三一）年六月から司法省民刑局長となっている(34)。こうした司法行政の中枢の地位にあり、「老朽裁判官」問題についての実務面での中心的立場にあった(35)倉富によって書かれた「演説案」は、当時の司法省の考え方を示すものとして重要であると考えられる(36)。

「演説案」は六個の項目から成り立っており、以下、順にその内容を紹介しておこう。

①「司法事務ノ刷新ヲ完クスルコト」　判事検事の進退については法律によって一般の行政官吏と同一の取扱いをできないことは当然であるが、「怠惰ハ安全ヨリヨリ《ママ》萌シ腐敗ハ沈滞ヨリ生」じるから、「監督官タル者時ニ之ヲ変通シ其刷新ヲ図」らなければ「司法官ノ地位ヲ安全ナラシムルノ利ハ却テ其弊ニ若カサルノ結果ヲ」生むだろう。このことは、司法制度確立前の弊害を引きずって「判事検事ノ学識技能其職務ト称ハサルモノアル今日」なおさらである。前司法大臣（大東義徹）は「判事検事ノ退罷選抜」を行おうとしたが、内閣更迭のため終了せず中止となったままである。現在は、刷新処分の是非得失を論じる段階ではなく、監督官たるものは「精密ニ判事検事ノ能否ヲ甄別シ速ニ本大臣ヲシテ刷新ノ目的ヲ達セシムヘキ方案ヲ提出セラルヘシ」、ただし、「其方案」が適法でかつ妥当なものであることが望ましい、同年六月の判事検事俸給令の改正も、刷新処分が適法に行われるように配慮したものであることを了解されたい。

②「経費ヲ節約スルコト」　判事検事に有能なものを選ぶためには、給与などの点で待遇を厚くするしかないが、現在の財政状況ではそれも不可能である。したがって減員を行った上で、その補闕は行わず、減員によって生じた余剰分を有能者の待遇改善に用いる方法をとらざるをえない。そのために、判事検事の担当事件数の標準を設定し

直す必要がある。

③「事務ノ淹滞ヲ防クコト」　判事の職務は法律により行うものであり、「他ノ容喙ヲ許サヽル所」があるけれども、「其独立ハ或ル範囲内ニ止マリ絶対無限ノモノニ非ス、就中監督官タル者各判事ヲ督励シ訴訟事件ノ淹滞ナカラシムルハ、監督上ノ最要事」である。訴訟事件の延滞は、最悪の場合人身の自由の侵害につながり、最小でも財産の損失を招かざるを得ない。その意味では行政上の事務の延滞よりも弊害は大きい。たとえば、刑事事件について見ても一年以上被告人が未決監に収容されている例は枚挙にいとま無く、ひどい例になると三年四年五年の間未決拘留を受けている例が見られる。その原因を司法官にのみ帰することはできないが、しかし監督官である諸君が適当な方法を図り、司法官の増員ではなく、事務の迅速な処理のための具体的方策を各地の状況に応じて講じることが求められる。

④「部下ノ監督ヲ厳ニスルコト」　瀆職者が頻出する現状は極めて遺憾である、「非行アル者ニ対シテハ法規ノ命スル所ニ従ヒテ仮借ナク懲戒ヲ加ヘ一般ノ部員ヲシテ廉恥心ヲ養成セシムルコト」が必要である。

⑤「能否ヲ甄別スルコト」　各監督官の配下にある裁判官の「能否ヲ甄別」することは、司法事務の刷新が急務の現在だけに必要とされるというものではなく、平素から重要である。各裁判官の能力についての監督をおろそかにする場合には、有能者がその能力を発揮することを妨げ、逆に無能者の犯す誤りを覆い隠すことになる。その結果、有能者が「絶望シテ怠惰ニ陥ルノ結果」となる、監督官は今後いっそう部下の能力の掌握に勤めることが必要である。

⑥「法典施行ノ準備ヲ為スコト」　民法典などの実施を控え、部下をして各法案の研究を行わせ、施行後の準備を行わせることが必要である。

ここで示されている問題点は、大きく二つに区分される。一つは、司法大臣の司法行政上の下部機関としての独任制官庁である各裁判所の長＝司法行政管理職に与えられた権限に関する問題である。すなわち、各裁判官の裁判事務の執務状況に関する一般的監督、それを基にして行われる各裁判官の能力の判定とそれを基礎にした昇進・栄転に関する司法大臣への上申といった問題である。この「演説案」は、この問題につき、各裁判所の長が、裁判官の裁判事務執務の状況・能力・適性などについて十分な把握をしておらず、そのため、裁判官の身分保障の点からの是非得失を論じるいとまが無いほどの緊急性をもった裁判官としての学識と能力を備えていない裁判官達の処理が放置されていること、裁判官としての学識能力以前に当然備えているはずの「廉潔」さを欠如した裁判官の存在という裁判官の質の低下が見られること、有能者をその能力にふさわしい地位に付けていないこと、裁判事務が停滞していることなどが指摘されているのである。

もう一つの問題として、裁判事務の運営につき、長・各部長・各部の上席判事の合議制官庁である「分科会」に委ねられていた権限にかかわる問題である。[37] すなわち、裁判事務の適切な分配が行われないことによって生じる裁判事務の停滞、各裁判官の能力に応じた部長・部員の配置が行われていないこと、などが指摘されている。

そもそもこれらの二つの問題について考えると、両者はその改善について密接な関係をもっている。まず、裁判事務の停滞についていえば、司法行政管理職である各裁判所の長が、各裁判官の裁判事務執務状況について厳正に監督する一方で、「分科会」において各部の事務配分を適切なものにするような方針が具体化されなければならない。また、能力に応じた部長・部員の配置についてみれば、長が裁判事務執務状況に基づく各裁判官の能力を判定する一方で、それに基づいて「分科会」で適切な部長・部員の配置を決定しなければならない。とすれば、ここに列挙されている諸問題は、司法行政管理職としての長が、司法大臣の下部機関としての機能を十分に果たしていないことと同時に、裁判所「分科会」もまた、十分に機能していなかったことをうかがわせるものであろう。

では、こうした問題点を司法省はどういう方向で解決しようとしたのであろうか。前述したように、これらの問題は、司法行政管理職としての各裁判所の長の権限と、構成員について限定されていたとはいえ裁判官の合議体である「分科会」の権限との接点にある。すなわち、問題の解決を前者に力点を置くか、後者に力点を置くかによって、司法省と裁判所・裁判官との関係を大きく変える問題でありうる。「演説案」は、これらの問題の解決を、各裁判所が「分科会」なりで自律的に問題解決の具対策を考案し司法省に対して積極的に提示することを求めたのではない。むしろ、司法省は、司法行政の機関としての各裁判所の長＝司法管理職を通じての各裁判官の監督の強化に、これらの問題の解決を求めたのである。

裁判所構成法は、裁判官である各裁判所の長を司法行政上の司法大臣の下部機関とし、各裁判所における具体的な裁判事務の運営について裁判官の合議体である「分科会」に委ねた。しかしながら、明治三〇年代初頭においては、司法省は、そのどちらも十分な機能を果たしておらず、むしろ弊害が生じているものとして現状を認識としていた。そして、裁判事務の延滞についての部分に典型的にあらわれているように、当時の裁判所・裁判官の「怠惰」、「腐敗」による裁判所運営・裁判事務運営の「沈滞」を招いているということが強調され、それが司法大臣の司法行政上の下部機関である司法行政管理職による裁判官監督の強化を正当化するものとして利用されているのである。

次に検討する検事局の改革意見は、司法省と同じ現状認識に立ちながら、裁判所構成法が司法行政事務について、そもそも裁判官である各裁判所の長に委ねたことを問題とし、現状の打開を、検事への司法行政事務全般の移譲と裁判所における裁判事務執務の一般的状況の監督を行わせるべきであると主張する。次にこの点を検討しよう。

三　『裁判所構成法ニ関スル意見』[38]に見る検事局による裁判所・裁判官統制強化論

同史料において検事局は、裁判所の長を含めて、そもそも裁判官に各司法行政事務を委ねていることが、司法行政事務の停滞と腐敗をもたらしていることを強く主張している。

その最たるものとして、執達吏の裁判官による監督について紹介しておこう。秋田地方裁判所検事正は次のように述べている。現在見られる執達吏の弊害は、裁判長による監督が単純に過ぎるからであり、むしろ「検事カ諸種ノ機関ニ拠リ陰ニ陽ニ其取締ヲ為スハ極メテ便益アルノミナラス其執行権ニ隷属スル官吏タル点ヨリ見ルモ検事ヲシテ監督セシムルハ条理ニ適スルモノ」である、と主張する[39]。同じような視点から、高知地方裁判所検事正は、「現行法ノ如ク裁判官タル控訴院長ニ行政政務タル文武官任免ノ権ヲ委任スルカ如キハ行政政務ノ遂ニ半身不随ニ陥ルヘキ虞ナシトセス」とし、したがって執達吏の任補権は検事長に与えるのが至当である、としている[40]。

この執達吏監督事務に代表される裁判所が行う司法行政事務の検事局への移管の主張は、当然、次の高知地方裁判所検事局の主張[41]するような、司法行政事務一般の検事局への移管の主張にまで発展する。

独立不羈ノ官憲タル裁判官ニ由リテ行政政務ヲ行ハントスル已ニ其規矩ヲ失シ軌道ヲ逸シタルヲ覚ユ竊カニ惟フ現行法ニ於テ裁判官ニ行政ノ事務ヲ委任スル所以ノモノハ之ヲ以テ彼ノ放縦不羈ヲ拘束センカ為メナルヘシト雖モ多年ノ実歴上反テ行政事務ノ委任ヲ利用シテ朋党□縁シ弊習牢トシテ抜クヘカラサルニ至リタル掩フ可ラサル事実ナレハ、裁判所構成法ノ改正ヲ機トシ判事ハ単ニ裁判ヲノミ司ルノ官憲トシ検事ニ委任スルニ司法行政ノ全権ヲ以テセハ庶幾クハ上下疎通シ気脈一貫シテ行政機関ノ半身不随ヲ来ササルコトヲ得ヘキ乎（急速に裁判官から司法行政権を収奪することは不利であるので漸次的に──筆者注）其委任ヲ鮮卸スルノ方針ヲ採ルト同時ニ、政府ト裁判官トノ交通ハ一ニ検事ニ依ルノ制トナスカ如キ、又第百四十一条（司法行政上の事項についての裁判所・検事局の意見陳述権―筆者注）ヲ拡充シテ裁判所ノ意見ハ検事ノ要求ニ依リ検事ニ由リテ之ヲ発表スルコトト為シ勉メテ法律解釈ノ統一ヲ図ルカ如キ（改正等が考えられる―筆者注）

すなわち、独立した裁判官に司法行政事務を行わせてきたが、実際の経験から考えると、行政事務の委任を利用して、情実人事を行ったりして、弊害が大きい、したがって、徐々に司法行政事務を裁判官から取り上げ、検事に移管し、司法行政の全権を担わせるようにすれば、司法大臣以下、上下一貫して司法行政事務の統制を行うことができ、行政機関の「半身不随」を防ぐことができる、と主張しているのである。このように司法行政事務を裁判官に委ねている制度の下においては、その執務状況について充分な監督が行われず、したがって、それに伴う弊害が大きいことが、実際の経験のもとに指摘され、検事局への司法行政事務全般の移管が要求されているのである。

検事局の意見は、単に司法行政事務の移管だけにとどまらず、さらにそれを含めた検事の職務権限そのものの拡大をも要求する。

この点について、大阪控訴院検事長は次のように主張している。すなわち、検事は、これまで「裁判所ニ属シ又ハ之ニ関ル司法及行政事務ニ付公益ノ代表者トシテ其職務ニ適当ナル事務ヲ取扱フコトヲ得サルハ疑ヲ容レサル所」であり、現行第六条によれば、検事は「監督事務」を行うに過ぎなかった。そのため、「其職権ノ有無及範囲ハ法律ノ明定ヲ要スルモノノ如ク見ヘ甚タ狭隘ニ失」していた。したがって、「検事ハ公益ノ代表者タル職務ニ適当ナル事務ト認ムル以上ハ法律ノ明定ヲ要セス之ヲ行フコトヲ得ヘキ旨ノ規定ヲ必要トス」と主張するのである。(42)現在の監督事務がすべて法律の規定によることとなっているのを、法律の規定の有無にかかわりなく、公益の代表者として適当と思う事務を行い得るとしたのである。

また、大阪地方裁判所検事正は、次のように述べる(43)。

凡ソ官吏ノ職司ハ法令規定ノ範囲内ニ制限セラルルハ其常ナリト雖モ検事ハ国家ノ耳目公益ノ代表ニシテ其職責ヲ全クスルニハ到底法令ノ規定以内ニ跼促《ママ》ス可キモノニ在ラス故ニ汎ク適当ナル事務ヲ行フコトヲ得ルモノトセリ然レトモ検事其官権ヲ濫用シテ他ノ官権ヲ蹂躙スルカ如キコトアラハ亦秩序保維ノ方法ヲ得タルモノト言フ可ラス故ニ検事ノ法規以外ニ逸出ス可キ職権ハ只監察事務ニ止マルコトトセリ

（第六条の改正案として—筆者注）

検事ハ法令ニ規定シタル職務ノ外裁判所ニ属シ又ハ之ニ関スル司法及行政事項ニ付公益ノ代表者トシテ適当ナル監察事務ヲ行フ

すなわち、本来検事の職務は「国家ノ耳目」であり「公益ノ代表者」であり、その権限は法律にすべてを規定することは不可能である、ただ、権限の濫用を防ぐために、法律の規定に関係なく行使し得る権限として「監察事務」のみにとどめる、と主張されているのである(44)。

司法行政事務全般の検事局への移管の要求は、裁判所が司法行政事務を行うことによって実際に生じている弊害を前提にしているのであるが、これに対して検事職務そのものの拡張を要求する場合には、その要求の現実的な根拠が明らかではない。しかしながら、この検事職務の拡張の要求は「法律ノ施行」に関する監視をいう以上、個々の事件についての裁判事務については監視できないとしても、裁判官の裁判事務遂行の一般的状況を監視することを含んでいることは、以下のような明治初年以来の検察制度の導入の経過をふまえれば、充分に予想されるのではないかと思われる。

そもそも、日本の検察制度は、一八七二（明治五）年八月三日太政官無号達司法職務定制で、フランス型の検察制度を模倣して取り入れられた、とされている。(45) 司法職務定制は、検事の職務として、「検事ハ法憲及人民ノ権利ヲ保護シ良ヲ扶ケ悪ヲ除キ裁判ノ当否ヲ監スルノ職（第七章検事章程前文）」と規定すると同時に、「検事ハ裁判ヲ求ムルノ権アリテ（第七章第三一条）」として、検事が訴追官庁であることを規定した。そして、前者の「裁判ノ当否ヲ監ス」とされている点にこそ、検事が裁判所の上にあって司法全体を監督する機関（裁判官弁護士公証人の執務の監督）とされているフランス型といわれるゆえんがあるとされている。しかしこうした裁判官監督の機能は、一八七四（明治七）年に削除され、検事は捜査機関・公的訴追機関としての職務のみを担うものとされた。以後、フランスから継受した治罪法のもとでの犯罪捜査・公的訴追機能は維持しながらも、フランスの検察機関を特徴づける政府の耳目、法律の番人としての司法監督機能を欠いていたまま、一八八六（明治一九）年の裁判所官制の制定に至った。裁判所官制においては、前述したように、検事に、裁判官の行う裁判事務執務状況の監視を行わせることになった。しかし裁判所構成法は、再び、こうした権限を検事に与えることを否定したのである。

裁判所構成法の起草者の一人であったルドルフの同法第六条に関する註釈(46)からも明白であるように、裁判所構成法は、「裁判所に関する検事の司法上の監督」機能を検事に対して与えていない。ルドルフは、この第六条第一項について、検事は刑事関係については、公訴の準備、法律の正当な適用の請求、判決の執行の監視を行い、民事関係については、「主として民事訴訟法に依って定めることであって、民事訴訟法は第四十二条に於て、主としてフランス法の模範に従って規定を設けて居るのである。併し乍ら民事事件に於ける検事の行動は、独り民事訴訟法の領域のみに制限されるものではなく、禁治産手続とか、失踪の宣告であるとか、乃至はまた婚姻事件に於ける手続」にも予定されている、と述べている。そして、司法および行政事件における監督事務については、次のように述べている。「此の行動も主として此の方向に於て理解する必要がある。此の規定は積極的には全然何事をも規定するものではない。何となれば此の規定は公益を代表すると云ふ検事の職権の範囲内に属する業務を定めるであらう所の、無名の法律に関するものであるからである。されば是等の法文の字句からして、裁判所に関する検事の司法上の監督を演繹することは全然出来ない。司法上の監督は第百三十五条以下に於て別様に規律されて居るからである」。この註釈の末尾にあるように、裁判所構成法では、ドイツの検察のように主要な職務を刑事事件における公的訴追機能と判決の執行の監視に置いているとされる。

しかしながら、日本の検察制度が、裁判所・裁判官監督機関として出発し、さらにフランス法の影響が強かったことから、一八七四（明治七）年以後、検事からこの機能を剥奪した後にも、検事に裁判所・裁判官監督機能をもたせることが必要であるという説は根強く残ったようである。すなわち、検事に裁判所・裁判官監督権限を与えるフランスの法制が、裁判所構成法施行後も影響力があったことは、裁判所構成法制定時に出版された注釈書からもわかる。そこには、裁判所構成法第六条検事職務に、検事による裁判所・裁判官監督を読み込んでいるものがあるからである。その代表的なものとして、尾立維孝の手になる注釈書[47]を紹介しておこう。

彼は、同法第六条の「司法及行政事件ニ付公益ノ代表者トシテ法律上其ノ職権ニ属スル監督事務」について、次のように解説している[48]。そもそも、裁判官に「神聖不羈ノ体面」をもたせようとするためには、「行政ノ機務」に参与させるべきではない。なぜなら行政はその性質において政府の指揮に従わざるを得ないからである。したがって、法律は検事局に「司法行政庁ノ地位ヲ指定シ国家ノ代表者トシテ法憲ヲ持シ公益ヲ護スルノ任」に当たらせたのである。その監督権は広く、「凡邦家ノ秩序ヲ整正シ公安ヲ保全スル所ノ者」すべてがここに含まれるが、濫用を防ぐために、裁判所で執行する法律に関する事項の外を越えることはできないとされているのである。その監督方法は、法律で明文化されていないが、自己の検事局、司法警察官、代言人に対しては直接の監督を行うが、他（裁判官）については、「間接ニ諸般ノ現象ニ対シテ無形上ノ視察ヲ行」うことで監督する。監督内容については、第一に、法律の施行の監督である。第二に、「聴断」の監視である。すなわち、「司法権ノ独立」とは、裁判官の「放任妄為スル」ことを許すことではない。個々の事件についての判決に干渉することはできないが、裁判官が「法憲ニ恭順ナルヤ否ヤ」は将に政府が監視すべき所であり、それはまさしく「司法大臣ニ全国裁判所ヲ監督スルノ権限」を与えている理由である。「政府ノ耳目」である検事は「其分憂ノ責ニ任セラルヘカラ」ざるものである。ここで尾立は、フランスの例を引き、フランスでは、裁判官欠員のときには、検事は候補者選定につき裁判所長に候補を出す。そのために常に検事は裁判官の能力の有無、素行、勤務態度、思想などにつき評定して司法大臣に報告する、と述べている。第三に、裁判所に附属する公吏（書記・執達吏等）代言人を監督することであるが、日本の場合は、公吏の監督は裁判所長、区裁判所監督判事に委ねられている。ここでも、フランスではすべて検事の監督下にあることを付記している。第四に、裁判官の総会議に出席して意見を述べるなどの「裁判所内部ノ正整及帳簿ノ整理保存ヲ視察」する。以上のように第六条を解釈し、裁判所・裁判官に対する間接の監督権限（とくに「聴断ノ監視」）があることを強調したのち、司法行政に関する事項が裁判官にも与えられていることを批判し、それをできるだけ狭く解釈しようとしている。すなわち、司法行政権には、判事検事の人事権、試補書記の任免権、予審判事の選命、裁判所検事局の執務規則の制定、司法事務の施行の監視、司法官の監督などが含まれ、裁判所構成法においては、司法大臣にその監督権限が与えられている。そもそも検事は司法大臣の「使任」であるのでその機関として行政事務を執るのは当然の職分である。しかしこの法律では、裁判官も司法大臣の行う司法行政権の下部機関の一つとされ、裁判官の「体面ヲ損スル」危険性をもっている。にもかかわらず、こうした規定が置かれたのは、すべての行政事務を検事に委ねると、判事の一挙一動を検事が監視することになり、裁判事務の独立に悪影響を及ぼすから一、二の事務を裁判官に委ねることになったのである。しかしながら、裁判官の監督権は部下の判事の進退行状の監督あるいは裁判事務取扱に密接な事項にのみとどめるべきである。さもなければ、判事の首班である監督判事・地裁所長・控訴院長・大審院長は行政事務の施行に関して、常に政府の監督を受け、ついには司法の独立を危機に至らしめるであろう。したがって執達吏、公証人、登記官吏、会計官吏、廷丁の監督は検事に委ねるべきである、とされるのである。

このように、裁判所構成法第六条の規定から、裁判所・裁判官の監督（それが直接的なものではなく間接的なものであったにしろ）を導き出してくる注釈書が存在していたことは、この明治三〇年代初頭の検事局に本文で述べたような意見が出てくることの素地となっていたと思われる。さらにいえば、検事局にしてみれば、裁判所の行う司法行政事務の弊害を理由に裁判所の行う裁判事務執務状況一般の監視を導き出すことは、前述したように[49]、一八八六（明治一九）年裁判所官制・裁判所庶務規程が検事に裁判所の行う裁判事務の執務状況一般の監視を行わせていたことから、当然の帰結であったといえよう。

このような検事局の裁判所構成法改正意見は、裁判官自体が司法行政事務を行うことの弊害、裁判官に対する不信、そして、検事による裁判所・裁判官に対する監督を行うことの正当化、という論理から成り立っている。前述した司法省と同じく、裁判官である裁判所の長が行うものとされていた司法行政事務が十分に運営されていない状況を出発点としていることが注意されなければならない。そして、さらに検事局は、裁判官の行う裁判事務の執務状況一般についての監視を含む、司法行政事務一般の検事局への移管をも主張したのである。

以上のように、「老朽裁判官」の滞留をはじめとする各裁判所における裁判官の不適当な配置、裁判事務の非能率的な運営による裁判事務の停滞といった問題の早急な解決が、条約改正、法典の実施がなされたこの時期においては緊急の課題とされた。こうした課題の実現にあたって、司法省・検事局はいずれも、問題の原因を、裁判所・裁判官によって裁判所の運営が適切になされていないことに求めた。すなわち、司法省は、裁判所構成法上「司法権の独立」との関係で微妙な問題であったこれらの諸問題の解決を、司法大臣の司法行政上の下部機関としての長を通じての監督の強化に求めたのである。「老朽裁判官」淘汰処分は、こうした論理にしたがって、司法省の主導によって行われたのである。一方、検事局は、司法行政管理職であるとはいえそもそも裁判官である各裁判所の長に対して司法行政事務を委ねること自体を廃止し、司法大臣の手足としての検事にすべてを移管し、さらに裁判官の裁判事務の執務状況一般についての監督までも要求したのである。

それでは、以上の司法省および検事局の論理は、在野法曹によってどのように受け入れられたのであろうか。また、在野法曹自身は当時の裁判所に関する諸問題についてどのように考え、改革の方向をどこに求めたのか。次にこの点を検討したいと思う。

第三節　『日本弁護士協会録事』に見る裁判所・裁判官統制強化論

本節では、一八九七（明治三〇）年二月に創立された日本弁護士協会が同年七月以降毎月刊行した機関誌『日本弁護士協会録事』に掲載された司法制度に関する録事[50]および論説を検討したいと思う。同協会は「全国弁護士の同士を以て組織」され、「会員の親交を保維し司法制度の発達法律応用の適正を図るを以て目的とす」るものであり[51]、この「司法制度の発達法律応用の適正」に関してその時々に問題がある場合には、評議員会が開催され、そこで決定されたことで「現行法令ノ改正若クハ官庁ノ慣行改良ニ亘ルモノ」については「帝国議会若クハ政府ニ対シ適宜ノ運動ヲ為ス」こととされていた[52]。

日本弁護士協会は、全国の在野法曹の組織であり、そこで議論されていることは、有力な在野法曹の意見を反映している点で、司法制度に関するかれらの有力な考え方を知る上で有益である。さらに、その評議員の顔ぶれ[53]を見ると、後に在野法曹の代表として政府の諸法律立案に携わった者も少なくなく、さらに、司法省の枢要をしめる者も多く見られる。その意味では、後の司法政策の展開との関連で、この時期の在野法曹の司法制度改革についての議論を検討することは意義深いものと思われる。と同時に、当時の裁判官との法廷での接触から得た経験を土台にした改革論議を検討することによって、逆に当時の裁判官の問題を知る上で格好の材料となる。

本章では、こうした日本弁護士協会の明治三〇年代前半の司法制度に対する現状認識、すなわちどのような点に弊害を見ていたのか、およびその弊害をどのような方向で改革していこうとするのか、を明らかにし、それを前章で検討した司法省と検事局の議論と比較したいと思う。

一　「老朽裁判官」問題

在野法曹の司法制度改革の議論の出発点もまた「老朽裁判官」問題である。『録事』各号の巻末には、「雑報」欄が設けてあり、いわば法曹界の情報・噂話が無署名で掲載されているが、その中には、近代的法知識のない、しかも現行法の条文すら理解していない判事検事の事例が、各地の弁護士達の体験談として数多く紹介されている。在野法曹の多くは自らが体験したこうした裁判官の存在を前提にして、こうした老朽裁判官の淘汰こそが現在の司法制度改革の急務であることを主張しているのである。その例を一つだけ掲げておこう(54)。

大に其材能学識あるの士人を求め、苟も薦むるに足るあるを見れは、大審院控訴院等、其器に従て、其位置を授くるに躊躇せさるの決意を以て生ける政治を施すにあらされは、我司法部の意気は竟に銷沈し去て、他日或は邦家の面目を支持するに苦むの日なきを保する能はさるなりこのように、「老朽裁判官」の存在を批判し、かれらの淘汰を行い「学識ある士人」をもって入れ替えることを主張することは、司法制度改革を論じる各論説の枕詞のようになっている。

在野法曹達は、こうした専門的法知識を欠く裁判官達によって行われる裁判が、人びとの権利を蹂躙する結果となっていることを主張すると同時に、かれら「老朽裁判官」達の淘汰を強く要求したのである。しかしながら、裁判官の処分については、裁判官を終身官とし、罷免されない権利を与えている憲法および裁判所構成法の規定がある以上、裁判官の身分保障と鋭く対立する。結局、一八九八（明治三一）年に司法省によって行われる裁判官の大量淘汰処分の強行に対して、在野法曹達は、司法権の独立を多少侵害することになっても、やむを得ないという判断を下すことになる。なぜそのような結論に至ったのかを検討することによって、この淘汰処分前後の在野法曹が、司法制度の抱える諸問題の打開をどのように行おうとしていたのかを検討することにしたい。

二　司法省の位置づけ

在野法曹達は、当時の司法制度の諸問題と司法大臣＝司法省およびその裁判所監督権をどのような関連づけで見ていたであろうか。

まず、彼らに見られる論調の一つとして、現在の司法権の低調を司法大臣＝司法省の不振に原因を求める論調がある。たとえば、江木衷は、「司法ノ行政ハ実ニ誤解サレタル司法独立テフ空漠タル名義ノ下ニ依然其権限ヲ」ようやく維持してきてはいるが、各省割拠の現在においては他省から無視される弱小なものに過ぎず、「絶海ノ孤島ト称スル」のがふさわしい状態である。そのため有力な大臣を得ることができず、したがって充分な予算の獲得もできず「職員ノ俸給益々卑フシテ有為ノ人材日ニ乏シキヲ告ゲ少数優給ノ制廃セラレテ多数薄給ノ弊」を作り上げてきた、と主張する。(55) この江木の議論に代表されるように、司法大臣に有力な人物を得ることができないため、予算の獲得もできず、そのために司法官の待遇を改善することによって有能な人材を司法部に集めることもできず、老朽者の処分を行うこともできなかった、とする論調はかなり見られる(56)。

さらに、司法大臣に有能かつ有力な人物を得ることができなかったということに加えて、現状の司法部低調の原因を、司法省の裁判所監督怠慢に求める論調も存在した。たとえば、三好退蔵は、当時、数多くの司法行政事務によって、控訴院長検事長は本来の職務である判事検事の職務を執らないことが多い、そのために、「控訴院長、検事長ニシテ自ラ裁判事務ニ従事セサルモノハ、蓋シ其裁判所ノ法廷ハ如何ナル有様ナリヤヲ知ルコト」ができない状態にある、このような現状下において彼らは、「何ニ由テ判事、検事ノ能否ヲ鑑別スルコトヲ得ンヤ、又何ニ由テ一般ノ事務ヲ指揮監督スルコトヲ得ンヤ宜ナル哉、上ハ司法大臣ニ向テ司法行政ノ不振ヲ直言抗議スルコト能ハス、下ハ判事検事ニ対シテ不適当不十分ノ行為ヲ督責訓令スルコト能ハス、成ルヲ下僚ニ仰クノ失体ニ陥ルモノアルヤ」と主張する。すなわち、控訴院長、検事長達は、自らが裁判事務ないしは検察事務に携わらないことによって、配下の判事検事達を充分に監督することができない状況にある、と述べるのである。さらに、このような弊害をもたらしている控訴院長検事長の裁判事務怠慢に対して、司法大臣は、何らの訓令処分もなしていないとすれば、「司法大臣ハ大権ノ委任ヲ受ケタル国家重要ノ司法行政ノ監督ヲ等閑ニ付シ職務ヲ曠廃シタルニハアラサル乎」、こうした控訴院長検事長の裁判事務怠慢による部下の不掌握によって生じた人民の自由権利の蹂躙の事例が多く見られることの責任は司法大臣にある、と三好は主張するのである(57)。

同じような主張が、石山弥平によって、次のように主張されている(58)。すなわち、裁判所構成法第一三六条に規定している司法行政監督官による注意・訓令・諭告処分は今まで利用されていない、さらにまた控訴院長検事長による管轄地域巡回が、裁判事務を行わない長によって行われているために、裁判事務の巧拙利弊のわからない長によって行われている、したがって監督が充分に行われない、と。

以上は、少なくとも裁判所構成法上に規定されている司法大臣の司法行政上の監督権の強化に関する議論であるが、さらに進んで、「老朽裁判官」達の裁判事務遂行上の法令解釈上の疑問に答えるという形で、司法省による指導を是認しようとする論調もある。すなわち、一八九九（明治三二）年六月七日の評議員第二一例会での「司法省ニ於テ裁判所ニ対シ法令ノ解釈ニ関スル内訓ヲ発セザル様本会ヨリ建議スルノ件」(59)に見られる議論である。

この議案は要するに、各裁判所から提出されるおびただしい数の法律命令の解釈・疑義についての質問が司法省によせられ、それに対して、主に民刑局が一々回答を与えることが慣例になっていることを批判し、その改善を求めるものである。その理由は、「法律ノ発達ヲ阻害シ司法官ノ頭ヲ行政官ガ左右スルト云フコトニ陥ルノデアリマシテ如何ニ立派ナ法律ガアリマシテモ誠ニ価値ノナイコトニナル、殊ニ司法官ノ独立ト云フモノヲソレガ為ニ失フコトガ其結果トシテ往々生ズル」ためである。現状では、「此内訓ヲ見ルコトハ法律ヲ見ルヨリモ重イノデアリマス、法律ハ何トアラウトモドウ云フ反対論ガアラウトモ先ヅ内訓ニ依ラナケレバナラヌト云フコトニ其勢力ガ及ンデ居ルノデアリ」、現状を放置すれば、法律の解釈が歪められ、「司法官吏ノ頭ヲ腐ラス」ことになる(60)、と主張されている。

しかしここでも、現状における裁判官達の無能力を補う内訓制度が存在することはやむを得ないとする議論(61)がある。

さらにもっと積極的に、内訓制度のおかげで「滑稽ジミタ問ヲ為シテ」ようやく「裁判事務ヲ僅カニ処理スル判事等」が、この制度を廃止した場合、いったいどのようにして裁判事務を処理していくのかを考えると、「誠ニ危険デ甚ダ寒心スベキ事柄ガ起リハシナイカト云フ恐レヲ持ッテ」いる、と述べ、「公益ヲ救フ道トシテ司法省民刑局ガ受身ニ成テ問ヲ受ケタ場合ニ答ヘルト云フ一事ハ保存」しても構わないと主張する議論も出てきている。この議論によれば、さらに、この制度があるのを幸いに、内訓の実態を統計処理して、それによって「司法官ノ当時ノ状態、即チ彼等ガ如何ナル知識ヲ貯ヘテ裁判事務ヲ取扱ヒツツアルカヲ調査シ、能否ヲ鑑別スル材料ニ供シ之ヲ以テ淘汰ヲ行フ標準ニ供シマシタナラバ、大ニ裁判事務ヲ刷新シテ司法官ノ淘汰ヲ行フ便宜」を得られるであろう、とさえ述べている[62]。

この件では、内訓制度廃止に対する賛成意見が優勢であった。しかし、反対論として、司法省の裁判事務についての指導性を認める議論があり、しかも、賛成論者の方の議論の立て方を見ると、司法権の独立という観点から、内訓制度の廃止によって、裁判事務遂行にあたっての裁判官の自律性を育てるのに有意義であるという議論の立て方と同時に、廃止によって裁判官の無能力が暴かれ、そのことが淘汰を容易にするという議論が併存していることに注目する必要があろう[63]。さらに、上述の議論は、賛成論も反対論も、当時の裁判官達が、自ら進んで司法省に対して法令の解釈についての質問を行っていること、その意味では、裁判官としての存在を自ら否定している状況を前提にして議論されていることに注意されなければならない。

以上の議論は、当時の諸問題を、司法省が主導権を発揮することによって、すなわち、司法省に与えられている司法行政監督権限の活用によって各裁判官に対する監督を強化し、また、内訓制度の存続によって司法省による裁判官の行う裁判事務の指導を引続き行うことによって打開しようとするという方向である。すなわち、そこに見られる司法大臣像というのは、「官制ノ上ニ於テ各裁判所及検事局ヲ監督スルノ権」をもち、「各個ノ事件ニ対シ大臣ノ意思ヲ注入セントスルカ如キハ法規許サス事実亦能ハサル処ナリト雖モ、裁判所ト社会トノ関係ヲ考査シ、法官一般ノ気習型風ヲ如何ナル方面ニ導キ、其趨向ヲ何レニ向ハシムヘキカ」を決定する「指導者」[64]であった、といえよう。

これに対抗する議論として、一行政機関としての司法省ではなく、少なくとも制度上は各裁判所における裁判事務の運営について一定の自律性が認められている専門家集団としての裁判官に、改革の主導権を求める議論がありうるはずである。しかしながら、在野法曹達は、裁判所・裁判官集団に対して、そうした制度的に認められた自律性に期待することなく、逆に、司法大臣のもつ司法行政監督権の強化によって問題の打開を図ろうとしたのである。この点を、司法省の存廃についての議論を中心に見ることにしたい。

三　「司法省ヲ廃止スルノ件」

当時の在野法曹の中に有力なものとして存在していた、司法大臣の司法行政上の監督権の強化によって問題の打開を図ろうとする議論を知ることができるものとして、一八九八（明治三一）年四・五月の評議員会第八・九例会で論議された「第十議題　司法省ヲ廃止スルノ件」(65)がある。この提出者は、岡村輝彦と朝倉外茂鐵の二人である。まず提案者の意見から見てみよう。

提案者である朝倉は、司法省を廃止すべき理由として、司法省が果たしてきた歴史的使命、すなわち、司法制度と法典法律が未整備の時代に行ってきた立法および法律規則解釈といった権限は、憲法の制定以後全く取り除かれた、現在残っている司法省の事務は各裁判所・検事局の監督、検察事務の指揮、その他の司法行政事務にしかすぎない、しかも、各裁判所検事局の監督および判事検事の人事権を司法大臣に委ねることは有害である、したがって、このように縮小された司法省は廃止してしまって、その職務の一部は大審院・検事局等に委ねるかあるいは内閣に委ねるべきである、と主張する(66)。同じく提案者である岡村は、朝倉の主張に加えて、検察事務は検事総長に委ねること、判事の監督および人事権は内閣の一員である司法大臣に委ねれば政党の関係から判事の独立に害を及ぼす可能性があり、大審院長に委ねるべきである、と主張する(67)。

以上の提案者の趣旨説明の後、論議が行われたのであるが、廃止賛成者の方は、司法大臣の裁判官監督・人事権が司法権の独立に関して有害であることを強調し、廃止反対者の方は、司法省を司法権拡張のために不可欠のものであることを強調する、という形で議論が進んだ。

そこで、廃止反対者の方の議論を見てみると、まず、磯部四郎は、司法省を廃止したとしても、その行ってきた職務そのものが無くなるわけではなく、いずれかの役所に委ねなければならず、また、司法大臣の裁判官の人事権も、罷免については行われておらず、「判事ヲ出世サセル方ダケガ」行われているにすぎないと主張する。(68) さらに、大審院長に裁判官の監督・人事権を与えればよいという提案については、次のように反論する。

仮リニ之ヲ発論者ノ言ハレル如ク大審院長ニ持タセンカ、全国ノ裁判所ハ悉ク大審院ノ隷属ニナッテ仕舞アウト、思ヒマス、(各裁判所について言えば—筆者注) 各裁判所悉ク独立ノ一ノ法衙ニシタイ (中略—筆者注) 法律ノ施行上ト云フコトニ就テハ、地方裁判所ハ控訴院ノ鼻息ヲ窺フノ必要ハナイ、又タ控訴院ハ大審院ノ鼻息ヲ窺フノ必要ガナクシテ、即チ各部員ノ真ノ知識経験ヲ以テ事ニ当ッテ裁判ヲスルヤウナ団体ニシタイノデアリマス、(それを発案者のように大審院に裁判官監督・人事権を与えるのは—筆者注) 全国ノ判事ヲシテ皆挙グテ大審院長ノ鼻息ヲ窺ハセルコトニナリマス

このように、大審院長に裁判官の監督・人事権を与えることの危険性を指摘した上で、磯部は司法省を、次のように位置づける。(69)

私ノ考ニ依ルト司法省ト云フモノハ、此司法官全体ノ独立ヲ担保スル大官衙タランコトヲ欲スルノデアリマス

司法省ト云フモノハ全ク各裁判所ヲ独立ノ地位ニ置キ、甲裁判所カ乙裁判所ヲ支配スルコトナク、其各官衙

ヲ大統スル役署ト為シ、而シテ法律ノ適用ニ就テハ決シテ喙ヲ容レサセス、随テ今司法省ニ在ル民刑局ノヤウナモノヲ廃シテ仕舞フトカ、或ハ判事ノ黜陟ノ事ニ就テハ、先ヅ第一審裁判所ノ裁判官ヲ進退スルニハ控訴院ノ許可ヲ要スルトカ、検事長ニ協議ノ上成立タナケレバナラヌトカ云フヤウナ事柄ハ、悉ク之ヲ廃シテ仕舞タシ、之ヲ要スルニ司法省ハ最モ上ニ在リテ、総テノ判事ヤ検事ト云フモノヲ総括シテ、而シテ内閣ガ何ント交渉シテ来ヤウガ、誰ガ何ント運動シテ来ヤウガ、司法機関ノ運転ニ就テ他ヨリ喙ヲ容レルコトノ出来ナイト云フ省ニシテ置キタイト云フ考ヲ持テ居ルノデアリマス

磯部によれば、司法省は、各裁判所が互いに独立して法律の適用を行い、上級裁判所と下級裁判所とを支配従属関係に陥らないようにするために必要不可欠の機関であり、そして他の行政諸機関からの裁判所に対する干渉を排除する、すなわち「司法官全体ノ独立ヲ担保スル大官衙」として位置づけられているのである。(70)したがって、当時裁判官からの法律の適用についての質問に対する回答を出すことを主な仕事にしていた司法省民刑局の廃止、裁判所構成法第七四条で必要とされている判事退職の際の控訴院総会の決議の制度の廃止を主張するのである。それは、上級裁判所による下級裁判所の支配につながるからであるとされていた。

さらに、このような磯部の議論は、現状の裁判所に対する不信感によって裏打ちされている。

此大審院ガ裁判事務ダケノ事柄ニ就テモ充分ニ吾々ニ満足ヲ与ヘナイト云フ、其大審院ニ対ッテ尚ホ司法事務ヲ任カセテ、サウシテ全国ノ判事検事ヲ監督セシメルト云フヤウナコトニナッタナラバ、愈々大審院ト云フモノハ俗々タル俗物役所ニナッテ仕舞ッテ、法律ノ適用ノ機関ヲ監督スル高等法院トハナルマイト思ヒマス

このように、磯部は、裁判事務の運営さえ満足にできない裁判所・裁判官に対して全く信用をおいていないのである。以上の理由によって磯部は司法省の廃止に反対し、むしろ「司法省ノ力ト云フモノヲ強メル必要」性を主張するのである。

司法省廃止反対を唱える井本常治[71]は、司法省について、より強化することを主張する。

今日ノ司法省ト云フモノハ、実ニ狭隘ナル職権ノ中ニアッテ、何ヲシテ居ルヤラ一向分ラス、分ラスノデアルカラ之ヲ拡張シテ是非トモ此司法ノ一省ハ斯ノ如キ法律上ノ知識（警察事務・監獄事務・法制局の行っている法案作成事務などを指す――筆者注）ニ於テ働クベキ最モ適当ナル人間ヲ寄セ集メテ、是等重要ノ仕事ヲ司ラシメ、司法大臣ハ之レヲ総轄シテ内閣ニ於ケル重要ナル椅子ヲ占ムル様ニスルノガ最モ必要デアラウト思ヒマス、即チ司法大臣ト云フモノハ、司法省ニ於テ決定シタ事ヲ、一面ニハ内閣ニ於テ其目的ヲ達セシムルコトニ勉メ、一面ニハ其行政事務ヲ総管スルト云フノガ国政経理ノ上ニ於テ、最重要デアラウト考ヘマス

すなわち、井本は、法律上の事項を司法省に集中させることによって、司法省は益々拡張させることが必要なのであって、「国ノ大本トナッテイル法律家ノ堅城タル」司法省の廃止には反対するのである。

また、信岡雄四郎[72]は井本と同様、司法省に法律関係事務を集中させることによって司法省の権限を拡大し、その拡大した事務を処理し司法権を他に対して強化するためには、有力な人間を大臣の椅子にすえることが必要であると主張する。なぜなら、現在必要とされている「司法ノ刷新」とは「老朽判検事ヲ淘汰スルコト」と「後進有為ノ士ニ沢山金ヲ遣ッテ之ヲ重ク用ユルコト」である、そして前者については、裁判所構成法第七五条の司法大臣の退職命令を利用しなければならないが、そのためには、「司法大臣ニ勢力ガナケレハ」不可能であるし、また後者に

ついては、司法官の給与を上げること、弁護士を判検事に登用する際に控訴院・大審院等の上級裁判所に登用することが必要である、このいずれについても予算の獲得が必要であり、内閣で最も勢力のある人間が大臣にならなければ、以上の刷新策は不可能となるからである、と主張する。

同じ趣旨から「第一二説」[73]は、「司法省ヲ存シテ司法大臣ヲ置クト云フコトハ、司法権ノ独立ヲ保ツト云フ点ニ就テ最モ必要テアル」と主張し、いわゆる「高野孟矩事件」[74]を引きながら、司法大臣に「しっかりシタ大臣」を得ていたならば、台湾の判官といえども終身官であり相当な理由がなければ罷免はされないという議論を内閣で説明し、事件がこじれることなくすぐに決着がついたであろう、と述べる。「第一四説」[75]も、わが国のように司法権の弱い国では、司法省を廃止して、司法大臣を内閣から除外すると、かえって「司法権ノ独立ヲ維持シ威信ヲ繋グ上ニ於テ甚タ不安心」である、と主張している。

つぎに、司法省廃止論のうち、まず、司法権の独立という観点からの廃止論者の議論について見ていこう。

「第四説」[76]は、憲法の精神として、大審院長が天皇に直隷して裁判権を行使する以上、「司法大臣ト云フ内閣員デ、行政官デアル者ガ邪魔ヲシテ司法権ト云フ光ヲ、此司法大臣ト云フ叢雲ガ掩フテ居ル」のを改めるのは当然の処置である、としている。

岡村は、司法省を司法権拡張のために不可欠のものとする議論に対して、次のように反論する。[77] すなわち、司法権の拡張というものは、司法大臣一人に任せればよいというものではなく、「国民一体ニ責任ノアルコト」であり、議会を通じて働きかけることこそが本筋である、と。また司法省廃止論の重要な論点は、司法省が「判事ヲ監督スル」ということの是非であり、それが、裁判官の独立を害するものであり、かつ憲法・裁判所構成法の精神に反していう以上、司法省は不要である。「始終独立ヲ保ツ公平正直ナル判事」を得たいという我々弁護士の希望と、司法省を存続させ、司法大臣が「自ラ権限ノ無イ所ヘ干渉シテ判事ヲ淘汰シ、又ハ進退監督スルト云フコト」とは両立しないことは明らかである、と主張されている。

「第一一説」[78]は、司法省が人事権をもっているために、「此独立タルヘキ所ノ裁判官ト云フモノガ行政官ニ腰ヲ折ッテソウシテ頻リニ御機嫌ヲ取ルト云フヤウナ弊」があること、さらに法律命令の解釈、法律の不備欠点その他について、裁判官から司法省に対して質問が出され、司法省がそれらに「内訓」という形で回答を下しているこど、これらは、「司法官ノ品位」を傷つけるものである、と主張している。

「第一三説」[79]も、憲法論から司法省の廃止を主張し、さらに、司法省のもつ人事権が、裁判官達に司法省の職員課長に対して媚びるといった弊害を生み出していることを主張している。

また「第一五説」[80]は、反対論者が司法制度刷新のために老朽裁判官淘汰が必要であり、そのためにも司法省が必要である、という議論を立てていることに反対し、裁判所構成法がある限り、司法大臣が裁判官を淘汰するなどということは不可能であり、また、それをあえて行うとすれば、「司法大臣ガ職権ト云フモノヲ濫用シテ裁判官ノ独立ヲ妨ケルコトニナラウ」と主張する。

別の観点として、「司法事務ノ革新」のために「判事ノ淘汰」が必要であるという認識から、司法省に裁判官監督を委ねていれば、老朽裁判官の淘汰は不可能である、という観点からの廃止賛成論がある。すなわち、「第九説」[81]は、今日まで淘汰が充分になされてこなかった罪を「司法省ノ存在」に求める。そして、裁判官の身分を保障する憲法・裁判所構成法がある以上、司法省の力によって淘汰できないということになるだろうが、「併ナガラ此法律ト云フモノハ、元来死物デゴザイマスカラシテ、之ヲ甘ク運用スル人ガアッタナラハ、幾ラモ手都合ガ付クデアラウト」思われ、まさに司法省による判事検事監督が甘かったからこそ、老朽裁判官問題が発生してきたのだとして次のように主張する。

今日司法省ト云フモノガ在ッテ、而シテ司法大臣ト云フモノハ前ニ申シマシタ通リ、誠ニ比較的国務大臣トシテ値打無キモノテアルカタメニ、判検事ニ対シテ監督ノ職権ヲ有ッテ居リナガラ、其監督ノ実ト云フモノハちっとも挙ッテ居ラヌ（中略―筆者注）夫レダケノ勢力ノ無イ人ガ監督ノ空名ヲ有ッテ居リマスカラシテ、終ニ此判検事ノ監督ト云フ事ガ却ッテ司法省ニ存セスシテ司法大臣カアルト云フタメニ此職権ト云フモノガ頽廃シテ仕舞ッテ、司法事務ノ刷新ト云フ事ガ茲ニ停滞シテ居ルト云フ有様デゴザイマス。

今此司法省ト云フモノヲ廃シテ仕舞ッテ、判検事ノ黜陟進退ノ権ヲ大審院長ノ手ニ移シ、若クハ上級裁判所ニ之ヲ任スト云フコトニナッタナラハ、即チ勢力無キ監督者ニ代ッテ勢力有ル監督者ガ出来ルノデアリマスカラ、今日最モ切要ヲ感スル所ノ判検事ノ淘汰、司法事務ノ刷新ト云フ事ハ却ッテ速ニ行ハレルダラウト信スルノデコサイマス。

この「第九説」の意見は、判事検事の監督権を与えられている司法省＝司法大臣に勢力のない人物がなっているために、その監督権は退廃している、ならばむしろ、判検事の人事権を大審院長か上級裁判所に移してしまえば、より実効性をもつ監督者を得ることができるであろう、そのことによって老朽裁判官の淘汰なり司法事務の刷新が可能となるであろう、というものであった。以上の理由によって、「第九説」は司法省の廃止を主張するのである。

以上見てきた司法省廃止論と廃止反対論をまとめておこう。

まず廃止論の方は、おもに憲法および裁判所構成法に保障している裁判官の身分保障は司法権の独立を維持するために必要であることを主張する。そして、現状について、司法大臣が裁判官の罷免権を除く人事権を掌握することによって、裁判官達が行政権に属する司法大臣ないし司法省の官僚に対して従属的な地位に立たされていることを批判するのである。

　これに対して廃止反対論の方は、司法省の存続こそがわが国における司法権の独立維持のために必要不可欠のものであり、むしろ司法省の権限の強化を主張する。磯部の議論に特徴的にあらわれているように、老朽裁判官の淘汰という課題の達成のためには、司法省の主導性こそが発揮されるべきであり、裁判官の自律に任せるべきではない、と主張するのである。すなわち、前述の磯部の議論にもあるように、大審院に司法行政権、裁判官の人事権を与えればよいという議論については、司法省に代わって、大審院が各裁判所の頂点となって、大審院長が各裁判官の支配を行うことになるだけである、として、こうした考えをしりぞけた。

　以上の議論の経過を見ると、廃止論者の議論は、司法権の独立という点で、正論であるにもかかわらず、評議員会では、わずか一名差で可決したにすぎない。評議員会が当時の代表的在野法曹から成り立っていることから考えると、司法省廃止の議論に対して必ずしも当時の在野法曹の圧倒的支持があったわけではないことがわかる。賛否両方の論者ともに、当時の裁判所のかかえる現実問題、すなわち「老朽裁判官」問題、司法権の脆弱性が深刻であることを認識していながら、その打開方法について、司法省廃止反対論者は、司法省の強化、およびその主導性によって現状の打開を図ろうとし、裁判官達の自律性に委ねることを拒絶した。

　一方、廃止論者のほうを見れば、結局司法権独立の理念を強調し、司法省に対して裁判官が従属的な地位にあることを批判するのであるが、果たして理念にしたがって裁判所の自律に任せて現状は打開できるのか、という点についてはなんら解答を出していない。そこに、裁判官の自律性になんら信頼を置いていない廃止反対論者の意見が拮抗する理由があった、と思われる。廃止論である「第九説」が、裁判官の人事権を裁判所そのものにわたすことを主張しているが、この議論さえ、裁判官の自律性を信頼しての議論ではなく、単に司法省のこれまでの監督が不十分であったからその代わりを裁判所の長に求めたにすぎないものであったことに、廃止論が当時の在野法曹にそれほどの説得力を与えなかった理由があらわれている。

四　「老朽裁判官」淘汰処分の実施[82]と日本弁護士協会

以上のように、現状の司法制度の諸問題、とくに「老朽裁判官」淘汰問題の解決を、司法省の主導性の発揮に求めようとする在野法曹の無視しがたい志向は、一八九八（明治三一）年に行われた、司法省による老朽裁判官淘汰処分への対応にもあらわれている。ここでは、この点につき検討を加えたい。

こうした司法省による大量の休職・退職処分に対して、引退を余儀なくされた裁判官達の不満を代弁するために、児島惟謙によるとされる「忠言書[83]」が同年七月二七日に大東義徹司法大臣（第一次大隈内閣）に提出された。その内容は、第一に、「駆け込み人事」批判である。この六月の休職退職処分は、日本初の政党内閣である隈板内閣成立の直前に行われた。その際、司法次官横田国臣およびその他秘書官参事官は、検事職の地位に横すべりした。この点を児島は批判したのである。第二に、こうした人事が横田の私党の昇進を伴っていたために、情実人事であると批判した。第三に、横田が退職処分を行うにあたり、大審院判事を一人ずつ官房に招き、個々の退職処分についての同意を求めたことは、協議を超えて、司法省による大審院判事への命令であり、違法な処分手続である、とする。第四に、横田が私党の情実人事のために、裁判所の定員を改正したことは、憲法に保障する裁判官の身分保障を空洞化するものである、と批判する。

このような「忠言書」が新聞に掲載されると、同年八月二〇日に日本弁護士協会は、これに反対する「司法官淘汰に関する意見書[84]」を決議し各方面に配布した。その主張するところは以下のとおりである。

「忠言書」の第一点については、横田が私心をもっていたかどうかは、処分そのものの是非によって決定されるものであり、「要ハ只黜陟セラレタル人物ノ当否如何ニ在ルノミ、斥ケラレタル者老朽ニシテ挙ケラレタル者俊材タラハ、仮令当局者ニ多少ノ野心ヲ包蔵セリトスルモ、結局司法革新ノ輿望ニ副ヘルモノトシテ其処分ヲ称セサルヘカラス」と反論する。第二点については、有能な人物の抜擢を行うことは当然のことであり、「抜擢セラレタル判検事ノ能否ヲ措テ問ハス、直ニ指シテ朋党比周ト為シ司法部ノ秩序ヲ紊ルモノナリ」と批判することは不可解である、と主張する。第三点については、批判するような協議が行われたかどうかについては不明であるが、もしそうした事実があったとしても、それが、協議の範囲を超えて命令にあたるとはいえない、もし命令であるならば、独立した裁判官たるものがそれをやすやすと受け入れるはずがない、こうした批判はかえって裁判官への侮辱となる、と述べる。第四点については、定員令はこれまで老朽者の淘汰を妨げていたものであることは歴然としている、もしこの改正によって情実人事が行われ無能者が任用され司法革新が妨げられるならともかく、「改正ノ結果老朽淘汰ニ便宜ヲ与ヘタリトセハ余輩ハ寧ロ其意外ノ好結果ヲ得タルヲ喜ハスンハアラサルナリ」と反論する。

二つの議論を比べると、まず、「忠言書」のほうは、なるほど、司法権の独立という理念の下に司法省による休退職処分の不当性を攻撃し、それが司法次官である横田の情実人事であることを批判している。しかしながら、では司法省の強引な介入を認めずに「老朽裁判官」問題を解決し得るか、その具対策についてはなんら解答を示しえていない。

これに対して、この日本弁護士協会の「意見書」は、司法省による大量の休職退職処分そのもののもつ危険性、すなわち、「忠言書」が指摘するような、裁判官の身分保障に対する司法省による侵害の問題については全く論じることなく、結果としての「老朽裁判官」淘汰を歓迎している。三で検討したような「老朽裁判官」問題をはじめとする当時の司法制度の諸問題改革を司法省の主導性に期待する議論とあわせてみれば、結局、日本弁護士協会は、裁判官に専門家的集団としての自律性の発揮としての自己淘汰を望めない以上、司法省の強行的な淘汰処分はやむを得ないものとして考えていたと見るしかないであろう。

以上に検討してきたところから、明治三〇年初頭、特に一八九八（明治三一）年から翌年にかけての大量の老朽裁判官淘汰が行われた前後の時期において、在野法曹は、司法制度改革を司法省の主導性により行われることを是認し、より積極的なものは、それを望んでいた。その主張によれば、当時の裁判官達の専門家集団としての権威が欠落し、彼らに対して内外の信頼のない状況、さらには、大審院長を頂点とする司法行政監督のための監督関係が昇進の体系に転化し、各裁判官がこのような裁判所組織内部においていかに昇進するかに腐心している状況[85]、さらに、肝心の裁判事務の運営さえ満足に行い得ない状況[86]においては、裁判官達の自律性に裁判所の運営を求めることは困難である、ということにあったといえよう。そして、ここにも、先に検討した司法省・検事局の議論に見られた論理と同じく、裁判官による裁判所の不適切な運営ということを前提にして、司法省による裁判所・裁判官監督の強化が導き出されているのである。

もちろん、『録事』の中には、前述した「司法省ヲ廃止スルノ件」「司法省ニ於テ裁判所ニ対シ法令ノ解釈ニ関スル内訓ヲ発セサル様本会ヨリ建議スルノ件」に見られたように、司法権の独立という理念から司法大臣の人事権・監督権の不当性を指摘する議論も存在し、また司法省による「老朽裁判官」の淘汰のもつ危険性を指摘する議論[87]がなかったわけではない。その後の歴史の展開を見れば、こうした危険性が現実のものとなったことはいうまでもない。にもかかわらず、当時の在野法曹が、こうした論理をもつに至ったのはなぜであろうか。

まず、当時の在野法曹の有力な層の多くは、かつて司法省在職者であったことが指摘されよう。このことを日本弁護士協会の評議員について見ておこう。代表的なものとして、三好退蔵（検事総長・大審院長）、磯部四郎（大審院検事・同判事）、山田喜之助（司法省参事官・大審院判事）、岸本辰雄（大審院判事）、菊池武夫（司法省民事局長）、江木衷[88]（司法省参事官）などが挙げられよう。いずれも、専門的な法学教育を受け、当時の裁判官と遜色の無い経歴をもっており、また実際に司法省ないしは裁判所・検事局に在職していたかれらが、当時の裁判官に対して厳しい見方をもっていたこと、それが、前述のような論理を生み出す背景となっていたことは否定し得ないであろう。

また、当時の在野法曹は、司法制度改革のための方策として、在野法曹の裁判官への任用、とくに、大審院・控訴院判事への登用による法曹一元を強く求めていた[89]。当時、「老朽裁判官」問題が存在し、一定の裁判官淘汰により裁判官不足が現実化し、それによって在野法曹が裁判官とくに大審院・控訴院判事に任用される可能性が高まっただけでなく、一八九八（明治三一）年の隈板内閣の成立に見られる政党内閣の実現によって、政党系の在野法曹を判事検事に登用する政治的条件が存在していた[90]。こうした時期においては、法曹一元の要求がいっそう強まったのである。こうした法曹一元の要求は、それ自体としては、天皇の官吏として官僚制組織に組み込まれ一般国民から超越した存在であった裁判官との水平化を要求することによって、国民と裁判所の間の障壁を取り除くという面で意義があることは事実である。しかし、そうした要求が、「在朝―在野」という枠組みの中での単なる利己的接近運動に堕する危険性は、常に潜在していた[91]。

以上の点から考えれば、当時の在野法曹が、「老朽裁判官」淘汰処分のもつ裁判官の身分保障に対する危険性、司法省による裁判所・裁判官監督の強化のもつ司法権の独立に対する危険性をあえて「無視」して、司法省・検事局に迎合するような論理を導き出してきたことは、前述したような権力への利己的接近運動に堕する危険性を常に内包していた在野法曹の限界を示すものであったともいえる。すなわち、「老朽裁判官」問題を契機として、裁判所構成法が一定の司法行政につき裁判所・裁判官の自律的な運営を認めたにもかかわらずそれが適切に運営されていないという問題が明らかになったとき、在野法曹は、裁判所構成法に規定されている裁判所による裁判事務の自律的な運営をどのようにすれば充実できるかという観点に立った改革の論理を導き出すことはなかった。本来ならば、裁判所の自律的運営を高めることによって、裁判所に対する政府の干渉を排することが、ひいては国民の人権保障につながるはずである。しかし、在野法曹は、裁判官による裁判所の不適切・非能率な運営が国民の人権抑圧をもたらしているという第二節で検討した司法省の議論にそのまま追随することによって、司法大臣の司法行政を通じた裁判所・裁判官監督の強化を軸にした改革という帰結を導き出したのである。

第四節　明治三〇年代の司法改革論議の帰結

裁判所構成法は、一方では、司法大臣の強力な司法行政権を規定し、その下部機関として、独任制官庁である各裁判所の長＝司法管理職を配置し、それらを通じて司法行政事務を行わせることを規定した。他方、同法は、各裁判所における裁判事務の運営にかかわる事務については、合議制官庁としての裁判官「分科会」を設け、それに委ねることによって、一定の範囲の司法行政事務を、裁判所・裁判官の自律性に委ねた。司法行政事務の処理に関するこのような制度の二面性が裁判所構成法の中に存在することは、裁判所構成法の母法である一八七七年ドイツ裁判所構成法が司法行政を通じての「司法部の官僚制化の運動」と伝統的な「裁判官による自治の運動」との間の鋭い対立と妥協を経て成立したという歴史的経緯(92)から見れば、当然であったといえよう。

しかしながら、裁判所構成法が実施されてから一〇年もたたないうちに、老朽裁判官問題を契機として、司法省による裁判所・裁判官監督強化論が司法省・検事局・在野法曹から打ち出されてきた。こうした議論がなぜこの時期に出てきたのであろうか。

まず司法省についていえば、この時期は、日本で初めての政党内閣である隈板内閣が成立した時期であることに注目しなければならない。明治二〇年代後半から隈板内閣成立時まで、司法次官と司法省内唯一の局である司法行政全般を掌握する中枢機関であった民刑局の長は、清浦奎吾・横田国臣・高木豊三といった山県有朋系の官僚によって占められていた。そして、「老朽裁判官」処分が、こうした政党内閣出現時に強行的に行われたのは、山県系の司法省が政党内閣成立を目前にしてその司法部への影響力浸透を恐れた結果であった[93]。さらに、隈板内閣崩壊後の第二次山県有朋内閣においては、文官任用令の改正に見られるように、政党勢力が権力内部に浸透することを防ぐ措置がとられたのである。こうした政治的背景のもとで前述の司法省の「演説案」を考えるとき、司法省による裁判所・裁判官監督を強化しようとする論理は、国民から超越していた裁判所を、よりいっそうの統制を通じて、天皇制を維持する法秩序の擁護者としての位置を固めようとするものであったといえよう。

また検事について見れば、この時期は、検事が捜査機関としてこれまで警察官に対して従属的な地位にあったのが、ようやく権限の強化が行われてくる時期である[94]。もともと、裁判官は公判において検事に迎合的な態度を示し、検事の主張をそのまま受け入れて判決を下すといった現象が見られたといわれている[95]。その上労働運動や社会主義運動に対する弾圧が課題となる（一九〇〇（明治三三）年治安警察法）に伴って、検察官僚が捜査権限の強化によって自己の基盤を確立するとともに、さらに前述のような裁判所・裁判官の監督者としての地位を要求するのは、当然であったといえよう。

また、在野法曹についていえば、「老朽裁判官」問題・政党内閣の出現によって、裁判官との水平化を実現し得る可能性が高まったということが注目される。このような時期において、在野法曹があえて裁判官の身分保障・独立を危険に陥らせる可能性をもった前述のような論理を展開したのは、そうした水平化の要求を抜きにしては考えられないのであり、またその点にかれらの限界が示されている、といえよう。

以上のような背景をもつ司法省・検事局・在野法曹の司法省による裁判所・裁判官監督の強化の論理について注意しなければならないのは、それぞれの議論がいずれも当時の政治的社会的状況に規定されたそれぞれの立場からのものであるにもかかわらず、一致して、司法行政管理職である裁判所の長を含めて裁判官による裁判所の運営が適切になされていないことを、その「正当化」の論拠としていたことである。すなわち、明治三〇年代初頭における司法省による裁判所・裁判官統制強化論は、明治二〇年代における裁判所構成法施行の経験のそれぞれの立場からの総括に基づいて出されてきたものであり、その論拠をほかならぬ裁判官自身による裁判事務を含めた裁判所の不適切・非能率な運営に求めたのである。ここに、明治四〇年代以降の裁判所・裁判官統制体系構築の前提となる、裁判所構成法に規定されている裁判官の合議体による裁判事務運営をできるだけ小さくし、司法大臣―司法行政管理職という司法行政上の命令系統の比重を高めることを「正当化」しようとする論理を見ることができるのである。

こうした議論に見られる論理がどこまで「正当性」と「説得力」をもち得たかは、当時の裁判官による裁判事務を含めた裁判所の運営の実態の検討なしには断言することはできない。しかしながら、「老朽裁判官」問題や『録事』の記事にあるような刑事事件における裁判事務の延滞に代表されるように、裁判官による裁判所の運営の不適切さあるいは非能率はある程度この時期の実態を反映していたことを全く否定することはできないのではないだろうか。もし、裁判官の側にそうした問題性があり、こうした議論が正当性をもち得たとするならば、明治四〇年代以降の裁判所・裁判官統制体系の構築において、裁判官の側の問題を検討していかなければならない。

第一節で述べたように一八九〇（明治二三）年裁判所構成法は、制度的に「司法の官僚制化」を起点とする司法大臣―裁判所の長という司法行政系統の制度化と「裁判官による自治」を起点とする一定の範囲での司法行政事務の裁判所・裁判官への委任とをその要素として含んでいた。しかし、ヨーロッパと異なって、近代日本においては、近代国家の成立直後から裁判官が官僚制の中に組込まれたという特質をもっていた。そのことと表裏一体のものとして、裁判官集団が法律家としての専門性あるいは共通の社会的階層（名望家）としての団体性（西欧においてはこうした団体性に根ざした自律性が政府にとって障害物となり得た）(96)をもたなかったという歴史的土壌が存在していた。そうした土壌の上に、制度的に前述のような二面性をもつ裁判所構成法が運用された場合、「裁判官による自治」を起点とする制度が裁判所・裁判官の自律性の欠如のゆえに制度本来の趣旨どおりに機能する基盤をもちえず、自律性の欠如がより一層の「官僚制化」を呼び込み、裁判所構成法の制度的二面性のうち司法大臣―裁判所の長という司法行政系統の肥大化をもたらすと同時に、それによって各裁判所における裁判事務の運営についてさえも代位されることが正当性をもって行われるという事態を生み出したのではなかろうか。そして、このような事態が、明治四〇年代以降の裁判所・裁判官統制のシステム構築の前提条件を形作ったのではないだろうか。

この点を、第一編で検討した、一九世紀末のフランスの司法改革論議と対照させれば、次のような点が指摘できよう。すなわち、一九世紀フランスの裁判官は、司法大臣＝司法省のもとで、ナポレオンの第一帝政以来垂直的な、集権的・階層的組織のもとに置かれていた。しかし同時に、社会的実態としては法的専門技術を共有する名望家的体質によって基礎づけられた一体性をもって、水平的な構造をもっていた。そうしたアンビバレントな構造が一九世紀末の司法組織改革によって崩壊し、裁判官は政府の「官吏 fonctionnaire」として純化され、垂直的な、集権的・階層的組織の中に統合されることになった。この改革では、最終的に司法大臣＝司法省による裁判官の体質「変革」の論理が貫徹した（本章で検討した明治期日本の司法省の位置づけはまさに同じ位相にある）。しかしながら他方で、そうした「変革」は、それが例外的なものであることにたえず注意が喚起された。すなわち、「官吏」として純化された場合の弊害、それはいわば、行政権である司法省の人事権を通じて裁判官の独立性が損なわれるという弊害、これに備えるための議論（司法大臣の任命権行使における裁量を法的に統制する制度論理の導入）を常に伴っていた。この点に、司法省の「指導性」のみが強調された日本との違いを見ることができる。

［注］

（1）上山安敏「ドイツ第二帝政期の権力構造――とくに社会史的視角からの寄与（四）」法学論叢八三―五（一九六八）五七頁以下参照。

（2）オットー・ルドルフについては、小柳春一郎「裁判所構成法原案起草者オットー・ルドルフについて」小柳春一郎・蕪山嚴『裁判所構成法（日本立法資料全集94）』信山社（二〇一〇）所収参照。

（3）ルドルフ「日本裁判所構成法註釈」『ルドルフ裁判所構成法註釈――並裁判所構成法議事速記録』司法資料二五九号、司法調査部（一九三九）一〇四頁。

（4）佐藤笁「戦前の日本社会と法律家（共同研究1）」潮見俊隆編『岩波講座現代法6現代の法律家』岩波書店（一九六六）五一頁。

（5）小田中聰樹『現代司法の構造と思想』日本評論社（一九七三）五頁以下。その他、家永三郎『司法権独立の歴史的考察』日本評論社（一九六七年増補版）、染野義信『近代的転換における裁判制度』勁草書房（一九八八）第一・第二編、佐藤前掲注（4）論文、清水誠「日本法律家論――戦前の法律家」同『時代に挑む法律学』日本評論社（一九九二）所収など参照。

（6）第二節一で後述する一八九四（明治二七）年千谷敏徳事件、一八九六（明治二九）年別所別事件、一八九七（明治三〇）年高野孟矩事件などが挙げられる。これらについては、楠精一郎『明治立憲制と司法官』慶応通信（一九八九）参照。

（7）この掌握は、明治三〇年代後半に入ってからの社会運動の展開に対処するにあたって、情報収集、証拠入手、身柄拘束のために、司法警察活動の枠としての強制捜査権限の拡大強化を検察官＝疑似司法官僚としての検察官に委ねるという形で始まった。裁判官ではなく検事が選ばれたのは、司法権独立の制肘を全く受けず、国家の治安政策的観点に基づく刑事手続政策をストレートに遂行することが可能であったからである。具体的な指標は、①捜査検察機関による承諾の名のもとでの強制的な被疑者取調・勾留・捜索・差押、②捜査機関作成の聴取書への証拠能力付与（明治三六年～）、③検察官僚の裁判官に対する司法行政上の優位の確立（明治四二年～）、④捜査機関としての検察機関の警察機関に対する地位の上昇（明治四二・三年～）である、とされる。同時に、司法省がその司法行政監督権限の範囲を超えて、裁判を一定の方向に規制しようとする動きが組織的に行われるようになる。すなわち、司法官会同における司法大臣およびその補助機関である司法省幹部の訓示・注意などである。以上、小田中聰樹『刑事訴訟法の歴史的分析』日本評論社（一九七六）一三頁以下参照。

（8）こうした個々の裁判官に対して、裁判権の行使にかかわるような内容をもつ様々な司法官会同などにおける司法大臣・大審院長などの訓示が抵抗なく受け入れられたことに関しては家永前掲注（5）書八頁以下参照。

（9）自由民権期の自由民権運動弾圧のための政府による裁判干渉の具体例については、手塚豊『自由民権裁判の研究』上・中・下巻慶応通信（一九八二―八三）、新井勉「明治前期における裁判干渉」日本法学七四―一（二〇〇八）参照。
（10）家永前掲注（5）書九頁及び五一頁以下。
（11）染野前掲注（5）書一四一頁以下参照。なお裁判所構成法の制定に関する研究状況については、小柳春一郎・蕪山嚴前掲注（2）書を参照。
（12）上山安敏『憲法社会史』日本評論社（一九七七）二八頁。
（13）上山前掲注（1）論文六四頁以下参照。
（14）内閣記録局編『法規分類大全第一四巻官職門⑸』原書房復刻版（一九七八）一九九頁。
（15）同上二〇二頁以下。
（16）これについては家永前掲注（5）書二四五頁以下参照。
（17）ルドルフ前掲注（3）書一〇一頁以下参照。
（18）ルドルフ前掲注（3）書一三九頁、家永前掲注（5）書二四五頁以下参照。
（19）上山前掲注（1）論文六四頁以下、同「近代ドイツの憲法状況と司法の構造9」法律時報四六―一（一九七四）五九頁。
（20）楠前掲注（6）七二頁以下参照。
（21）この「老朽裁判官」淘汰については楠前掲注（6）書一六五頁以下に詳細な分析がなされている。以下の淘汰処分に関する叙述はこの労作による。
（22）一八七六（明治九）年三月五日の法学生徒の募集・養成に関する司法省達により創設された。手塚豊『明治法学教育史の研究』慶応通信（一九八八年）四四頁以下及び本編第二章注（16）参照。なお、岩谷十郎「近代日本法史における『学識』判事の登場――第一回判事登用試験顚末」同『明治日本の法解釈と法律家』慶應義塾大学法学研究会（二〇一二）所収、末澤国彦「法制近代化と大審院人事構成――弄花事件にみる人事抗争」日本大学大学院法学研究年報二四（一九九四）参照。
（23）一八七七（明治一〇）年四月創設、一八七八（明治一一）年から卒業生を出す。一八八六（明治一九）年帝国大学法科大学に改称。手塚同上書参照。
（24）正則科が修業年限を八ヶ年とするのに対して、司法官の急速かつ大量の需用に応じるために一八七七（明治一〇）年に二ヶ年の速成教育を目的として置かれた。一八八七（明治二〇）年に帝国大学に吸収。手塚同上書参照。
（25）楠前掲注（6）書二九八頁参照。なお、裁判所構成法施行に備えた司法官人事における学士司法官の抜擢については、新井勉

「裁判所構成法の施行と司法部の人事（一）（二・完）――日本大学精神文化研究所編『松岡康毅日記』を使って」日本法学六四―三、四（一九九八、九九）参照。
(26) 寺島宗則発言。『枢密院会議議事録1』東京大学出版会（一九八四）三〇五頁。
(27) 以下千谷をめぐる事件とその前後の多数の判事の退職については、楠前掲注（6）書四五頁以下参照。
(28) 以上別所をめぐる事件については、楠前掲注（6）書九一～九九頁参照。
(29) 倉富勇三郎文書二九―二「判事検事刷新処分標準並ニ方針」（国立国会図書館憲政資料室蔵）参照。これについては楠前掲注（6）書二五三頁以下参照。
(30) 裁判所構成法第七四条。
(31) 楠前掲注（6）書一九六頁の表参照。
(32) 楠前掲注（6）書一九八頁。
(33) 倉富勇三郎文書二九―一二「司法大臣演説案　明治三一年」（国立国会図書館憲政資料室蔵）。これは、当時民刑局長であった倉富の手になるものであり、内容から見て、第二次山県内閣の司法大臣清浦奎吾（一八九八（明治三一）年一一月八日から一九〇〇（明治三三）年一〇月一九日まで司法大臣）が、司法大臣就任直後に各裁判所の長の会議での演説のために書かれた草案であると推定される。
(34) 戦前期官僚制研究会編・秦郁彦著『戦前期日本官僚制の制度・組織・人事』東京大学出版会（一九八一）九三頁。
(35) 楠前掲注（6）書二五三頁以下参照。
(36) この司法大臣の演説の筆記そのものは見出すことはできなかった。
(37) 「分科会」については本章第一節参照。
(38) 国立公文書館所蔵内閣文庫一八八―〇三〇三。ガリ版刷、正編二六七丁、追加編三二丁。その改正意見の中に出てくる記述から一八九九（明治三二）年のものと推定される。まず同年二月七日の文官任用令改正を前提にした改革意見の存在、一九〇〇年四月二六日内務省からの監獄行政の移管を予定していない改正意見の存在、一九〇一年の法典調査会での議論の中で、各裁判所および弁護士会に対して裁判所構成法改正に関する諮問を行っている旨の発言があることなどから、一八九九年から一九〇〇年にかけて収集された改正意見集であると推定される。まず、この資料は、各地の裁判所・検事局・弁護士会から提出された改正意見書を、総論部分と各論部分（個別条文の改正案とその改正理由）とに分け、さらに各論部分を裁判所構成法の条文毎に整理したものである。提出者は以下の通りである。大審院、控訴院（七ヶ所中四ヶ所）、控訴院検事局（七ヶ所中三ヶ所）、地方裁判所（四九ヶ所中七ヶ所）、地方裁判所検事局（四九ヶ所中一九ヶ所）、区裁判所（三ヶ所）、区裁判所検事（一ヶ所）、地方裁判所所属弁護士会（四九ヶ所中一一ヶ所）。この意見書の主な論点は以下の通りである。①判事検事の身分保障と待遇の改善、②検事局の裁判所附置規定（第6条）の改正、③区裁判所の管轄権の拡大、④上告審の大審院への統一、⑤合議裁判所の合議判事数の減員、⑥弁護士の法廷での活動制限の緩和、⑦弁護士の判事登用などである。このうち、①はおもに裁判所から、②は検事局から、⑥⑦は弁護士会から、③④⑤はほぼ三者から共通に出されている。

(39)『裁判所構成法改正ニ関スル意見（続）』各論三丁。

(40)『裁判所構成法改正ニ関スル意見（正）』各論一六二丁。執達吏監督権限の検事局への移管については、その他、大阪・山口・高松各地裁検事局の意見にもある。

(41)『裁判所構成法改正ニ関スル意見（正）』総論四一丁。

(42)『裁判所構成法改正ニ関スル意見』各論一七丁。

(43)『裁判所構成法改正ニ関スル意見』各論九丁。

(44)根室外六地方裁判所検事局は「非違ヲ検按シテ公益ヲ保護シ及各般ノ法律カ適当ニ施行セラルルヤ否ヤヲ監視スルハ検事職制ノ神髄タル」ことから考えれば、現行規定は狭きに失する、と主張する（『裁判所構成法改正ニ関スル意見』各論一〇丁）。

(45)横山晃一郎「明治初年における検察制度の導入過程――比較法的視点から――」鴨良弼先生古稀祝賀論集『刑事裁判の理論』日本評論社（一九七九）。なお、検察制度導入に関する研究史に関しては三阪佳弘「刑事訴訟法――近代日本刑事司法制度史研究の軌跡」石川一三夫・中尾敏充・矢野達雄編『日本近代法制史研究の現状と課題』弘文堂（二〇〇三）所収参照。

(46)以下、ルドルフ前掲注（3）書三二頁以下参照。

(47)『仏独参照裁判所構成法義解』（一八九〇）。尾立は、一八九二（明治二五）年のいわゆる「司法官弄花事件」で東京地裁検事として、事件の発端となる大審院判事への辞職勧告書を作成した。楠前掲注（6）書一九頁参照。

(48)尾立前掲注（47）書二七頁以下、二一三頁以下参照。

(49)第一節参照。

(50)同協会評議員会の討議内容を「録事」として掲載していた。

(51)『日本弁護士協会録事』（以下『録事』と略す）一号（一八九八）所収の同協会会則。なお同協会及び『録事』に関しては三阪佳弘「設立期の日本弁護士協会」岩谷十郎・村上一博・三阪佳弘監修『日本弁護士協会録事　明治編』別巻ゆまに書房（二〇〇八）所収参照。なお、以下本章で引用する『録事』については同上第一～五・一〇巻（二〇〇四年復刻版）参照。

(52)『録事』一号。
(53)『録事』一号に掲載された評議員三四名の中から、代表的な者を記しておこう。磯部四郎、原嘉道、花井卓蔵、鳩山和夫、小川平吉、山田喜之助、江木衷、菊池武夫、三好退蔵などである。かれらの経歴については、三阪前掲注(51)論文一八・一九頁参照。
(54)岸本辰雄「大に司法部の刷新を望む」『録事』一号(一八九七)三八頁。このほかに長島鷲太郎「司法省ト天下ノ同情」『録事』四号(一八九七)、卜部喜太郎「曾爾司法大臣ニ望ム」録事七号(一八九八)、鹽入太輔「法律社会ノ革命ト司法大臣ノ責任」録事一二号(一八九八)などをはじめとして、数多くある。
(55)江木衷「司法革新ノ一班」『録事』二号(一八九七)六一頁以下。
(56)後に紹介する「司法省ノ廃止ニ関スル件」第九説、『録事』一〇号(一八九八)一九頁以下。
(57)三好退蔵「条約実施準備ト司法官」『録事』七号(一八九八)八三頁以下。
(58)石山弥平「司法革弊続論」『録事』九号(一八九八)六〇頁。
(59)川島亀夫と長島鷲太郎の二人の提案によって提出された。『録事』二二号(一八九九)一頁。
(60)『録事』二二号、「第一説」、発言者は川島亀夫三〜四頁。
(61)『録事』二二号、「第三説」五頁以下。発言者は花井卓三。もっとも花井の場合は、司法省の廃止を第一に議論すべきであることを主張しており、必ずしも、内訓制度そのものを是認しているわけではない。
(62)『録事』二二号一七〜一九頁、「第四説」。発言者は井本常治。
(63)たとえば、『録事』二二号、三四頁以下「第八説」(小川平吉)、「第一〇説」。
(64)横田千之助「代法官与弁護士書」『録事』五二号(一九〇二)五〜六頁。
(65)『録事』九・一〇・一一号(一八九八)。
(66)『録事』九号一七頁以下、「第一説」。
(67)『録事』九号二六頁以下、「第二説」。
(68)『録事』九号三三頁以下、「第三説」、本文引用箇所は三六頁、三八頁。以下、磯部の発言はここからの引用による。
(69)『録事』九号三七頁、三九頁、四〇頁。
(70)一八九三(明治二六)年司法省官制によれば、民刑局は「一民事、刑事及其ノ他ノ法律命令ニ関スル事項　二裁判及検察ノ事務ニ関スル事項　三恩赦及復権ニ関スル事項」をつかさどるものとされていた。
(71)『録事』九号四三頁以下、「第五説」。本文引用箇所は四八頁。

（72）『録事』一〇号（一八九八）二頁以下「第六説」。
（73）『録事』一一号（一八九八）二頁以下、発言者名不明。本文引用箇所は五頁。
（74）一八九七（明治三〇）年に、台湾総督府高等法院長高野孟矩が政府によって非職を命じられ、それに対して高野が抵抗した事件。台湾総督府法院判官の身分保障問題、帝国憲法の台湾への適用をめぐる憲法問題にまで発展した。この事件については、楠前掲注（6）書一一五頁以下参照。
（75）『録事』一一号一九頁、二〇頁。
（76）『録事』九号四二頁、発言者不明。
（77）『録事』一〇号一〇頁以下、「第七説」。本文引用箇所は一三頁。
（78）『録事』一〇号二五頁以下、発言者名不明。本文引用箇所は二九・三〇頁。
（79）『録事』一一号八頁以下。
（80）『録事』一一号二二頁以下。本文引用箇所は二九頁。
（81）『録事』一〇号一九頁以下。本文引用箇所は二〇〜二一頁。発言者名不明。
（82）この「老朽裁判官」淘汰については楠前掲注（6）書に詳細な分析がなされている。以下の淘汰処分に関する叙述はこの労作による。
（83）八月に各新聞紙上に掲載される。これについては、奥平昌洪『日本弁護士史』巌南堂書店（一九一四）七九二頁以下、楠前掲注（6）書一八三頁以下参照。
（84）原文を見ることはできなかった。内容については芹沢孝太郎「判検事ノ淘汰ニ関スル日本弁護士協会ノ意見書ヲ論ス」『録事』一三号（一八九八）一三頁以下を参照した。この芹沢の論文は奥平前掲注（83）書七九二頁以下にも掲載。それによれば、児島一派のものが芹沢の名前をかりて発表したものとの風評があったことが指摘されている。
（85）『録事』の雑報欄には、控訴院長、地方裁判所長に対して裁判官達がいかに阿諛し、昇進に腐心しているかの実例を数多く掲載している。
（86）とくに刑事事件における裁判事務の停滞、したがって未決拘留の滞留、判決の杜撰さ、合議への検事の参加などの実例については、『録事』雑報欄に枚挙のいとまが無いほど掲載されている。
（87）たとえば、原嘉道「判検事及司法省」『録事』二五号（一八九九）、長島鷲太郎「司法革新論」『録事』二五号。
（88）前述注（53）参照。

(89)『録事』創刊号の山田喜之助「判事論」、岸本辰雄「大に司法部の刷新を望む」をはじめとして、それ以後の号に掲載された司法制度改革に関する論説では在野法曹の大審院控訴院判事への登用が必ず要求されている。
(90) 楠前掲注（6）書一九八頁以下。
(91) こうした在野法曹の限界については、清水誠前掲注（5）論文、山中永之佑「近代日本の弁護士制度――「国民」法曹の歩んだ道――」司法問題研究シリーズ一号、日本民主法律家協会大阪支部（一九七七）など参照。
(92) 上山前掲注（12）書、同前掲注（1）（19）論文参照。
(93) 楠前掲注（6）書一九八頁。
(94) 小田中前掲注（7）書一七二頁以下参照。
(95) 家永前掲注（5）書参照。
(96) このようなヨーロッパの裁判所の自律性の中世以来の伝統については、黒田忠史「近世ドイツの裁判所の身分政的『構造』」上山安敏編『近代ヨーロッパ法社会史』ミネルヴァ書房（一九八七）、同「『司法の自律性』の歴史的一類型」『西欧近世法の基礎構造』晃洋書房（一九九五）に分析がなされている。日本の問題を考える上で示唆深い。

第二章　裁判官の任用と司法省
——明治末から大正期の法曹養成論議とその帰結としての集権化

第一節　問題の所在

前章では、明治三〇年代初頭の司法省・検事局・在野法曹の議論の組み立て方が、裁判所構成法の運用を、司法大臣＝司法省の「指導性」のもとで、司法大臣—裁判所の長＝司法管理職という司法行政系統に依拠した改革を志向することに帰着したこと、そのことにおいて、明治四〇年代以後の裁判所・裁判官統制体系構築において重要な意味をもっていたことを指摘した。そして、一九世紀末のフランスの改革論議においても、司法大臣＝司法省による裁判官の体質「変革」の論理が貫徹する一方で、司法省の人事権を通じて裁判官の独立性が損なわれるという弊害に備えるための議論が常に対置されていたこと、その点で両者は際立っていたことを指摘した。本章では、司法大臣の人事権行使における裁量に対する法的統制にかかわって、明治末から大正期にかけての裁判官の任用制度をめぐる改革論議を検討する。

一八九〇年代にその原型が構築された近代日本の法曹資格・養成制度の制度的枠組みは、一九〇〇年代に入って、とくに一八九〇（明治二三）年裁判所構成法第六五条第二項・九三年弁護士法第四条第二項に対する批判が高まったことを契機に、法曹養成のあり方について広く改革論議が展開することになった。その改革論議の一つの帰結として、一九一四（大正三）年に、裁判所構成法と弁護士法の部分改正が行われ、それを受けて一八年に高等試験令が制定され、二三年から高等試験司法科試験が実施された。本章では、この一八九〇年代の近代日本の法曹資格・養成制度の制度的枠組みをめぐる一九〇〇～一〇年代の改革論議とその帰結を検討したい。[1]

ところで、この一九〇〇～一〇年代の改革論議とその帰結である大正期の制度改革の中で焦点となったのが、帝国大学法科大学（法律学科）卒業生に無試験で司法官試補任用資格・弁護士資格を付与する裁判所構成法・弁護士法の規定である（以下では、この規定を「帝大法科無試験規定」と略記する）。そこでまず最初に、この「帝大法科無試験規定」の意味するところを確認することを通じて、本章の問題関心と視点を明らかにしておくことにしたい。

裁判所構成法・弁護士法は、法曹資格・任用制度の基本的枠組みとして、次のように定めていた。[2] 司法官（判事・検事）に関しては、試験任用制を原則としながら、一定の就業年数を経た帝国大学法科教授と弁護士からの任用を規定した。任用のために行われる「競争試験」は、二回に分けられ、間に試補修習期間を挟んで、司法官試補任用試験としての第一回試験と、司法官本官に任用される第二回試験とに分けられていた。後に「帝大法科無試験規定」として批判される第六五条第二項は、帝国大学法科卒業生について無試験で司法官試補に採用され得ると定めていた。弁護士資格は弁護士試験合格により認められることを原則とし、司法官と同様、帝国大学法律学科卒業生には無試験で弁護士資格が認められた。

ところで、一八八六（明治一九）年「帝国大学」設置による「学校」体系の整備を前提にして制定された八七年七月文官試験試補及見習規則は、奏任文官候補としての「試補」の任用を、一定の「学校」における専門教育課程修了と関連づけて制度化した。「帝国大学」の所定の専門教育課程修了者を無試験で試補任用することを原則としながら、補充的に行われる試験任用について、「帝国大学」に準じる「学校」の専門教育課程修了者に受験資格を付与したのである。[3] 九三年一〇月の文官任用令・文官試験規則では、行政官について「学校」における専門教育課程修了と試補任用との連関が弱められたが、[4] 司法官と弁護士についてはこの「帝大法科無試験規定」という形で

「学校」の専門教育課程と法曹資格・任用との関連づけがより強固に維持された。なぜ、この関連づけが維持されたかについては、一八九〇年裁判所構成法第六五条に関する法律取調委員会の議論の中で確認することができる。[5]

同条の原案となった「第六一条（第三項）帝国大学法科卒業生ハ右試験規則ヲ以テ其第一回ノ試験ヲ免セラルル事ヲ得」の規定について、同委員会で繰り返し強調されているのは、「学力」試験たる司法官任用の第一回試験は、その受験資格として、数年間の法学専門教育課程の修了を要するという点である。たとえば「第一回ノ試験ヲ経ルニハ、先ヅ数年間法律ヲ学習スルヲ要スルト云フノデ、第一回ハ学力ノ試験、第二回ハ実務ノ試験トナッテ居ルノデ、何年間カ法律学科ヲ、官立デモ私立デモ何所ニデモ数年間法律学科ヲ専ラ修業シタ者デアルコトヲ要スルガ、原案ノ精神デアリマス。大学ノ卒業証書ヲ所持スル者デアッタ時ハ、夫レ丈ノ価値ヲ持タナケレバナラヌ之ハ大変大学ノ面目ニ関係シマス、司法省ノ試験ハ三年デモ四年デモ法律学科ヲ専修シテ来タ者ヲ競争試験デ挙ゲルノデアリマス」（三好退蔵委員）と発言されている。ここでの議論ではさらに「帝大法科無試験規定」が絶対的なものではなく、「大学ノ程度」「私立ニモ劣ルヤウナ」「名義許リノ大学」[6] となったときには「大学ノ卒業生」に対しても司法大臣は第一回試験を行うのが法の趣旨であるとされている。つまり、「帝国大学法科大学卒業」は、法曹資格・任用の前提条件としての「学校」における法学専門教育課程修了の一つとして理解されていたのである。九三年弁護士法に関しては、同様の無試験規定についてとくに議論はなかったが、同法原案が当初司法官と同様に実務修習期間を挟んで二回試験制を採り、帝大法科卒業生には第一回試験のみが免除されることになっていたから、規定の趣旨そのものに違いはなかったと思われる。ただし、議会において実務修習と第二回試験が削除され、前述したような無試験資格附与へと変更された。[7]

ところで、一九〇〇年代半ば以後、この「帝大法科無試験規定」は、その撤廃を求める私立法律学校関係者中心の長期にわたる運動によって、一九一四年裁判所構成法・弁護士法改正によって削除された。一般的に、この一四年法改正における同規定廃止については、在朝法曹（司法官）と在野法曹（弁護士）、帝国大学と私立大学との格差構造の是正と法曹間の水平化の文脈においてとらえられてきた(8)。しかし、同規定を法曹資格・任用の前提条件としての法学専門教育課程修了要件の一つの派生物であるという前述した裁判所構成法制定時の理解を前提にしたとき、「帝大法科無試験規定」を削除した一九一四年法改正に帰結する改革論議は、法学専門教育課程、法曹資格・任用（資格・任用試験）、法曹実務教育課程からなる法曹資格・任用過程全体について、どのような主体が、それぞれどのような役割分担でかかわっていくのかという点に関して、いかなる制度設計を展望しようとしたのであろうか(9)。本章は、日本の法曹資格・任用制度の特質を明らかにするための不可欠の作業として、この点を分析検討しようとするものである(10)。

そこで本章では、第二節において、改革論議の前提となる一八九〇年の法曹資格・任用制度全体の制度枠組みを、「学校」における法学専門教育課程と法曹資格・任用制度との制度的連関を軸に整理しておきたい。その上で、第三節で一九〇〇〜一〇年代における法曹資格・任用制度についての改革論議の検討を行い、前述の問題を検討したいと思う。

第二節　一八九〇年代における法曹資格・任用制度の原型の成立

明治維新以後、日本が西欧の制度にならって法曹資格・任用制度を導入しようとした際、西欧社会とその歴史的前提が全く異なっていたことはいうまでもない。一九世紀ヨーロッパにおいて見られたような職能自治団体——法曹が、教養専門職（プロフェッション）として「財産と教養」に依拠し自由な法的思考を駆使できる主体として独立した職能自治団体をつくり、自身によってその職業資格を規制し後継者を養成する団体(11)——は存在しなかった。

法曹資格が、大学における法学専門教育課程・学位と密接な制度的連関をもち、法曹資格の前提条件を構成していた西欧とは異なり、日本では、国家自身の手によってそうした法曹を上から作り出し、その養成についても国家が独占し、国家試験によってその資格を認定し、専門職団体そのものも厳しい国家規制の下に置かれたものとして創出されていくことになった。こうした強い国家規制は、法曹を上から創出していくに際して、国家目標との関係で常に序列化、差別化の論理を伴うことになった。具体的には法曹内部における在朝・在野の間の格差構造、帝国大学と私立法律学校との格差構造としてあらわれた。こうした格差構造は、法曹資格・任用制度における「学校」における法学専門教育課程と法曹資格・任用制度と制度的連関づけのあり方にも貫徹していくことになった。(12)

一　一八八〇年代前半における法曹資格・任用の制度化

一八七二（明治五）年八月司法職務定制により本格的な司法機構の整備が開始され、全国統一の裁判所機構、一定の訴訟手続き規定とともに、裁判手続きにかかわる法曹――「断獄聴訟」において「裁断」を行う「判事」、フランス的検察官制度の影響を受けつつ訴追を行うものとして導入された「検事」、そして「代言人」「代書人」「証書人」――が設けられたが、司法官の任用は司法卿の広範な裁量に委ねられていたし、(13)また代言人等に関しても、その資格要件については規定されなかった。しかし、七一年八月の明法寮設置に関する司法省伺に見ることができるように、(14)専門的な法学教育（とくに欧米の法律知識）を施された司法官の育成が課題として政府によって認識されていた。また、様々な面での法制度改革の進行とともに、欧米の法学文献や知識が紹介されるようになると、専門的法学知識が近代国家の運営において不可欠の要素であることが一般的にも知られるようになり、七三年頃から私塾的法律学校の簇生が見られるようになった。(15)司法省による司法官養成の開始、私立法律学校の簇生は、七七年の東京大学法学部の開設とともに、次第に「学校」において一定の内容とレベルの法学専門教育を受けたことを前提にして法曹資格が附与されるという法学教育課程と法曹資格・任用との結びつきを強めていく背景となった。

司法官任用が司法卿の自由任用に委ねられていた当時、司法官養成は司法省内部の閉鎖的な教育機関で行われた。「明法寮」における「法学生徒」募集と教育の実施、さらに司法省法学校正則科・変速科の創設がその具体化である。[16]これに対して、当初規制のなかった代言人については、七六（明治九）年代言人規則で地方官毎の検査を経た上で免許状が付与される免許代言人制度が導入され、[17]八〇年代言人規則改正による全国的な統一試験導入によって規制が強められた。[18]代言人の資格認定に関しては、七九年に無試験免許代言人諸規則が制定され、東京大学法学部生に限り無試験で代言人免許が付与されたことは、[19]法曹資格と法学教育課程との連関を制度化する嚆矢となった。代言人試験に関しては、制度的に法学教育課程との結びつきを求められることはなかったが、現実には、試験による資格認定制度の導入は、代言人結社（高知の立志社法律研究所、東京の講法学舎、北洲社など）に、後継者養成をかねた代言人養成に積極的に取り組ませることになった。[20]後述するように、司法官についても、八五年から一定の登用試験制度が導入される状況が生まれると、私立法律学校の設立が一層促進させられることになる。

一八八〇年代、こうした状況下で私立法律学校が叢生する中で、法曹資格要件・資格試験、養成機関としての法律教育に携わる「学校」群、その教育内容に対する監督機関としての国家、これら三者の制度的関係をどのように編成するのかという問題に政府は直面することになった。[21]この問題に関して重要な鍵とされたのが、七七（明治一〇）年設立の東京大学法学部である。[22]八三年に創設された同大学別課法学科が、[23]簇生する私立法学校に対して東京大学の法学教育の主導権を確立させるために穂積陳重、菊池武夫他五名の建議により設けられたことは、前記の問題に対する政府の対応（後述する私立法律学校特別監督条規）を先取りするものであった。[24]八四年以降司法省法学校正則科が、文部省管轄東京法学校、さらに東京大学法学部へ吸収合併され、[25]司法官養成を司法省付設の閉鎖的な司法官養成機関で行わないことになると、[26]東京大学法政学部に対しては、司法省が必要とする判検事を毎年四〇〜五

○名の規模で供給するよう文部省達が出され、法政学部には一定規模での安定した司法官養成が期待されることになる。[27]こうした「学校」における法学教育課程と法曹資格・任用との連関は、その後制度的に強化されていくことになる。八四年判事登用規則の制定がそれである。

同登用規則の制定理由書によれば、「彼欧州諸国」にならって、「其裁判官ヲ登用スル或ハ試験ニ或ハ候補ニ尤モ丁重ヲ致ス必ス法学士若ハ代言人ニシテ学識経験兼備シタル者ニアラサレハ之ヲ採ラ」ない制度原則を採用するとされ、具体的に次のような判事登用の原則が説明されている。[28]第一に登用の候補となるのは、「法学士」＝東京大学法学部あるいは「法律学士」＝司法省法学校正則科卒業者である。第二の候補は、代言人であるが、代言人一般ではなく、「法学士」でありかつ代言人である者を採用することを原則とし、代言人試験合格による代言人は除外されている。第三に国家認定の「学校」で「法学ヲ修メ法律ヲ知リ判事タラントスル者」[30]から試験選抜[29]するものとされ、東京大学法学部別課あるいは司法省法学校速成科さらに私立法律学校卒業者に受験資格を認めようとしていた。

この判事登用規則の制定[31]によって、明治一〇年代の錯綜した法学教育にかかわる「学校」群と司法官の試験任用制度の導入は次のように整理されることとなった。司法省法学校正則科生徒、東京大学法学部生（→法政学部）からは、「法律学士」あるいは「法学士」号取得を資格要件として無試験で、八六年裁判所官制以前においては判事補・検事補（判任官）へ任用、同官制以後は判事・検事試補へ任用された。司法省法学校速成科生徒・東京大学法学部別課法律課卒業生・私立法学校卒業者については、判事登用試験に合格したのち判事試補・検事試補に任用されることとなった。[32]いずれも、任用後一年以上始審裁判所に勤務した後、判事・検事本官に任用された。

一八八〇年代半ばまでの改正代言人規則、判事登用規則による法曹資格・任用制度の形成過程は、以上のように、法律専門教育にかかわる「学校」群の形成と表裏の関係に立ちながら、「学校」での法学専門教育課程と法曹資格・任用との連関が制度化される過程であった。そして、その制度化は、判事登用規則制定理由書に顕著にあらわれているように、各々の「学校」が施す法学専門教育の内容と質によって法曹資格の差別化がなされ、その格差構造が再び法学専門教育を施す「学校」群内部の差別化を固定していくことになった。

二　一八八〇年代後半から九〇年代にかけての法曹資格・任用制度の原型の確立

「学校」での法学教育課程が前提要件として法曹資格・任用に連関づけられることになれば、当然その法学教育の質の管理が必要となってくる。すなわち、前述した法曹資格要件・資格試験、養成機関としての法律教育課程を行う「学校」群、その教育内容の質の管理、これら三者の制度的関係をどのように編成するのかという問題である(33)。この問題の一つの解決が一八八六（明治一九）年八月の私立法律学校特別監督条規である。同条規は、森有礼文相のもとで、同年「帝国大学」が創設され、それを頂点とする義務教育過程、中学校、高等中学校といった学制整備が行われたことを前提に制定されたものであり、この帝国大学に、法曹資格任用の前提としての「学校」教育の内容と質の管理を行わせようとしたのである。同条規によれば、帝国大学総長＝法科大学長は、東京府下の私立法律学校を、三年間のカリキュラム、教育方法、試験等あらゆる面で監督するものとされた。判事登用規則以後、私立法律学校に司法官登用の門戸を開いたことを受けて、それらの学校の質の管理の具体化策として実施されたのである(34)。

この条規は、一年半ほど実施されただけで、一八八八年五月には廃止されたが、後述する文官試験試補及見習規則や司法官任用試験制度の展開との関連で見れば、文部大臣による法学教育内容の国家的規制の強化の一段階として位置づけられるとともに、帝国大学に対して文部大臣の教育行政権の一部が委譲されたことは、私立学校に対して国家的統制を強化する一方で、帝国大学の特権的整備を推し進めるという政策基調を先取りするものであったとされる。他面、判任官見習は私立法律学校卒業資格により無試験で任用されることが同上試補及見習規則で規定されていたように、私立法律学校卒業生を法曹・官僚のルートに吸収する政策としても位置づけられる。[35]

前述した判事登用規則による判事試験任用制度は、一八八七年に文官試験試補及見習規則の制定によって変更された。この規則で意図されたのは、「国家須要ニ応スル学問技芸ヲ教授」すること、すなわち、国家目標の遂行に必要な教育・研究を行う帝国大学に高等官養成機関としての役割を与えることであった。同時に、私立法律学校を反体制的な政治運動と結びつく傾向に歯止めをかけ国家の統制下に置くことが目指された。ここでも、官吏任用と「学校」教育との連関づけが慎重に行われ、司法と行政の高等官について試験任用を原則とするとともに、[36]廃止された判事登用規則と同様に、帝国大学法科等の卒業生に高等試験が免除され、三年間の試補ののちに本官に任用されることが規定された。そして、それ以外の志願者については高等試験受験資格が厳しく制限された。受験資格は「高等中学校及東京商業学校」または「文部大臣ノ認可ヲ経タル学則ニヨリ法律学政治学又ハ理財学ヲ教授スル私立学校ノ卒業証書ヲ有スル者」に限定された。[37]司法官試補に任用された場合、一年半治安裁判所・一年半始審裁判所でそれぞれ勤務し、その後試補期間中の「功程」に基づいて主務長官（裁判所長）から主務大臣（司法大臣）に報告の上、本官任官の決定が行われるものとされた。

同規則の制定は前述した私立法律学校特別監督条規を前提としていたが、八八年に同条規は廃止され、かわって特別認可学校規則が制定され、三年間のカリキュラム、試験、成績認定について具体的な規制を加えた。この規則により、文部大臣の認可を受けた私立法律学校の卒業生とは、尋常中学校を卒業し（もしくは厳格に文部省の監督下に実施される尋常中学校程度の内容の入学試験合格者）、かつ、前述試補及見習規則による文官高等試験（奏任官＝試補試験）受験資格を認められた「私立学校」を卒業した者のみに受験資格が与えられた。[38]特別認可学校に指定された私立学校卒業者（尋常中学校卒業者）については、文官普通試験（判任官＝見習試験）が免除され、直ちに判任官見習に任用される資格が付与された[39]。

以上のような官吏任用試験・資格付与制度の確立は、同時に法曹資格・任用と一定の「学校」卒業＝法学教育課程要件との連関を制度化することに帰結した。そして、その制度化は、他方で、無試験特権を付与される中学校→高等中学校→帝国大学という正統とされた教育課程を経た帝国大学法科大学卒業生、それに準じて、受験資格が附与される中学校→私立法律学校卒業生、さらにいずれの特権も付与されない、代言人資格のみが開放されている普通学歴を経ない私立法律学校卒業生という差別化を伴うものであった。前述の「学校」歴がどのようなものであったかによって法曹資格・任用を差別化し、その差別化が国家主導で定められ、逆にそれによる格差が「学校」、法曹内部の格差構造へと還元される、こうした構造は、一八九〇年の裁判所構成法の制定とそれに基づく九一年の判事検事登用試験規則[40]においても踏襲されたのである。

同規則によれば、第一回試験受験資格は、成年男子で、かつ、①第一及第三高等中学法科卒業生、②文部大臣認可を経た学則により法律学を教授する私立学校卒業生、③外国の大学校等で法律学を修め卒業証書を保持する者のいずれかに該当する者とされていた。この規定は、文官任用令が公布され、従来の文官試験試補及見習規則に代わって文官試験規則が制定された一八九三年には改正され、前記①②は官立学校及司法大臣において指定した公私立の学校において三年以上法律学を修め卒業証書を有する者と統合された[41]。文官任用令では、行政官については帝国大学法科大学卒業生の無試験規定が廃止されたが、司法官についてはこの規定は維持され、資格と「学校」との連関が行政官以上に強められたまま維持され、そのことは任官後の修習期間の長さ、待遇の差などが志望動向に反映し、後に官僚機構内部の行政官と司法官の格差構造、ひいては司法権の位置づけの低さという問題につながっていくことになった。

九三年の弁護士法が、弁護士を大審院・控訴院・地方裁判所といった裁判所の階層に対応した弁護士会に所属させ、所属裁判所管内に活動を限定し、かつ高額の免許料と保証金制度を導入した九〇年弁護士法案に対する反対運動の後、こうした規定を削除して制定されたことは周知の通りである。しかしそうした弁護士法においても、代言人規則以来の検事を通じた厳しい国家監督が維持され、専門職団体としての自律性によってではなく、国家試験のみによって認定されるという弁護士資格のあり方は変わらなかった。(42) 弁護士資格は、司法官任用と異なり、「帝大法科無試験規定」を除いて、法学教育課程との連関づけが要件とされることはなかった。そのことはまた逆に司法官と在野法曹との間の格差構造へと反映されることになるのである。

三　一八九〇年代法曹資格・任用制度の原型の評価

こうして、一八九〇年代前半に法曹資格・任用制度の原型が確立した。司法官任用に関しては、帝国大学法科大学法律学科（九九年には京都帝国大学法科大学が加わる）が、その卒業生の無試験司法官試補任用制度を通じて一定の役割を担うとともに、私立法律学校が、司法省指定の判事検事登用試験指定校制度を通じて、国家による法学教育内容への監督を受けることを代償に、判事検事登用試験（司法官任用第一回試験）受験資格を付与され、司法官養成について一定の役割を果たすことが制度的に明示された。弁護士資格に関しては、国家試験としての弁護士試験受験資格について、「帝大法科無試験規定」を別にして法学教育課程修了要件等を求められず、その点で司法官の任用試験とは区別されていた。

こうした法曹資格・任用制度は、国家が設定する価値序列にしたがって差別化された格差構造を内包するものであった。第一に、司法官任用・弁護士資格附与において、「帝大法科無試験規定」を置くことによって、学制上の帝国大学法科大学と私立法律学校の位置づけの違いを、法曹任用・資格附与過程の中の格差としてもちこんだ。第二に、そのことの派生として、司法官任用において、三年以上の法学教育課程修了要件という要件を置くことによって、司法官と学歴不問の弁護士との差別化をもたらした。第三に、中学校・高等学校を前提にした帝国大学法科大学の法学教育課程を正規のものとする一方で（だから特権が付与されるのだが）、私立法律学校の三年間の法学教育課程を変則と位置づけた。そのことによって、後者の卒業生に試験を課して国家がその法学教育課程の中身を試験によって検査することを帰結した。国家試験の中身に強く規定されることによって、私立法律学校はその法学教育課程の内容について自律的に決定する術を奪われることになった（帝国大学の場合は、高等文官試験によって教育課程が規定されることになった）。

ところで、私立法律学校を含めた官公私立の専門諸学校は、一九〇〇年代にはいると、産業の発展に対応する高等教育の需要を背景に、学校数と在学生数を増大させた[43]。こうした専門諸学校の発展と質的向上をめぐって、帝国大学以外に「大学」の設立を認めるべきかどうかが激しく議論されたが、政府は、大学昇格要求をかわすために、その一つの解決策として、帝国大学以外の官公私立高等専門教育機関を帝国大学令とは別の「専門学校令」によって包摂しようとした。一九〇三年専門学校令では、専門学校は「高等ノ学術技芸ヲ教授スル学校」とされ、入学資格を原則中学校あるいは高等女学校卒業とし、その設立認可権は文部大臣に与えられた。そして、中学卒業者を入学させた一年半の予科と専門教育を行う大学部（本科）を開設した専門学校令上の学校に「大学」の名称を認めた。私立の各法律系専門学校は、専門学校令による「学校」として認可され[44]、一九〇五年四月の判事検事登用試験規則改正（司法省令一三号）で、専門学校令により認可を受けた学校で三年以上法律学を修学した者については、自動的に同試験の受験資格が付与されることが維持された。

こうした専門学校令の制定、「大学」の呼称に見られる私立法律学校の展開は、その教育課程の充実と多数の卒業生の輩出によって基礎づけられていた[45]ために、前述の法曹資格・任用制度に内包する格差構造に対する批判的認識が広がることになった。そして、この格差構造は、次の二つの措置によってさらに広げられた。第一に一九〇三年から、判事検事登用試験と弁護士試験を同一日程で実施することによって、私立法律学校卒業生の志望を司法官と弁護士とに強制的に分散させ、その進路の選択肢を狭めた。第二に、判事検事登用試験と弁護士試験の両方に、本試験とは別に、論文と外国語（英独仏から一カ国語）からなる予備試験制度が導入された（一九〇五年四月各試験規則改正。ただし、外国語試験は実施されないまま経過）。以上の措置は、私立法律学校卒業生に打撃を与えることになった。これらの措置が、帝国大学法科大学卒業生の無試験司法官任用、無試験弁護士資格付与規定を「特権」として激しい批判の対象にし、その廃止に向けた法改正運動に拍車をかけることになったのである。

これらの「帝大法科無試験規定」にかかわる法改正運動は、国家主導の、国家の設定する価値序列ゆえに前述したような格差構造を内包しながら、法曹資格・任用と法学教育課程とが分かちがたく結びつけられている一八九〇年代の法曹資格・任用制度に対して、どのような制度設計を構想しえたのであろうか。

第一に、前述の裁判所構成法の立法過程にあったように、司法官任用の前提としての官私立を問わない三年間の法学教育課程の修了要件を維持しながら、「帝大法科無試験規定」廃止を考える場合である。これを制度設計Aとしよう。この場合の制度設計から派生する設計は二つある。一つは、第一回試験の受験資格という意味で法学教育課程修了要件を課し、帝大法科卒業生にも第一回試験及弁護士試験の受験を認めるという構想である（制度設計A一）。もう一つは、私立法律学校卒業生にも第一回試験を免除する構想である（制度設計A二）。これは「帝大法科無試験規定」規定が内包する法曹資格・任用と法学教育課程との連関づけの論理を貫徹することになる。弁護士資格との統一を考える場合には、弁護士資格について法学教育課程との連関が例外的なものとされ、国家試験のみによる選別から出発したという歴史的経緯との調整をふまえた制度設計が必要となる。いずれを採るにしても、制度設計Aの場合、法学教育課程→試験→実務修習といった一連の段階での制度ないしそれを担う主体間の役割分担、学校における法学教育の内容、学校における法学教育と実務修習との役割分担、さらには両者を接合させる試験のあり方などに関する議論が不可欠となる。たとえば、「学校」における法学教育課程の修了認定は「学校」でなされたものとして第一回試験を取りやめるにしても（制度設計A二に近づく）、また、司法官試補にふさわしい資質と能力を法学教育課程修了者の中から競争的に選択するために第一回試験が必要だとしても（制度設計A一に近づく）、いずれにしても、法曹資格・任用と法学教育課程との連関の中で、法曹養成・資格認定にかかわる主体間の役割分担、試験の設定のあり方についての議論が前提とならざるを得ない。

これに対して、官私立を問わない三年間の法学教育課程の修了要件を含めて「帝大法科無試験規定」廃止を考える場合である。これを制度設計Bと呼ぶことにする。この場合、弁護士法の場合のように、いっさいの学歴要件を排する制度構想もあり得るし、高等専門教育の前段階の普通教育を最低限求めるという制度設計もあり得るであろう。この制度構想を採る場合には、判事検事や弁護士といった職業資格に相応しい知識技能について国家試験のみによる公証に委ね、「学校」における法学教育課程との連関を切り捨てることになる。

実は私立法律学校関係者を中心にして展開された「帝大法科無試験規定」を特権であるとして廃止を求める運動の主眼は、前記の制度構想の中で、制度設計Bを求めることに帰着した。この運動を分析した代表的な研究である竹中暉雄の研究(46)は、「帝大法科無試験規定」を、近代学校制度全体を貫く「学校を卒業しないと優れた人間になれない」という思想の制度的表現の一つであると位置づけ、近代特有の「学校化された社会」が示す現象ととらえた。そして、近代日本のように国家認定の学校が教育を独占している場合、その学校の卒業が無試験資格附与制度、資格試験への受験資格へ直接結びつけられることによって「学校化された社会」を社会の隅々まで浸透させることになったとされる。竹中の研究はそうした現象の典型である「帝大法科無試験規定」に着目し、帝大以外の学歴保持者への職業資格の開放の一つの表現としての廃止運動を分析したのである。氏によれば、同規定は廃止され「学校化された社会」に反するような外観を呈しているが、これまで学歴不問であった弁護士資格に新たに中学校卒業資格要件が課されることによって、明治以来の「学校化された社会」の秩序を否定することはなく、その結果学歴を有しない人々への職業資格獲得の道を狭めることになったとされる。

しかし、法曹資格・養成制度の歴史的展開を考える場合、前記制度設計Bを採ったときに、これまで学歴と無関係にあった弁護士資格の中に「学校化された社会」のより一層の浸透がもたらされたことは竹中氏の分析通りであるにしても、法学教育課程が資格認定と完全に切り離されることによって、判事検事や弁護士といった専門的職業に不可欠の知識技能を、どういった主体が、どの機関で、いつ行うのかという問題が曖昧になったという問題が依然として残るのではないだろうか。そして、法曹養成・資格附与制度固有の問題設定からいえば、「帝大法科無試験規定」廃止運動を契機とする法曹資格・任用制度をめぐる改革論議が、この点において曖昧であったがゆえに、帝国大学、私立大学、弁護士会などの諸団体が多元的に法曹資格・養成制度に政府＝司法省とともに関与する可能性が遮断され、国家試験を通じて、政府＝司法省が一元的に掌握する法曹資格・養成制度へ純化させられていったという問題把握が可能なのではないかと思われる。以下では、このような観点から「帝大法科無試験規定」をめぐる議会での議論を検討していくことにしたい。

第三節　一九〇〇〜一〇年代の法曹資格・任用制度改革論議

一　帝国議会における「帝大法科無試験規定」をめぐる法案の提出

（1）「帝大法科無試験規定」削除法案の登場

前述したように、一九〇五（明治三八）年四月、判事検事登用試験規則と弁護士試験規則の改正（司法省令一三・

一四号）が行われ、両試験受験者に対して予備試験として論文試験と外国語試験が課されることになった。この改正は私立法律専門学校に対して大きな衝撃を与えた。このことを契機にして、司法官と弁護士間、帝国大学を頂点とした官私立法学教育機関間の格差構造に対する批判的認識が広がり、私立大学を中心にして「帝大法科特権廃止運動」が急速に展開した(47)。この運動は、帝国議会を舞台にした裁判所構成法改正運動、さらには高等文官試験と判事検事登用試験・弁護士試験をも含めた資格試験制度全体の改革の立法運動にまで展開していった。

そうした中、一九〇六年第二二回議会衆議院に加瀬禧逸外四名による「帝大法科無試験規定」、すなわち裁判所構成法第六五条第二項削除、弁護士法第四条第二号中の改正を内容とする法案が提出され、三月六日第一読会が開かれた(48)。

加瀬の提案理由は、この規定を必要とした理由が現在においては失われているという点にある。すなわち、両法の制定時においては、第一に「大学卒業生ハ、試験ニ依ッテ登用サルル者ヨリモ、其修メ得タ科程ガ形式ニ於テモ、将タ実力ニ於テモ、私立学校卒業生ヨリモ余程優ッテ居ルデアラウ」という予断があったこと、第二に、専門的法律知識の乏しかった司法部に法学士を迎え入れることが望まれたとする(49)。しかし、すでに第二回試験の法科大学卒業生と私立法律学校卒業生との成績を比較すれば(50)、第一の理由は成り立たないのであり、また、第二の理由も、法律新知識を迎え入れるという配慮を現在あえてする必要性はなく、逆に、法科大卒業生のみを無試験で採るということは、試験合格者よりも劣る者が任官する危険性が高いとされる。それに対して、私立法律学校の教育レベル、さらにその卒業生の質の向上が強調される。また、行政官の試補任用に関する高等文官試験との不均等が指摘され、国民の生殺与奪、権利義務に密接に関係する司法官が、行政権よりも軽々しく選任されるべきではないし、司法官のみを無試験にしておく理由が現在は不明確だとする（以上第一読会冒頭、三月八日委員会冒頭発言）。

しかし、加瀬提案の法案およびその理由には、「帝大法科無試験規定」を廃止したのちの制度設計は明瞭ではない。私立法律学校の教育の質が向上したことが事実だとしても、なぜそうした質の向上した私立法律学校卒業生にも試験を課す必要があるのか、という疑問が起きる。前述したような「学校」における法学専門教育課程と法曹資格・任用との連関づけを含めてどのような制度設計が展望されているのかは明確に示されなかった。

法案審議過程では、この点が批判されることになる。まず、「帝大法科無試験規定」規定削除後の第一回試験の意味づけが不明瞭であることについて、平沼騏一郎司法省民刑局長から「現今ノ判事検事ニ於ケル第一回ノ登用試験ト云フモノハ、結局帝国大学、法科大学ノ卒業生ト同一ノ程度デ致シテ居ルノデ」「（帝大法科卒業生に―筆者注）更ニモウ一度試験ヲスルト云フ必要ハ、現今ノ制度デハ認メ」られないと指摘された（委員会発言）。それに関連して、法曹資格・任用と法学教育課程修了との連関につき、丸山嵯峨一郎議員(51)は、試験制度は「一定ノ度マデハ試験ト云フモノガ、衡平ヲ保ツケレドモ、決シテ衡平ト云フ結局ノ完全ナル成功ヲ期スルコトハ出来ナイ」と試験制度の限界を指摘するとともに、だからこそ「或ル学力ヲ有シ、兎モ角モ一般智識学力ガ進ンデ居ル、修養シ居ルト云フ状態デアルトコロノ人ニ向ッテハ之ヲ寛大ニシテ、第一回ノ試験ヲ行ハズトモ、決シテ差支ナイ」、むしろ法学教育課程の質に格差がある現段階では「結局此高等ノ学校ニ於テ卒業シタ者ニ対シテハ、多少優待ガナケレバナラヌ、ソレヲ優待スルニハ、詰マリ詰マラヌ試験ヲ種々行フテ、サウシテ籤ヲ抽イテ当籤シタ者ガ、初メテ試補ニナルコトガ出来ルトカ云フヤウナコトヲシナイデ、特別ナ優待ヲ与ヘテ、成ルベク大学卒業生トカ云フヤウナ、高等ナ学校カラ詰リ完全ナ教育ヲ受ケタ修養ノアル者ヲ試補位ニ入レタイ、斯ウ云フコトガ国民ノ共ニ希望スルトコロデアラウ」とする（同上委員会発言）。ここには、法学教育課程の質が法曹資格・任用にあたっての試験の要不要を決定するという裁判所構成法制定時の論理が維持されている。

この法案原案は委員会で可決され、第一読会続に付されるが、そこでも同じ点からの反対意見が出された。小川平吉議員(52)の「私立学校、即チ今日ノ私立大学ノ卒業生ニ対シテモ、無論《ママ》試験（無試験―筆者注）ヲ以テ判検事若クハ弁護士ニ登用スルコトヲ許スベシト云フ法律ノ改正案ガ出ル」ことを期待していたのに「非常ナル学問ノ進歩ヲシテ居ル今日ノ卒業学生ニ対シテ、試験ヲ要スル、試験ヲシナケレバ弁護士ニモ判検事ニモ採用セヌト云フコトハ、余程是ハ不道理ナ話デアル」とする発言（第一読会続での発言）、松田正久司法大臣の、帝大卒業生に第一回試験をするのは「退却ヲスルノ趣向」であり、むしろ「帝国大学ノ法科卒業生ト、私立大学法科卒業生ト同等ノ地位ニ立ツコトガ出来ルヤ否ヤト云フコトハ、最モ研究ヲ要スルコトデアラウト思ヒマスカラ、ソノ研究ガ届イテ、私立官立ト其卒業ノ程度ニ於テ違ヒガナイコトト云フ時代ニ至ッタナラバ、無論第一回ノ試験ハ、之ヲ廃シテヨロシカラウ」と考えているが、現在は時期尚早であるという発言（第一読会続での発言）もまた、裁判所構成法制定当時の制度設計にかかわる構想が不明瞭である点において、加瀬提案を批判するものであった。[54] 同法案は、こうして衆議院での賛同を得られず、三月一〇日の第一読会続で否決された。

（2）「帝大法科無試験規定」規定拡大法案の登場

しかしながら、政府・司法省は、前述の「帝大法科無試験規定」削除法案の審議の際に松田法相が述べたような私立法律学校卒業生に「帝大法科無試験規定」と同様の特権を付与する制度設計への転換を真剣に考えていたわけではない。一九一〇（明治四三）年三月第二六回議会において、中村啓次郎外一一名は、[55] 裁判所構成法中改正法律案と弁護士法中改正法律案を提出し、[56] 帝国大学法科大学卒業生とともに「専門学校令ニ依ル公立又ハ私立ノ学校ニ於テ予科ヲ履修シタル後三学年以上法律学科ヲ修メ卒業証書ヲ有スル者」に対して帝国大学法科卒業生と同じ待遇を与えようとした。まさに前述の小川や松田司法大臣の主張する法学教育課程と法曹資格・任用との連関と、私立法律学校の教育の質の向上を結びつければ、私立法律学校にも無試験任用を認めざるをえなくなるという点をねらったものであった（三月一〇日第一読会提案理由説明）。しかし、政府・司法省・文部省は、学制上の両者の位置づけの違いを理由にその制度設計を実現する段階ではないと断言した。

三月一四日の委員会で、阿部徳三郎[57]が、私立法律学校は専門学校令により十分な普通教育と法学教育を行っているので、文部省が認可している以上当然無試験で司法官、弁護士となる特権を付与すべきだ、と主張すると、岡田良平文部大臣は、学制上の年限の差[58]、とりわけ高等学校における「普通学」の差は「常識ヲ養フ上ニ於テハドウシテモ欠クベカラザルモノデアルト云フヤウナ訳デ」あり、「時間ハ余計ニナッテ居ルダケソレダケヤハリ必要」であり、「兎ニ角其人ノ教育トシテハ殊ニ人格ヲ養成スルト云フ上カラ見マシテ、必要ナコトヲヤッテ居ルノデアリマスカラ、ドウシテモ此時間ヲ余計掛ケ年限ヲ余計掛ケタモノガ、同ジ種、ソレガ同一デアル下ニハ力ガ多イモノト斯ウ見ナケレバナルマイカト思ウ」と反論する（一四日委員会発言）。その上で岡田は、このことを前提に、特権を私立に拡げるかどうかについては司法省の判断に委ねるとする。これを受けて、平沼騏一郎は、帝国大学と私立大学が同等であるかどうか、が判断の分かれ目だが、司法省としては同等とは見ないので、法案には賛成できないとした[59]（同上委員会発言）。

しかしながら、政府は「法科大学無試験規定」に満足していたのかについては必ずしもそうではなかった。委員会においてト部喜太郎[60]が、帝大法科卒業生と私立大学法科卒業生の優劣ではなく、後者が司法官試補あるいは弁護士として適当な学力を有していないのか、つまり、帝国大学と私立法律学校の差を、学問研究の点でとらえれば帝国大学が私立に優っているとしても、司法官弁護士養成の点で私立が劣っているとはいえないのではないかと問いただした[61]。この点につき平沼騏一郎は、一概に両者を同列に扱えないとしながら、私立大学にせよ帝国大学にせよ「其人ガ判検事ニナリマシテカラ後ノ成蹟ハ其人ノ人格、技倆、又勉強ノ程度ニ依ル話デアリマシテ、学校ガ違ウカラソレデ以テ優劣ガアルト云フコトハ決シテナイ」とする。また富島暢夫議員[62]から、「帝大法科無試験規定」廃止の方向について聞かれると、今急に廃止するわけではないが、大いに研究を要する問題だとしている（以上一四日委員会）。

同法案は三月一五日の委員会で原案のまま可とする採決がなされ、一八日に第一読会続で可決、第二読会を経て可決された。しかし、そのまま貴族院で審議未了となった。

（3）「帝大法科無試験規定」についての司法省の対応

前述の審議の中では、司法省は、「帝大法科無試験規定」問題を帝国大学法科大学と専門学校令上の私立大学法学部との法学教育課程の質の優劣を基礎にして同規定削除の可否を論じるといった議論には与しなかったといえる。この段階で法曹資格・任用制度に関して、司法省が重視しているのはむしろ、優秀な人材を司法部に確保できるためにどのような制度設計が必要かということと、司法官試補修習課程をどのように改善していくのか、ということである。前者の点については、前述の無試験任用を拡大する法案の審議の中で、判検事登用試験・弁護士試験の近年の合格者減について質問された際に、平沼騏一郎が、とくに制限しているつもりはないとしつつ、司法官については、あらゆる方面から司法官を採りたいと考えているが、帝大生から余計採りたいし、私立学校の秀才も司法部に入れたい、と答えている(63)。帝大生の二回試験の成績が不振であることの質疑の中で、前述したように無試験規定削除について議論の余地があると答えていることからも、司法省にとっては、「帝大法科無試験規定」によって一応優秀であると推定される人材が確保でき、さらに判検事登用試験から私立大学の法学部生の優秀な人材を確保できれば問題はないのである。

司法官試補修習の問題に関しては、前述した無試験規定削除法案の審議の際に、高等文官試験との不均衡について指摘された際に「判検事ニ於テハ現今第二回試験ヲ行ッテ居リマスノデ、此第二回試験ニ於テモ段々是ヲ最重ニスルト云フ方針ヲ執リマシテ、既ニ昨年ヨリハ全国ノ試補ト云フ者ヲ司法省ニ集メマシテ、試験スルコトニ致シテ居リマスヤウナ次第デゴザイマシテ、是ヲ十分ニ精選ヲ致シマシテ、判検事ノ本官タルニ適スル者ヲ、十分選リマスル方針ニシテ居リマスカラシテ」高等文官試験と比べて著しく遜色があるとは考えていないことが平沼騏一郎によって強調されている(64)。そもそも司法修習課程に関しては、議会においても「判検事試験ニ於テ第二回試験ト云フハ、誠ニ形式ノモノデ、言ハバ訴訟記録ヲ三四日見テ、一ノ判決文ヲ書ク位ニ過ギナイ」とされ、軽微な学問的でもない程度の試験にすら合格できない帝大法科卒業生の質の劣化が批判されていた(65)。この試補修習の不十分さについては司法省も認識があり、一九〇五年三月司法省令三号によって判事検事登用試験規則中の第二回試験に関する規定を厳格な成績認定が行えるように改正していた(66)。一連の「帝大法科無試験規定」をめぐる法案の中で、無試験試補任用制度の見直しについては検討を要するという認識を繰り返す司法省の対応は、後述するような当時の在野法曹からの、「没常識」司法官による「没常識」判決・手続運用、それを生み出す試補修習、さらに「帝大法科無試験規定」という批判への対応であり、司法省なりの危機意識のあらわれであったものと考えられる。これに対して、法案提出側は、法学教育課程において授けられる司法官あるいは弁護士としての「教育と修養」の質の差に応じて試験の要否が決定されるべきだ、という司法省側の前提を覆すだけの説得力を、制度設計上も、また法学教育の質においても示すことができなかった。

二　弁護士会による法曹資格・養成制度への関与を拡大する制度設計の提示

(1) 一九〇〇年代前半の法曹資格・養成制度に関する弁護士側の議論状況

教育界での「帝大法科無試験規定」廃止をめぐる議論状況は竹中暉雄氏の研究(67)で検討されているので、ここでは法曹界、とくに一九〇〇年代成長を遂げていく在野法曹から見た議論状況を、司法制度改革において大きな影響力を果たし始めた『法律新聞』、あるいは任意団体の日本弁護士協会の機関誌である『日本弁護士協会録事』から拾っていくことにしたい。

まず、社会関係の変化によって、国民生活全般において法知識の需要が高まりつつあるという観点から試験制度、法学教育に対する要求が見られる。そこには、単なる法知識の記憶ではなく、実社会での応用力の養成、さらに、それを可能にする幅広い視野と知識が求められている。この点からすれば、「帝大法科無試験規定」廃止を核とする試験制度改正運動の一つの契機となった予備試験の導入に賛成する論調が多く見られる点が特徴的である。たとえば、現在求められるのは、試験制度の典型的な弊害である「講義筆記の奴隷的精読」「先輩の学説崇拝」ではなく、「此等の講説を咀嚼し消化し、以て活世界の事物に活用」できるような能力を育成する教育であるとされる(68)。そのためには、入学資格を厳しくして普通学の素養を高めること(69)、法学生の語学力を高め研究の幅をもたせること、その理由として、もしこのまま原文研究の方法を蔑ろにし続けると、「少数先輩者の講義若しくは翻訳に頼るの外なきを以て、勢ひ法典条文の研究に力を注くの外なかるへく、其結果大多数の法曹は機械的に奴隷的に既成の法典に忠実なるの臣僕たらん而已」になってしまうからであるといった主張が見られる(70)。こうした論調からは、判検事登用試験に予備試験を導入する改革は、「法律万能主義を社会全般に応用せんとする徒続出す」る状況に対して近年ようやく学校側も「門戸を高めつ或は専科冥々の内自ら、普通学を修養せしめ以て其弊風を一徒掃」しようという努力(71)に沿うものとして評価されることになる。

次に「帝大法科無試験規定」についてであるが、必ずしもその議論は一定していない。『法律新聞』では、同規定廃止を主張するよりも私立法律学校の質の向上とそれを前提にした私立法律学校への帝大法科特権並の待遇を与えることに重点が置かれている論説も見られるが(72)、帝国大学法科卒業生無試験任用者の質の低下、そのことによる判事検事弁護士の質の低下(73)、さらに試験任用される行政官との不権衡と司法権の権威の低下(74)につながる、などの理由から私立法律学校への「特権」の拡大に消極的な議論も見られる。そうした論調の中で、法曹資格・任用をより広い制度的枠組みの中でとらえ、司法省の裁量に司法官試補任用が委ねられている現状では、たとえ「帝大法科無試験規定」を廃したとしても、あるいは、逆に私立法律学校にも拡大したとしても、いずれにしても帝国大学閥は維持されるだろうという主張が見られる。[75]この主張は、一九〇〇年代以後の在野法曹達の法曹資格・任用制度について生まれてきた関心、すなわち、司法官の任用制度自体が、政府・司法省の下での試補任用制度に一元化されているということについての批判的認識につながる論点である。そもそも裁判所構成法においては、司法官資格は、試補任用だけでなく、一定年数の弁護士にも開かれていたが、実際は、高等官官等俸給令によってその任官は制限され、控訴院・大審院判事への任官はほとんど空文化していた。[76]この問題が、次に見るように司法官任用制度のあり方としてとらえ直され、それがさらに試補制度のあり方、法曹養成のあり方として批判の対象とされるようになっていく。

こうした改革論議の嚆矢として一九〇四（明治三七）年日本弁護士協会における「司法官任用ニ関スル制度改正ノ件」をめぐる討議がある。[77]これは、司法官の任用はすべて三年以上経歴の大学教授と弁護士からの任用を原則とし、試験制度による任用を廃止するという川島仟司[78]の提案をめぐる議論である。従来様々な弁護士史関係の著作で取り上げられている周知のものであるが、本章の主題との関係でその内容を検討しておきたいと思う。

まず、提案者自身である川島は、現在の司法官の任用制度が、「判事検事ヲ児飼イニスルト云フ方針」の「司法官飼育方法」であるとする。すなわち、帝大卒業特権と競争試験合格者からの任用を中心とする養成制度こそが、社会の事情に疎く常識を欠いている「裁判官検事」を数多く生み出している原因であるとする（その例として刑事裁判における有罪推定の性癖）。そして、「法廷ノ影坊主トシテ傍聴ナドニ日ヲ消シ裁判所ノ書記ノ事務ナドヲ助ケ或ハ欠席判決ノ手習イヲスル」ことで一年半を無為に過ごす司法官試補の修習よりも、「社会ノ表裏ニ映スル事情」に通じ「経験」を重ね「事実判断ノ上ニ於テハ活キタ判断ヲスル」能力を養うことのできる三年間の弁護士事務での「活キタ稽古」の方が有益だとする。[79]この提案に賛成する立場から、外部特に弁護士世界や、社会の出来事人情風俗から懸絶し、「学校ヲ飛出シテ少シモ世ノ中ノ風潮ニ触レナイデ、狭イ所ニ生活スル所謂子飼ヒノ試補」を育成する方法は不適切、[80]実社会から隔絶して裁判官を試補から養成する制度は、合理的な理由がないのであり、もし理由があるとすれば「国家ガ自分ニ威厳ヲ付ケル場合（中略—筆者注）又国家ガ人民ヲ征服シタ場合ニ一定ノ権力ヲ持ッテ居ラナケレバ人民ニ対シテ威厳ガナイト云フ慣習ヲ踏襲シタモノニ過ギナイ」のであり、試補による任用制度は「国家ガ人民ヲ敵トシタ時代ノ遺物」にすぎない[81]とする論調も見られた。

もちろんこうした提案に積極的な発言とともに、逆に弁護士からそれほどの人材が確保できるのかを危ぶむ意見や一部の「没常識」判検事のみを取り上げた極論とする意見もあるが、前述したような社会変化に伴って必要とされる実社会に柔軟に対応できる法曹を養成するためには、司法省によって一元的に掌握された試補任用、試補修習方法を改善すべきだとする問題把握自体がなされていることは注目される。こうした問題把握を基礎にして、こうした構造を壊すためには、もっとも極端な制度設計として、「人民一般カラ公選シタ公ケニ選ンダ所ノモノヲ裁判官」とするいわば「普通選挙ニ近イヤウナ」もの、それが極論すぎるのであるというならば、各審級毎の裁判管轄区域毎に、弁護士互選による選出がよいとする案、[82]現行規定でも存在する三年以上の弁護士経験者からの司法官任用の運用上の拡大、弁護士自身による司法官試補修習の実施等が示されることになる。

以上の観点からの議論は、在野法曹自身が法曹資格・養成制度に関与することを要求する議論[83]としてその後も法律新聞紙上などで展開され、何らかの形で法曹養成課程・資格認定課程に在野法曹自身が関与する制度設計が提示されるようになっていった。

（2）法曹資格・任用へ弁護士が関与する制度設計の提案①

一九〇九（明治四二）年第二五回議会において、阪本弥一郎[84]らによる裁判所構成法中改正法律案が提出された。その内容は、前述の議論状況の中で提出されてきたものであり、司法官の資格について定める裁判所構成法第六五条を大幅改正し、三年以上の経験年数を経た大学教授・弁護士から司法官を任用することを原則とする法改正を提案した[85]。提案者の一人武田貞之助[86]による提案理由は、次のようなものであった。武田は、従来の司法官試補を中心とした養成制度は「学校官衙ト云フ経歴ニナッテ、民間ノ事情例ヘバ商習慣トカ、人情ノ機微ヲ察スルトカ云フコトノ下級ノ事情ニ向ッテ通ゼラレヌト云フ情弊ガア」るので「民間ノ多数ノ人ト日夕相会ッテ一面ハ又裁判所ニ出テ裁判所事務ニ干与シ、現ニ裁判所ニ行ッテ裁判ヲ受ケテ来ルト云フヤウナ弁護士ノ側デ実習サセタ方ガ、最モ世ノ中ノ常識ニ富マセルト云フ方法トシテハ適当」だ、とする。とりわけ強調されているのは、弁護士としての経歴の内最初の三年間については、弁護士会主導で修習が行われるべきだということである。そのために現行の弁護士会規則あるいは弁護士法において、その間の修習について監督方法、実習方法、風紀の方法について改めて規定し直すことを予定しているとする（以上三月八日委員会冒頭での提案理由）。

ただし、制度設計との関係で注意すべき点は、この案が現行の弁護士法による学歴不問の資格試験を維持し続けるとすれば、法曹資格についての従来の法学教育課程修了要件を全く取り去ってしまうことになるが、この点については明確にされていない。前述した制度設計でいけば制度設計Bに近くなるが、その場合は、武田が明言しているように、大学あるいは私立法律学校による法学教育課程に代わるものとしての弁護士会という専門職団体自身による養成・資格認定が構想されていると考えられる。

この提案に対しては、司法省は「絶対反対」であり、判検事は「没常識」という認識を政府はもっていないことを断言した。司法次官河村譲三郎は、「民間ノ事情ニ通ジタ者」を司法官に任用することの必要性は理解できるが、この法案によって「相当ノ学識モアリ、民間ノ事情ニモ通ジ厳粛ナル規律ノ下ニ品性ノ陶冶ヲ経タ者ヲ採用スルト云フコト」はできないと主張する。高等官に初めて任用する場合には相当の待遇を与えることはできない規則（前掲高等官官等俸給令第七条）となっており、欠員補充に弁護士を採用することはほぼ不可能な状況にある、司法省としては、司法官試補を養成する方法が最も安定的であり、また試補修習を十分に行うことについては、「其人物ガ追々殖エテ参リマスレバ、其修習ノ法ヲ一層改良ヲ加フルコトモ出来マセウト思ヒマス、左様ニ致シマスレバ司法官ノ改良ト云フコトモ決シテ望ノナイコトデナカラウト考ヘテ居ルノデアリマス」と述べ、司法省主導の試補任用・修習課程を維持しながら、司法官の改良を行おうとする（以上三月八日委員会での発言）。しかしこの政府の判事＝「没常識」ということについて、政府に認識がないとは言えず、後の一九一一年における岡部長職法相、平沼刑事局長・斎藤十一郎民事局長に対する高木益太郎らの調査では「裁判官の常識養成に就ては多少の遺憾なきにあらず之に関しては多年苦心する処あるも未だ確定案成立せず」と回答している[87]。司法省としては、むしろ、司法官の「没常識」という認識を共有しながら、その対応は司法官試補任用と修習における司法省の主導権をいかに確保するかにあったと考えられる。

（3）法曹資格・任用へ弁護士が関与する制度設計の提案②

一九一二（明治四五）年第二八議会、翌年第三〇議会と続けて、岡田泰蔵[88]、鵜澤總明[89]、加瀬禧逸、卜部喜太郎らが、弁護士法改正法律案を提出した[90]。これは、弁護士会を法人化しその自治を大幅に認めようとするものであり、そのことを前提にして、弁護士が試験委員に加わるという明文規定をおき、弁護士自らがその資格認定に加わることを制度化しようとした。弁護士資格は原則として判事検事または弁護士試験合格者とすることを定めて、「帝大法科無試験規定」を削除した。また第二八議会の案では、弁護士としての実務修習を一年半義務づけることを盛り込んでいた。以下では本章に関係する試験制度に関する論点に沿って検討を加えておくことにしたい。

岡田泰蔵によれば、「試験制度ト云フモノヲ原則ニスル以上ハ、弁護士タル標準ハ法律ニ或ル定限サレタ科目ニ付テ試験ニ及第シ得ベキダケノ学問ヲ必要ト」するものであり、「高等文官ニ於イテヤハリ大学ヲ卒業シタモノニモ試験ヲ要スルト云フ以上ハ、此弁護士法ノ現在ニ於テモ試験制度ヲ採用スルコトヲ是ナリトスル以上ハ、少クトモ是ト同ジ程度ニ置クノガ公平デアリ、道理ニ適ヒ、是ガ理論モ立チ、何等待遇上ニ毀損ヲ与ヘルコトナク、ヤハリ厳重ナ試験科目ト云フモノガ弁護士ニナルナラヌノ判断点デアリマスカラ、此点ニ厳重ナル区画ヲ立テルト云フコトヲ此改正法ニ於イテ原則トシタ次第デアリマス」（三月八日委員会冒頭での提案説明）。ここでも、法学専門教育課程との連結についてどのように考えるのかという点については曖昧ではあるが、「試験」合格を唯一の基準とすることが「衡平」であるという観点が強調され、試験制度制度設計Ｂ（学歴不問の試験制に統一＝法学教育課程履修と切断）に傾いた説明がなされていることが特徴的である。しかし、他方で、この法案では、弁護士資格認定に関する弁護士会の関与、弁護士修習の弁護士会による実施が制度化されている点が注目されるところである。

本章の観点から、一九〇〇年代の前述した在野法曹の議論の延長線でこれら二つの法案を位置づけるとすれば、「帝大法科無試験規定」問題そのものに主眼があったわけではない。むしろ、先に検討した当時の在野法曹の問題関心からすれば、「司法省「児飼イ」の試補任用を中心とする司法官任用のあり方の改善、その一環として、弁護士に関する資格認定・養成に関して弁護士会自身の主導権をいかに制度的に確立するかという点に主眼があった。弁護士法改正による弁護士会自治の制度化、司法官の弁護士からの任官原則、法曹養成過程、資格試験への弁護士会の関与拡大は、専門職団体としての弁護士会による法曹資格・養成制度の構築という展望をもった制度設計の提示であった。その制度設計は、この段階では「試験」による法曹資格・任用こそが「衡平」であるとして、制度設計Ｂに傾斜した外観を呈しているが、弁護士会が主導する法曹資格・任用の前提要件として、どのような主体による法学専門どのような知識・能力の獲得を要件として要求するのか、という問題への回答如何、それが大学等による法学専門教育課程ということになり、また、それとは区別された実務の観点からの教育を弁護士会主導で行うということになれば、それぞれの主体の役割分担とその接合の仕方の議論を伴う制度設計Aに傾斜することになるであろう。

三　法学教育課程修了要件の撤廃

（1）試験制度改正運動の展開

さて、一九〇九（明治四二）年頃から、試験制度改革運動は、単に予備試験中の外国語試験の中止や廃止を求めるものから、試験制度全体の改正を求めるものに変わっていった。とくに同年二月の岡村輝彦（東京組合弁護士会会長）他一〇三名の「文官高等試験規則判事検事登用試験規則並ニ弁護士試験規則ノ改正」に関する請願は一つの転機となり、明確に判事検事試験の際の法学教育課程修了要件の撤廃を求めるものとなった[91]。同請願は、衆議院で採択されたが、司法省は、「司法官ノ職務ハ時勢ノ進運ニ伴ヒ重要ノ度ヲ加フルヲ以テ其ノ選叙ハ益々之ヲ慎重ニセサルヘカラス弁護士ノ職務ニ付テモ亦大差ナシ而シテ之カ適材ヲ得ント欲セハ専門学ノ外ニ普通学ト外国語ノ素養アル者ヲ挙クルノ必要アリ」として否定した[92]。一一年一月にも磯部四郎外により「試験制度改正ニ関スル請願」が採択された[93]。一三年二月に山本権兵衛内閣が成立し、早稲田、明治、法政、中央、日本各私大代表者による試験制度改正運動の協議に参加していた中央大学長奥田義人が、文部大臣（翌年三月からは司法大臣）として入閣すると「帝大法科無試験規定」廃止を中心とする運動はさらに高揚した。そしてこの頃から、議会での議論は制度設計Aから制度設計Bへと大きく傾斜することになった。

（2）法学教育課程修了要件の撤廃に向けた制度設計Bの登場

一九一三年第三〇回議会には前述の弁護士法改正法案が提出されていたが、二月二〇日に前述したような山本権兵衛内閣の成立といった情勢を背景にして、原嘉道（東京弁護士会会長）外五三九名による「司法官及弁護士試験制度改正ノ請願」が、衆議院に提出された。この請願は、現行判検事試験制度の運用は、いたずらに官学にあつく私学に薄いという点で非合理的であるとして、次の五点を内容とする請願を提出した。その内容は、①「帝大法科無試験規定」を廃止すること、②判検事試験の受験資格を撤廃すること、③判検事弁護士試験における予備試験を撤廃すること、④判検事試験を資格認定試験とすること、⑤判検事弁護士試験における筆記試験の効力の保存を認めること、であった。(94)

三月六日この請願を審議した請願委員会では、同請願の紹介議員である福井三郎(95)が、受験資格の撤廃について、受験資格を設けること自体が「是ナド抑々愚カ」であり「出来ルカ出来ヌカガ勝負デ其為メノ試験ダカラ、中学校デアラウトモ何処デアラウトモ一向差支ナイ、詰リ何学校カニ、学校ト云フノハ要スルニ入レ物ダカラドンナ入レ物カラ出テ来ナケレバナラヌト云フ道理ハナイ、其者ガシッカリシテ居レバ宜イノデアル、是ハ何処ニ理由ガアルカ知ラヌケレドモ、是ガ受ケル者ニハ頗ル不便利ニ相違ナク、又不当ナル規定ト思ウ。是ハ根本カラ止メテ欲シイ」と述べ帝国議会の議論の中で初めて、従来の三年間の法学教育課程修了要件を含めたいっさいの受験資格の撤廃を明確に主張したのである（三月六日衆議院委員会で冒頭での発言）。

請願委員会では、自ら法案を作成して本会議に提出する方向でいくことで採択可決され、三月一三日に衆議院請願委員長名で裁判所構成法・弁護士中改正法律案が提出された。(96)内容は裁判所構成法中の競争試験（第五七条、五八条、六二条）を判事検事資格認定試験とし、第六五条第二項を削除するものであった。ほとんど議論なく可決され、衆議院では初めて法学専門教育課程修了要件を課さないことを含意した制度設計Bによる法案が決められた。そして「帝大法科無試験規定」関係法案で初めて貴族院審議に委ねられたのである。

（3）制度設計Aからの法案批判

さて、これまでの衆議院での議論では、「帝大法科無試験規定」廃止との関連で法学専門教育課程修了要件をどうするのか、という点が必ずしも明確に議論されてこなかった。貴族院ではまさにこのことが議論の焦点となった。ここでは、その貴族院における議論を検討するが、その論理を理解するために、京都帝国大学教授の織田萬の「官吏登用試験ト大学制度」[97]の制度設計Aの立場からの議論の整理を紹介しておきたい。この織田論文は一九一四年の裁判所構成法・弁護士法改正法成立後、いわば「帝大法科無試験規定」廃止後にそれを批判するために執筆されたものである。そのため、この論文からは、法学教育課程と法曹資格・任用との連関をどのように制度化するべきなのかという問題意識から日本の制度の現状を批判的に検討しており、その意味で制度設計Aの立場からの主張の論理を明確に読みとることができる。

さて、織田は、東西両帝国大学が文官試験合格者を競いあう現状について「大学制度」が「官吏登用試験ト密接ノ関係アルハ実ニ国家ノ不祥事」だとして、そもそも日本の大学制度と官吏任用制度には大きな矛盾があると指摘する。織田によれば、ドイツの制度を参照しながら制度化された帝国大学は「一定ノ試験ヲ施シ国家ハ大学令ニ定メタル趣旨ニ本ツキ国家ニ須要ナル学術ヲ修習シタルコトヲ公証スル」にもかかわらず、「国家ハ文官試補タラントスル者ニハ其学力不足ナリトシ更ニ大学ニ於ケルト同一ノ学科ニ就テ試験スル」ことによってこの大学の「公証」を否定する結果をもたらしているのである。そして派生的に、司法官試補志願者にはこの大学の「公証」を承認しながら、文官試補志願者には否認するというもう一つの矛盾を生み出していると批判するのである。

織田の問題意識は、政府が行う文官試験の成績によって大学の価値、したがって「大学ニ於ケル教科」内容が決定されてしまうような現状を批判することにある。織田はそうした批判意識と前述の矛盾を防止する制度設計として、制度設計Aに立って提案する。織田が最も理想とするのは、大学での学術修習＝法学教育課程修了を前提にした無試験試補「特権」を文官一般について維持することである（「上策」）。この場合、フランスの「学士科卒業ノ者即チ法学士ハ何レノ官庁ニ於テモ当然試補タルノ資格ヲ有シ別ニ国家試験アルコト」のない制度を採るべきだとされる。この場合、試補修習の後に行われる本官採用試験は、行政の実地試験が重視され、大学での教育課程とは異なる質と内容の試験[98]が行われることになる。この「上策」では「帝大法科無試験規定」は維持されることになる。そして、現状の私立大学については、大学と同列に扱えないが、早急に政府がてこ入れをして制度上大学と同等のものとすることが実現すれば、帝国大学と同様に扱うべきだとされる。これに対して、「中策」として、大学での法学教育課程修了を前提にしながら、なお試験制度（行政官の場合高等文官試験、司法官の場合第一回試験）を残す設計である。しかしこの場合に行われる試補任用試験は、「各省ニ適当ナル人材ヲ求ムルカ為メニ多少特別ノ知識ニ就テ」行われる考試（「各省分試ノ制」）であり、それぞれの省の「所管事務ニ必要ナル学力」に関する試験とする。この場合、多少の前述の矛盾が残るが、大学卒業を再度点検するような現状の試験との重複をさけ、あくまでも本官採用のための第二回試験が重視される。「上策」「中策」も採用できない場合は、「下策」として、大学の教育課程の修了を試すような試験にならないように試験委員から大学教授を排除するべきだとする。

織田が三つの方策を提示する際に主眼としているのは、法科大学を「文官試験ノ準備教習所タルカ如キ陋風」、すなわち、法学教育課程と高等文官試補任用が単なる大学の卒業試験と同じ学科試験のみによって接合されることによって生じるゆがみを排除することである。一九一四年の「帝大法科無試験規定」廃止を受けて織田が危惧したのは、まさに法学教育課程と司法官任用あるいは弁護士資格附与について同じ弊害が生じることであった。と同時に、彼の問題提起は、大学における法学教育課程、法曹（司法官・弁護士）としての実務修習課程、最後に法曹としての資格付与および任用それぞれの段階での役割分担、あるいは接合の仕方＝選別の手段をどのように制度設計するのかという点にあった。

貴族院での議論の焦点となったのは、まさにこの点であった。

三月一七日に衆議院で可決された裁判所構成法・弁護士中改正法律案は、同日貴族院で第一読会が開催された。政府はこの法案について、関係諸機関の調整ができていないという消極的態度を見せていたが、貴族院では委員会に付託された(99)。

委員会で最初に議論となったのは、富井政章の意見である。富井は、「帝大法科無試験規定」廃止に反対し、「今日、私立法律学校ニ於ケル法学教育ノ甚ダ不完全ナルコト」によって「其出身者ハ大学卒業者ト競争シテ敗ヲ取ルカラ自然合格シナイト云フダケノコトデ」ある。しかし、かといってこの優勝劣敗の自然の結果を放置することはできないのであって、この規定を廃止するかどうかの改正の有無に関係なく、私立学校の法律学の教育を教育当局者の手によって改革する必要があり、この私立学校の改革問題が根本にあって、無試験規定廃止や平等化はその後に自然に解決できる問題であるととらえる。その具体策として、東京府下に集中する私立法律学校を合併させてそこに補助金を投下して施設設備の改良を図るのも一つの手段であるとする（三月二〇日委員会での発言）。富井は「学校教育ノ改良ガ十分ニ行ハレタ暁ニハ」、現在の判検事登用試験のような帝国大学卒業生レベルの知識を問うような試験制度を廃止してもよいと考える。しかし、試験が不要になるのではなく「別ニ官庁ノ要求ニ依ッテ純然タル登庸試験ヲ受ケルト云フコトニナッテ、即チ学校ノ試験ト性質ノ違ッタ直接ニ事務上ニ活用セラルベキ知識ノ程度ヲ量ル所ノ試験ヲ受ケテ、ソレニハ又大学ノ卒業生モ私立学校ノ卒業生モ対等ニ試験ヲ受ケルト云フコトニナルノガ、是ガ最モ完全ナル組織デアルト信ズルノデアリマス」と主張する（三月二六日委員会での発言）。つまり富井の構想では、前提としての法学教育課程の十分な質の確保ができればそれを法曹資格・任用の前提要件として連結させるとともに、法学教育課程で証明された知識とは異なるレベルでの法曹実務にふさわしい知識技能の試験を実施すべきだとする。そこには、先ほど検討した織田「中策」の発想と通じるものがあり、法学教育課程→実務修習課程→法曹資格・任用といった一連の法曹資格認定・養成・任用課程で、それぞれの段階での教育内容の質の違い、その主体の違いを意識した制度設計が考えられているといえよう。

さらに、審議の中で法案に賛成する松岡康毅の場合でさえ、請願委員会案のとる制度設計Bではない。とくに制度化された法学教育を受けずに司法官を歴任してきた松岡にしても、強調するのは実務法曹としての任用あるいは資格附与に相応しい法学教育課程の質の向上である。[100]したがって試験制度改正に関して、受験資格を撤廃することは考えておらず、富井と同様、前段階の法学教育を中心に普通学を含めた教育課程と司法官試補課程とを、前者の質の向上によっていかに円滑に接合させるかということに問題関心がある。

委員会では、政府が改正の必要を認めつつ、試験制度の統一との関係で次回に政府案を提出することを約束している点を考慮して、今回の提案を否決し、本会議でも否決されるに至った。

四　一九一四年裁判所構成法・弁護士法の改正

(1) 法案の内容と提案理由

一九一三年の法案に対しては、政府・司法省は一貫して他の文官試験との統一が十分とれていないことを理由に反対したが、翌年の第三一回議会で、政府は裁判所構成法中改正法律案と弁護士法中改正法律案を提出した。その内容は、「帝大法科無試験規定」の廃止、第二回試験を「考試」とすること、大審院長、検事総長を親任官とするものであった。[101]以下では、最初に政府・司法省の提案理由を示した後、その審議過程における議論を論点毎にまとめて検討していくことにしたい。

奥田義人司法大臣は、衆議院委員会において、法曹資格・任用に関する部分について次のように提案理由を説明する。まず、第二回試験を「考試」とすることについて、現行の規定では考試の方法が試験に限定されているのであるが「判検事ハ私ノ申マデモナク一旦本官ニ任用ニナリマスト云フト、終身官ノコトデアリマスカラ、之ヲ罷免スルト云フコトハ出来マセヌ、行政官ナドトハ違ヒマシテ唯実務ノ成績ダケヲ試験スルト云フノデハ足リナイヤウニ考ヘマスノデ、或ハ其人格ニ付テ、或ハ其行状ニ付テ、其他イロイロナ点ヲ考察シテ見ル必要ガアルト信ジマスルノデ、本案ニ於キマシテハ一年六箇月以上実務ノ修習ヲ為シタル者ニ付テ考試ヲスル唯ノ試験ヨリモ少シ範囲ヲ広クシマシテ、考試ヲ為スベキ趣意ノミヲ規定シテ、サウシテ考試ノ方法ハ司法大臣ノ定メルコト」とする（三月一四日衆議院委員会）。これについては、小山温司法省政府委員が二回試験について、①実際の記録を与えて実務上の修習がどの程度行われているかを見る、②監督官の意見を聞く、③司法省に於いて一～二ヶ月かけてじっくり修習の成果を口頭推問的に見るなど、現行のような記録につき判決を書かせるだけのものではなく、人物試験、学術試験いろいろな方法で考試し、一年半監督官によく見させてその報告を元に、本省で人格風采態度身体の健康までよく調べて決定すると補足している（三月一六日衆議院委員会）。第一の第二回試験「考試」化については、前述したように一九〇〇年代後半に入って常に司法省において意識されてきた試補修習のあり方を、従来の各控訴院での個別実施に委ねていたあり方から司法省主導の非常に集権的で統制的な内容に変更することが目指されていた。

第二に、第一回試験を資格試験とし、弁護士試験、高等文官試験、外交試験などとの統一を前提に試験規則の具体化は後日に委ね、そして「帝大法科無試験規定」を削除した。そして、司法官試験については「今日ノ所デハ三年以上ノ専門ノ学科ヲ修習イタシマシタ者ハ受験資格ガアルト云フコトニナッテ居リマシテ、余リ普通学ト云フモノニハ重キガ置テナイ、今度ハ原則ト致シマシテハ、成ルベク普通学ニ重キヲ置キタイ、御承知ノ如クニ是ハ判検事バカリデハアリマセヌガ、兎角役人ニ常識ガナイ、殊ニ判検事ニハ常識ガ無イト云フヤウナコトガ、随分世上デモ喧シイノデス」と述べた。この点についてはいろいろな原因があるだろうが「普通学ノ素養ノ足リナイト云フコトモ、亦一ノ原因デアラウカト存ジマス。今回試験規則ヲ定メルニ付テハ普通学ニ重キヲ置キタイト考エテ居リ」、ただその場合相当な期間の経過措置が必要と述べた（三月二三日貴族院委員会、奥田法相発言）。貴族院でのこの発言に典型にあらわれているように、「没常識」司法官問題は、普通学の教育の欠乏にあるので、今回の改正では、受験資格について中学校卒業に統一したほかは、いっさいの受験資格制限を撤廃することが含意されていた。

帝国議会において、この法案をめぐって審議が開始されるのであるが、そこでは、法曹資格・養成制度全体の制度設計という観点からいくつかの批判、反対意見が提出された。以下では、前述した制度設計に即してこれらの批判を整理して見ていきたい。

（2）法曹資格・養成制度への弁護士会の関与を拡大する制度設計Bからの議論

まず、「帝大法科無試験規定」廃止後、法曹資格・養成全体をどのように設計していくのかについて、花井卓蔵がまず最初に、弁護士の地位向上とからめて広く司法官任用制度全般のあり方を論点として議論しようとした（三月一四日衆議院委員会）。花井は、大審院長・検事総長の地位の向上を行うことと関連して弁護士に対する待遇の向上についての政府の見解をただした上で、司法官任用制度の問題点を指摘する。まず、裁判所構成法第六九・七〇条によれば、経験五年以上の弁護士から控訴院判事へ、経験一〇年以上の弁護士から大審院判事への任官が規定されているが、一八九〇年以来この規定は用いられたことがないし、逆に勅令＝高等官官等俸給令第七条によってこの法規定を遮断することが定められている、これらの点をどのように改善されようとされるのか当局の意思を問いたいとする。奥田義人はこの花井の指摘に対して、全く同感で、現在の司法官の登用のあり方はあまり当を得ていないように自分は考えているとした上で「例へバ英吉利ニ於ケルガ如ク、民間デ多年実際ノ事務ニ当ッテ、経験ノ十分積ンダ人ガ段々ト司法官ニナラレルヤウニナラヌト云フト、ドウモ唯学校ヲ経テ試験ヲ経過シタルトコロノ者ガ直チニ判事若クハ検事トナリマシテ、是ガ独立ノ裁判権ヲ運用ヲスルト云フノハ、ドウモ甚ダ穏デナイ、場合ニ依リマシテハ又危険ナコトモ少ナカラント思フノデアリマス、凡ソ判事若クハ検事トナル人ハ相当ノ経歴ヲ持チ、相当ノ実験ヲ経マシタ人ヲ以テ之ニ充テルノガ、ドウシテモ当然デアラウト考エルノデアリマス」という有名な法曹一元的な制度を認める答弁を行った。

さらに花井は、弁護士会の自治制を認めること、弁護士監督を検事正から司法大臣に移管すること、弁護士試験委員に弁護士を加えること、在朝法曹と在野法曹との待遇上の権衡を保つ趣旨において、近き将来において司法官の権利資格の上においてほぼ均衡を保つような途を開くこと、これらについての見解を尋ねた。これに対しては、奥田は、いずれについても積極的に回答している。

黒須龍太郎(102)は、弁護士からの司法官の任用を積極的に行うためには、弁護士についても司法官と同様二回試験を導入すべきであり、それによって、司法官への弁護士任用が円滑になると思うと主張した（三月一六衆議院委員会）。弁護士の地位向上と弁護士会自身による弁護士養成への取り組みの積極化、その延長に弁護士からの司法官任用の原則化を構想する議論である。しかし、奥田は弁護士は自由業で、人格学問実務をたえず自ら鍛えておかなければ自然淘汰されると思うとのべ、その点裁判官とは異なると応じ、賛成しなかった。

以上は、制度設計Bを採ったとしても、少なくとも弁護士に関する資格認定、養成に関して弁護士会自身による主導権をいかに制度的に確立するかという前述したような当時の在野法曹の関心からの法案に対する牽制であると位置づけられよう。

この点に関しては、野添宗三(103)からの現行の試補の修習の内容についての批判が注目される。野添によれば、試補を直ちに区裁判所の検事代理に任命することがよく見られるが、これには二つの点で疑問がある、一つは修習期間の大半を検事代理として業務を行うことで修習をしたといえるのか疑問、次に検事代理になることによって俸給がすこし上がるので希望者が多く、かえって判事検事としての修習がおろそかになっていると指摘する。ここでは司法省が修習の改善を図るとして規則をいくら改正したとしても、その運用が司法省によって一元的に行われた場合、その恣意的な内容設定によって内容が偏向することの危険性があることが指摘されているのである（三月一六日衆議院委員会）。

結局、先に指摘したように、制度設計Bを採った場合に不可欠の論点となるのは、では「学校」に代わる法曹資格・任用に不可欠の知識・技法の付与をどこでだれが行うのかという問題である。この法案では、法学教育課程との切断を行うことによって、国家「試験」による知識・技能修得の証明に一元化されることになる。そうした結果は、弁護士会による法曹資格・養成制度への関与の確保を期待する在野法曹にとっては批判の対象とならざるをえず、その意味での牽制的議論が前述の発言であったものと考えられる。しかし、弁護士会の法曹資格・任用への関与は、後の展開から言えば、何一つ改善されたものはなく、試験委員への任命すら実現されることはなかった。

（3）制度設計Aからの批判

前議会に続いて、「帝大法科無試験規定」を含めて何らかの意味での法学教育課程修了要件を撤廃することについて、再度批判が繰り返された。衆議院と貴族院でのそれぞれの発言を次に検討しておきたい。

まず最初に衆議院で島田俊雄[104]から、文官採用について一種の採用試験を設けてそれを登用するというやり方は遅れているのではないか、これまでの競争試験を改正しようとすること自身は評価するが「尚此改正セラレタモノモ、今ノ世間ノ状態カラ云ヘバ後レテ居ルヤウニ思フ、私ハ此点ニ付テモウ一歩進ンデ、一定ノ資格アル高等ナ課程ヲ踏ンデ、相当ナル教育ノアルモノト認メルトコロノモノハ、総テ無条件デ採用スルト云フコト、斯ウ云フ一種ノ機械的ノ試験ヲ施スコトヲセズニ、採用スルノ途ヲ講セラレル方ガ、モット進歩シタ方法デハナイカト思イマス」と批判する（三月一四日衆議院委員会）。これに対して、奥田司法大臣は、個人的な考えとして「相当ノ学校デソレゾレ専門ノ学科ヲ修メタモノデアリマスレバ、之ニ十分ノ信用ヲ置イテ、重ネテ又同ジヤウナ試験ヲスルナドト云フヤウナコトハ余リドウモ感服シナイ、感服ハシナイノデアリマスケレドモ」、すでに高等文官試験で行われていることであり、判検事のみが例外となることは面白くないと回答している。島田が指摘する点は、前述した織田萬の批判と同じであるが、政府は、織田が批判した高等文官試験の現状に合わせるという消極的な対応をしたのである。

しかし、高等文官任用試験の現状との統一的な取り扱いをすることは是としても、「学校」で修めた「専門ノ学科」と「同ジヤウナ試験」を繰り返してよいのかについてさらに批判が加えられた。

貴族院の富井政章は、法案に絶対反対であるとし、前回の議会で主張したように、その理由を、受験資格を普通教育修了だけにするのでは不十分であり、充実した「学校」の「法科ノ教育」も必要だとする。充実した法学教育課程を経たのものであれば、そこに信用をおいて「学校」と「同ジヤウナ試験」を繰り返す必要がないことを力説した。前述した前議会における議論と同様、織田萬の発想に立った試験のあり方自体について、「真ニ行フ試験ト云フモノハ、余ホド実務的ニ傾イタ試験ヲヤルト云フコトニナルノデアリマス、ソレハ甚ダ必要デアル、ソレハ行政官、司法官、外交官ナドヲ採ル試験ノ本質ニ適ッタ方法デアル（中略―筆者注）学校ノ試験ハ、幾ラ高クテモ官吏登用試験トハ性質ガ違フ、独逸デモ仏蘭西デモドコデモ、サウナッテ居ル、サウシテ其実務的ノ試験ヲ受ケニ来ル者ハ、今日デハ仏蘭西ナドデハ法科大学ノ卒業生デモ及第サセナイヤウニナッテ来テ居ル、司法官ハ「ドクトル」試験ヲ経テ居ラナケレバイカヌ、行政官、外交官ニナル者ハ法科大学ヲヤッタ上ニ、尚ホ彼ノ有名ナル政治学校ニ這入ッテ政治学校ヲ卒業シタ者デナケレバ及第サセナイト云フヤウニナッテ居ル、ソレ故ニ実務的ノ試験ト云フモノハ甚ダ必要デアル」とする（三月二三日貴族院委員会）。富井の批判は、結局は織田と同様、大学における法学教育課程、法曹（司法官・弁護士）としての実務修習課程、最後に法曹としての資格付与および任用、それぞれの段階での求められる内容と役割の違いに応じて、それぞれの段階での接合の仕方＝選別の手段をどのように制度化するのかという視点のない改革はありえないことを繰り返し強調するものであったといえよう。この論点は、この法案が可決された後も、試験規則として法改正を具体化するための行政官、司法官、弁護士、外交官統一の高等試験（一九一八年高等試験令）が制度化されるまで、繰り返し議論されることになる論点となったのであるが[105]、もはや織田萬のような視点での制度構想としては復活することはなかった。

第四節　明治末から大正期の法曹養成論議とその帰結としての集権化

結局一九一四年の法案は貴族院でも可決され、一九一四年法律第三九・四〇号として公布された[106]。一九〇〇年代に「帝大法科無試験規定」を中心に法曹資格・任用制度が改革論議の対象となった時に、前述したように、法曹養成・資格制度は、一定の普通教育を経た後に三年以上の法学教育課程修了を資格認定の前提に置き、その法学教育をどの学校で受けたかによって資格認定を差別化する構造をもっていた。一九〇〇年代半ば以降の「帝大法科無試験規定」廃止運動はこのような差別化の構造にどのような変革をもたらしたであろうか。

本章の検討によれば、改革論議の焦点は、大学における法学教育課程、法曹（司法官・弁護士）としての実務修習課程、最後に法曹としての資格付与および任用、それぞれの段階での求められる内容と役割の違いに応じて、それぞれの段階での接合の仕方＝選別の手段をどのように制度化するのか、という点にあったと思われる。在野法曹は、「帝大法科無試験規定」を「帝大法科大学」の特権として削除するにあたって前述の制度設計Bの外観を呈しながらも、かれらの構想では、専門職団体としての弁護士団体が、法曹養成・資格認定・任用過程でどのような役割を負担し、関与しうるのか、こそが問題であった。織田萬や貴族院の富井政章らの観点においても、前述の法曹養成・資格認定・任用過程に関与する諸団体、大学、弁護士、司法省・裁判所・検事局の役割分担とそれぞれを接合する試験のあり方が多元的に構想されていた。しかしながら、一九一四年の法改正に帰着する改革論議においては、そうした多元性は次第に、法曹内部、「学校」群内部の格差構造の是正と国家試験による一元的資格付与・任用制が結びつけられた議論に単純化され、「帝大法科無試験規定」が内包していた法曹資格・任用と法学教育課程との連関は切断されることになった。それが一九一四年改正である。この制度設計を採った場合に、不可欠の論点となったのは、では「学校」に代わる法曹資格・任用に不可欠の知識・技法の付与をどこでだれが行うのかについてであった。この点については、本章で検討したように帝大法科特権廃止運動と平行する在野法曹による様々な法曹資格・養成制度への関与の制度要求が様々に展開されてきた。しかしながら、政府＝司法省はそれらをことごとく一貫して排除したのである。その結果、法曹資格・任用は、法学教育課程と切断され、国家試験による知識・技能修得の証明に一元化され、司法官試補任用およびその後の修習課程も司法省によって一元的に掌握される点で従来と変わりなく、よりいっそう強化されることになった。その意味では、織田が問題にしたような、国家試験によって大学の価値、したがって「大学における教科」内容が決定されてしまうようなゆがみに対する批判的意識から、法学教育課程→実務修習課程→任用・資格附与それぞれの段階での役割分担、あるいは接合の仕方＝選別の手段をどのように制度設計するのかという論点は切り捨てられ、さらには、法曹資格附与・養成の各段階に関与する様々な機関・団体、裁判所、検事局、大学、専門職団体としての弁護士会などが多元的にかかわる可能性が遮断され、司法省の裁量によって一元化される構造に純化したといえる。

［注］

(1) 本章に関係する近代日本の法曹資格・任用制度に関しては、下記の先行研究に多くを拠っている。まず、明治前期における法と法学教育の特質を官僚養成との関係で明らかにした先駆的研究として、利谷信義「日本資本主義と法学エリート(一)・(二)」思想四九三・四九六号(一九六五)がある。大学等の高等教育機関とは異なる司法省付属の司法官養成機関である司法省法学校に関しては、手塚豊「司法省法学校小史」『明治法学教育史の研究(手塚豊著作集第九巻)』慶応通信(一九八八)。明治前期の法学教育機関としての東京大学・帝国大学、私立法律学校の成立・展開過程に関しては、各大学により編纂されている大学史が詳細な検討を行っている。とくに本章では、東京大学百年史編集委員会『東京大学百年史　通史一・通史二』(一九八四)、『明治大学百年史』第三巻(一九九二)、『専修大学百年史』上・下(一九八一)、『法政大学百年史』(一九八〇)、中央大学百年史編集委員会専門委員会編『中央大学史資料集』第一二～一四集(一九九四～九六)などを参照した。私立法律学校については、高梨公之「五大法律学校とその実態――明治三〇年における――」日本法学三八―三(一九七二)、同「五大法律学校物語」法学セミナー二四〇～二四七(一九七五～七六)など参照。なお、明治憲法体制構築の中で、国家による官僚養成、帝国大学を頂点とする教育制度の確立、さらには私立法律諸学校に対する国家統制をめぐる歴史過程については、利谷前掲論文および前掲各大学史が詳細な分析を行っているが、大学史研究の側から、寺崎昌男『日本における大学自治制度の成立〔増補版〕』評論社(二〇〇〇)、とくに第二章を参照。高等教育制度全体の動きの中で法学教育機関の展開とその実態を詳細に分析した研究として天野郁夫氏の以下の一連の研究がある。『近代日本高等教育研究』玉川大学出版部(一九八九)、『高等教育の日本的構造』玉川大学出版部(一九八六)、『旧制専門学校論』玉川大学出版部(一九九三)など。またこうした高等教育制度史研究をふまえて戦前の法学教育についての分析を行ったものとして吉井蒼生夫「法学教育の歴史的分析」法の科学二二(一九九四)がある。法曹資格・試験については、奥平昌洪『日本弁護士史』巌南堂書店(一九一四、七一復刻版)、東京弁護士会百年史編纂刊行特別委員会『東京弁護士会百年史』(一九八〇)、大阪弁護士百年史編纂委員会・山中永之佑監修『大阪弁護士会百年史』(一九八九)等の弁護士史の他に、法曹資格試験に関する代表的研究である、竹中暉雄「国家試験制度と「帝国法科特権」」本山幸彦編『帝国議会と教育政策』思文閣出版(一九八一)、日本の教育課程全般における試験制度とその実態分析の中での法曹資格試験についてふれたものとして、前掲の諸研究とともに天野郁夫『試験の社会史』東京大学出版会(一九八三)がある。近年においては、岩谷十郎「近代日本法史における『学識』判事の登場――第一回判事登用試験顛末」同『明治日本の法解釈と法律家』慶應義塾大学法学研究会(二〇一二)が、任用試験を通じての裁判官の日本における「学識」化のプロセスを分析し、大久保泰甫「日本の法学部教育の歴史から見た法科大学院構想」法律時報七二巻一号(二〇〇〇)が法学教育の観点から法曹資格試験制度の変遷を分析している。なお、法曹資格制度の変遷についての図表化とともに概観的分析を行った、法務大臣官房人事課編『ジュリスト増刊　司法試験改革を考える（基本資料集）』（一九八七）、東京弁護士会・法友全期会・政策研究会『法曹資格に関する試験制度の研究』法友全期会（一九八九）がある。なお、明治二〇年代の司法官任用制度について分析を加えた研究として安原徹也「明治憲法体制成立期における司法官任用制度の形成」史学雑誌一二〇―八（二〇一一）がある。

（2）該当条文は以下の通りである。

裁判所構成法

第五十七条　判事又ハ検事ニ任セラルルニハ第六十五条ニ掲ケタル場合ヲ除キ二回ノ競争試験ヲ経ルコトヲ要ス

第五十八条（第二項）第一回試験ニ及第シタル者ハ第二回試験ヲ受クルノ前試補トシテ裁判所及検事局ニ於テ三年間実地修習ヲ為スコトヲ要ス

第六十二条　第二回ノ競争試験ニ及第シタル試補ハ判事又ハ検事ニ任セラルルコトヲ得

第六十五条　三年以上帝国大学法科教授若ハ弁護士タル者ハ此ノ章ニ掲タル試験ヲ経スシテ判事又ハ検事ニ任セラルルコトヲ得

帝国大学法科卒業生ハ第一回試験ヲ経スシテ試補ヲ命セラルルコトヲ得

弁護士法

第三条　弁護士タラムト欲スル者ハ左ノ条件ヲ具フルコトヲ要ス

　第一日本臣民ニシテ民法上ノ能力ヲ有スル成年以上ノ男子タルコト

　第二弁護士試験規則ニ依リ試験ニ及第シタルコト

第四条　左ニ掲クル者ハ試験ヲ要セスシテ弁護士タルコトヲ得

第一判事検事タル資格ヲ有スル者又ハ弁護士ニシテ其ノ請求ニ因リ登録ヲ取消シタル者

第二法律学ヲ修メタル法学博士、帝国大学法律科卒業生、旧東京大学法学部卒業生、司法省旧法学校正則部卒業生及司法官試補タリシ者

（3）利谷前掲注（1）論文「(二)」一〇五頁以下。

（4）「帝国大学法科大学」卒業生も文官試験の本試験の受験が義務づけられたとはいえ、予備試験は免除されており、「学校」の質に応じた差別化の論理は貫徹している。

（5）八七年一一月一九日の帝国裁判所構成法第五回議事。同委員会における発言資料の引用は「法律取調委員会帝国司法裁判所構成法草案議事筆記」法務大臣官房司法法制調査部監修『日本近代立法資料叢書25』商事法務研究会（一九八六）七四頁以下によ

る。

(6) 同右七六頁。出浦報告委員発言。なお、同右七八頁にも同委員は「大学ノ度合イヲ考ヘテシナケレバナラヌ年々進ンデ学力ノ程度ガ高クナツテ参ル者許リト認ムレバ、免ズデモ宜敷イガ、如何ナル事デ非常ニ停滞スル事ガナイトモ云ヘナイ、却テ私立学校ノ方ガ進ムト云フ事ガナイトモ云ヘマセン」と述べている。

(7) 弁護士法制定過程における議論については、竹中前掲注(1)論文三八五頁以下参照。

(8) たとえば前掲注(1)『法曹資格に関する試験制度の研究』一五頁以下参照。同改正を試験制度において具体化した一九一八年の「高等試験司法科試験はその受験資格について、従前の試験に比して著しく開放化・平等化し」、「開放化・平等化の徹底は、司法が多様な人材によって構成されることを促すのであり、その歴史的意義はきわめて大きい」とされている(同上一二頁)。同改正が女性への受験資格の開放といった点で画期的であることは事実であり、開放化・平等化を促す面での意義を認めつつも、本章の分析では、後述するように、法曹資格・任用制度と法学教育課程との連関についての当時の制度構想の対立を分析することで、こうした評価の見直しを行うことを目的としている。なお、法学教育課程と一定の法曹資格・任用が連関づけられるという制度を近代固有の「学校化された社会」の一つのあらわれであるという視点から、官私立の「学校」間格差の是正を課題とする「帝大法科特権廃止運動」を、「学校」文化がより一層社会に浸透していく過程として分析した、竹中前掲注(1)論文と本章の視点との違いは後述する。

(9) この点についての同様の疑問は、大久保前掲注(1)論文、とくに一二六頁注(9)参照。

(10) 注(8)参照。

(11) 笹倉秀夫『法哲学講義』東京大学出版会(二〇〇二)三二一頁以下参照。

(12) 前掲注(1)の諸論文を参照。とくに利谷、吉井各論文。

(13) 本編第一章第一節参照。

(14) 「法律ハ西洋各国ニテモ学科中専門之一大業ニシテ頗敏ノオト雖モ詞訟ノ方法刑名ノ権衡ヲ明ニセサレハ司法ノ任ニ当ル能ハス(中略—筆者注)司法ノ官モ諸方ニ分置セラルヘク法律ノ人才許多無之テハ御用忽チ差シ支ヘ候間本省ニ於テハ法律育方ノ道即今至急ノ件ニ候」内閣記録局編『法規分類大全第一四巻　官職門〔5〕』原書房復刻版(一九七八)七七頁所収。

(15) 私立法学校に関しては、後に「五大法律学校」とも呼称される大学の前掲注(1)の大学史関係文献、また高梨前掲注(1)の各論文を参照。一八七〇年代に全国各地に簇生した私塾的な学校は、二〇~三〇人規模の小規模のものであり(前掲注(1)『明治大学百年史』三、七八頁)、高度化・専門化する過程で淘汰されていった。そして、八〇年代にはいると、東京大学や司法省法学校などの官立の法学教育機関の下位に位置づけられつつあった大規模で近代的な私立法律学校群が登場する段階を迎えた。それらの私立法律学校として、慶應義塾（一八六八年創設、福沢諭吉、九〇年慶應義塾大学部を置き、法律科を設置、九九年専門学校令による大学部法律科〔予科二年、本科三年〕）、明治法律学校（八〇年、岸本辰雄、一九〇一年、明治大学）、専修学校（八〇年、小川盛重、九三年以後法律学科募集停止、一九一三年専修大学）、東京法学舎（八〇年、薩埵正邦、後に東京法学校、和仏法律学校、一九〇三年法政大学）、東京専門学校（八二年、大隈重信、小野梓、一九〇二年早稲田大学）、独逸学協会学校（八三年、西周、九五年専修科廃止、獨協大学）、英吉利法学校（八五年、穂積陳重、奥田義人、八九年東京法学院、一九〇三東京法学院大学、〇五年中央大学）、東京仏学校（八六年、佐野安麿、和仏法律学校、法政大学）、関西法律学校（八六年、井上操、一九〇五年関西大学）、和仏法律学校（八九年、箕作麟祥、法政大学）、日本法律学校（八九年、山田顕義、一九〇三年日本大学）。なお時期はずれるが、京都法政学校（一九〇〇年、〇四年京都法政大学、一三年立命館大学）。

（16）以下司法省法学校に関しては、手塚前掲注（1）論文による。七一年九月に司法省内に一等寮明法寮が設置され、翌年八月には法学教育機関としての機能が開始された（明法寮生徒二〇名決定）。七五年五月明法寮は廃止され、法学教育機能は司法省本省へ移管された。その際生徒七名がフランスに留学、欠員募集が行われ、これが司法省法学校正則科一期生とされた（七六年修了、八四年に法学士号授与）。七六年七月には正則科二期生入学（一〇四名）、二期生から正規の修学期間（予科四年、本科四年）の教育が施された（八四年卒業、三七名、内法律学士三三名）。その後三期生（八〇年入学、五三名）、四期生（八四年入学、七五名）と続いたが、八四年一二月、司法省法学校正則科は文部省に移管、東京法学校と改称された（本科生四六名＝三期生と予科生七五名＝四期生は同学校に移籍）。東京法学校は、東京大学法学部、さらに法政学部に吸収合併され、八六年帝国大学法科大学に再編された（三期生は同法科大学卒業、第四期生は予備門から一高を経て法科大学を卒業）。

正則科とは別に七七年から司法官の養成を短期的に速成するために、速成科が設置（二年間の修学期間）。一～三期生（各々五〇・一四一・二〇九名）と続いたが、三期生については、八六年四月に東京大学法政学部別課法学科（後述）と合併、同別課廃止後、司法省所管となる。その後、三期生に関しては特別に八六年の判事登用規則による判事登用試験を受験させ、司法官への任用が図られることになった（後述）。以上の司法省法学校の出身者はその後明治期から大正期にかけての司法界の中心を担う層を形成したと言われている。

（17）代言人志願者は所轄の地方官毎に検査（布告布達沿革・刑律・裁判手続の概略とともに、本人の品行履歴）が行われ、その後、司法省から免許状が付与、各裁判所所在地地方毎に作成される代言人名表への登録によって代言人活動が認められることになった。

(18) この改正は、政府が代言人と自由民権運動との結びつきを警戒して行ったものといわれている。全国的な統一試験の導入による代言人の質の平準化だけでなく、裁判所毎に設立される代言人組合への加入を代言人に義務づけた。同組合に加入した代言人は、司法省の認可によって定められた会則の遵守を義務づけられ、検事による監督を受け、懲戒事項に反する行為があれば裁判所によって処分された。代言人試験は、二〇歳以上の男子に対して受験資格が付与され、①民事に関する法律、②刑事に関する法律、③訴訟手続、④裁判に関する諸規則について行われた。

(19) 七七年一二月には、外国の弁護士資格取得者に「司法省附属代言人」という特権的地位が付与されることが定められたが、八一年に廃止された。

(20) 一八八〇年代以降の民間の間で法律学校が展開する背景には、明治法律学校規則第一条に掲げられているように、日本語によって法学的知識を講義することによって、広く国民一般の間に法学を普及させるといった考え方が、八〇年代の自由民権運動の展開と軌を一にして民間の法学教育機関の展開を支えたことがある。前掲注（1）『明治大学百年史』三参照。

(21) 同上一八三頁以下参照。

(22) 以下の叙述は前掲注（1）『東京大学百年史』通史一および同二によっている。幕末の洋学機関であった蕃書調所を引き継いで一八六八年に開成所が開校されたが（英科、仏科）、その後、大学南校、開成学校、東京開成学校と制度改革が行われ、七七年には、東京開成学校と東京医学校を統合する東京大学という名称をもつ組織に編成替えが行われ、東京大学法学部もその中の一構成組織として設けられることになった。

(23) 三年間の修学期間。その意図は、日本語による法学教育によって法学知識就学者の需要に応えるための付加的教育課程を設けること、簇生する私立の法律学校に対する警戒と蔑視の姿勢に基づいて、標準となるべき法学教育課程を別課法学科のカリキュラムにおいて示すことにあったとされている。しかし、二年間だけ募集され、財政的理由によって廃止された（一八八五年、前掲注（1）『東京大学百年史』一、四六〇頁以下参照）。

(24) 制度的には、八二（明治一五）年の東京府布達町村立私立学校幼稚園書籍館設置廃止規則制定によって、私立学校に関する東京府の設立認可制が導入されたことが、国家的統制の出発点となった。これによって、施設、設備、教育内容、生徒定員、入学生徒の学力、教員などについて所定の書式によって届け出ることが求められた。八四年には同上規則が改正され、認可要件が詳細化された。

(25) 旧司法省法学校のフランス法を中心としたカリキュラムが取り入れられ、旧来のイギリス法を中心としたカリキュラムと平行して、法律学第一科と同第二科との二学科構成となった（旧司法省法学校生徒卒業とともに消滅）。その後、ドイツ学重視の傾向があらわれる中、オーストリア、ドイツにおいて法律学と国家学を法学部中に併置している大学があることにならって、文学部から政治学科が移され、法政学部に改称された。前掲注（1）『東京大学百年史』通史一、五〇〇頁以下。

（26）この点の移行過程については注（16）参照。

（27）前掲注（1）『東京大学百年史』通史一参照。しかし明治一〇年代に関しては、東京大学法学部卒業生数が少なかった（三〇名前後で推移）こともあって、司法への卒業生の輩出はそれほどでもなく、行政官と教員といった幅広い分野に人材を供給していた。

（28）判事登用規則の制定理由書は、司法省「判事検事登用規則設定ノ儀上申」明治十七年十二月（国立公文書館所蔵『公文録　明治十七年十二月司法省第二』所収）参照。なお、岩谷前掲注（1）論文参照。

（29）判事登用試験は、刑法、治罪法、英仏の財産法、契約法、証拠法について行われ、同試験に合格した者は、「御用掛」として始審裁判所で一年以上の見習の後判事本官（もしくは検事本官）に任命された。なお検事の任用についても、同試験合格同程度の法学識を求められたので、実質上検事についても判事登用試験に合格が求められた。

（30）この時期の主な私立法律学校に関しては注（15）参照。

（31）判事登用規則では、判事に任用される有資格者を、法学士、代言人、試験及第者（外国において法学士状師〔バリスター、アヴォカなど〕の称号を受けた者もさらに試験を行う）とした。また、無試験によって司法本官に任用できる者として①法学士でかつ代言人たる者で二年以上の業務経験、又はその他の代言人で五年以上の業務経験があり学識経験卓絶なる者、②検事職五年以上勤続した者、③五年以上の判事補経験、かつて五年以上の判事経験、法学士代言人および試験及第者で判事職を転官した者もしくは法学士にして他の官庁に奉職した者を指定していた。

（32）司法省編『司法沿革誌』（一九三九）によれば、判事登用試験の実施は、八五（明治一八）年八月第一回試験（三名合格）、翌年一一月第二回試験（三五名合格）が記録されている。このうち二四名が司法省法学校速成科生徒によって占められているが、司法省法学校の閉鎖を目前にして速成科生徒を積極的に受験させて任用する方針がとられたためであるとされている（手塚前掲注（1）書一三一頁以下）。八六年裁判所官制も裁判官および検察官に任用される資格は別に試験法の定めるところによるものとされ、前述判事登用規則による登用試験が行われた。しかし、同官制によって、従来「事ヲ判事（もしくは検事）ニ受ケ審判スルコトヲ掌ル」（七七年大審院諸裁判所職制章程、検事章程）とされていた「判事補・検事補」職が廃止され、判事登用試験合格者を前提にした「判事試補・検事試補」職が創設された。これによって、八七年一月に旧来の判事補と検事補のみを対象にした臨時判事登用試験が行われ（二九九名合格）、判事・検事への任用が図られた。同年一〇月には第三回試験が実施された（一七〇名〔うち部内四九名）合格）。

（33）法曹資格・任用制度整備と平行して、一八八四年に行政司法を通じた官僚任用制度の整備について「文官候生規則」という制度案が残されていることはよく知られているところである。これは伊藤博文の指示の下に井上毅がこの草案起草に深く関わっていたとされる。これによれば、官私立の学校での一定の教育を受けたことを前提に、ドイツに範をとった資格試験によって任用が行われることが構想された。この点について利谷前掲注（1）論文「（二）」一〇六頁及び坂本一登「井上毅と官吏任用制度」国学院法学四〇―四（二〇〇三）三四五頁以下参照。

（34）これについては、寺崎前掲注（1）書一七六頁以下、および前掲注（1）『東京大学百年史』通史一、同『明治大学百年史』三参照。同条規第一条で、文部大臣は東京府下の適当な法律学校を選んで帝国大学総長＝法科大学長によって監督させることができると定めた。これによって、当時五大法律学校と称されていた専修学校、明治法律学校、東京法学校、東京専門学校、英吉利法律学校が監督下に置かれた（八六年訓令）。第三条で、帝国大学法科大学職員から監督委員が選ばれ、それぞれの法律学校の監督に当たるものとされた。この条規の施行と実際の監督の開始は八七年一月から実施された。このことは後述する文官試験試補及見習規則第七条で、帝国大学の監督を受ける私立法律学校の卒業生は、無試験で判任官見習に任用されるという規定に反映している。具体的な監督の中身は、入学資格に関する規制（とくに入学者の学歴の程度）、法学教育の内容（英独仏各法律科について標準的科目配置、時間割、試験内容）について細かく規制されていた。さらに、各学校の卒業生の中から優秀なものに対して、法科大学において基本的な法律科目についての口述諮問が行われ（最終試験）、合格者には及第証書が付与された。八七年に一回だけ実施された試験では六七名の優秀成績者に対して諮問が行われ一八名が合格した。

（35）以上の評価については、利谷前掲注（1）論文「（二）」一〇五頁以下参照。なお、監督条規による最終試験及第者を司法官へ積極的に採用しようとする旨の照会が司法省から文部省に対して行われている。寺崎前掲注（1）書二四九頁。

（36）同規則上、無試験によって本官に任用される例外として、①三年以上文科大学の教授に任じた者、②司法官たる資格を有するもので他の官から司法官に転ずるとき、③司法官たる資格を有し三年以上代言人たる者が規定されていた。なお、同規則については、坂本前掲注（33）論文三五五頁以下も参照。

（37）その他に、外国の大学校卒業、または三年以上の修学、五年以上奏任官経歴者にも受験資格が認められた。なお、試験科目は、民法、訴訟法、刑法、治罪法、商法、憲法、行政から五科目以上選択するものとされた。

（38）この要件が、中学校卒業者数が限られていた当時、私立法律学校にとって厳しいものであったことについては、天野前掲注（1）『近代日本高等教育研究』一三七頁以下、一七五頁以下参照。

（39）特別認可学校規則は、帝国大学総長に監督を委任した前述の監督条規とは異なり、文部大臣が、指定を受けた私立学校の教育内容、学科試験、入学試験を監督するものとされた。これによって、東京専門学校、専修学校、英吉利法律学校、東京法学校、明治法律学校、独逸学協会学校、東京仏学校が特別認可学校として申請し認可を受けた。

（40）第一回試験科目は、筆記試験に関して民法・商法・刑法・民事訴訟法・刑事訴訟法、口述試験に関しては前記科目から少なくとも三科目をとるものとされた。九六年には司法省令五二号で筆記科目の改正が行われ、憲法、民法、商法、刑法、民事訴訟法、刑事訴訟法、行政法、国際公法、国際私法に増加された。第二回試験は、受験者が実務に習熟したかどうかを試験するものとされ、筆記試験は、与えられた二件以上の訴訟記録につき事実及理由を示した判決案を答案として提出し、口述試験は、民法等五科目中三科目について行い、訴訟記録について問いを発し答えさせるものとされた。

（41）一八九三年司法省令第一六号。この司法大臣による指定を受けた学校は、司法省指定学校と呼称され、九三年司法省告示九一号により、関西法律学校、日本法律学校、東京法学院、独逸学協会学校、東京専門学校、明治法律学校、慶應義塾、専修学校、和仏法律学校の各私立法律学校が指定されることになった。

（42）弁護士試験の実施にあたっても弁護士から試験委員は選ばれなかったことにも端的にあらわれている。大野正男『職業史としての弁護士および弁護士団体の歴史』日本評論社（一九七〇初出、二〇一三JLF選書として復刻）四四頁以下参照。弁護士法と同年司法省令九号弁護士試験規則によれば、弁護士資格は、①日本臣民で成年男子の能力者で、かつ②弁護士試験規則による試験の合格者に対して認められる。そして、例外として無試験により資格が付与される者として、①判事検事たる資格を有する者又は弁護士にしてその請求により登録を取り消した者、②法律学を修めた法学博士、帝国大学法律学科卒業生、旧東京大学法学部卒業生、司法省法学校正則部卒業生、司法官試補だった者、及び、本法施行後六〇日以内に登録した旧代言人が規定された。そして、弁護士試験受験資格は、成年男子であれば学歴は問われなかった。この点が司法官の任用試験とは異なる点である。試験科目は、筆記試験として、民法・商法・刑法・民事訴訟法・刑事訴訟法、口述試験として前記から少なくとも三科目が課せられた。科目については、司法官試験と同様、一八九六年司法省令五三号により、筆記科目が改正され、憲法、民法、商法、刑法、民事訴訟法、刑事訴訟法、行政法、国際公法、国際私法とされた。

（43）以下専門学校令の制定に至るこの時期の高等教育制度全体の動きについては、天野前掲注（1）掲載の高等教育制度史関係の各文献を参照。

（44）注（15）参照。

（45）天野前掲注（1）『近代日本高等教育研究』第三章・第五章参照。

(46) 竹中前掲注(1)論文。
(47) 竹中前掲注(1)論文三九二頁以下参照。
(48) 加瀬禧逸外四名提出、加瀬は、東京法学院出身で日本弁護士協会の理事を歴任。『議会制度七十年史　衆議院議員名鑑』(一九六七)一二二頁参照。同法案は、三月六日第一読会で審議され委員会に付託(『帝国議会衆議院議事速記録21』東京大学出版会、二〇三〜二〇四頁)、三月八日裁判所構成法中改正法律案外一件委員会で審議のうえ原案可決(『帝国議会衆議院委員会議録37』東京大学出版会、一九八八年、二七〜三四頁)、三月一〇日第一読会続で審議の上否決(前掲『衆議院議事録21』二五九〜二六三頁)。以下、同法案に関する議会審議内容の引用は以下による。なお、国立国会図書館帝国議会会議録検索システムにより、検索・閲覧できる。http://teikokugikai-i.ndl.go.jp/
帝国議会の議事録は、以下の公刊議事録によっている。以後注で引用する際には、下記の略記によって示すこととする。
『帝国議会衆議院議事速記録』東京大学出版会:『衆・議事速記録』
『帝国議会貴族院議事速記録』東京大学出版会:『貴・議事速記録』
明治期委員会議事については
『帝国議会衆議院委員会議録』東京大学出版会:『衆・委員会議録』(東)
『帝国議会貴族院委員会速記録』東京大学出版会:『貴・委員会速記録』(東)
大正期委員会議事については
『帝国議会衆議院委員会議録』臨川書店:『衆・委員会議録』(臨)
『帝国議会貴族院委員会議事速記録』臨川書店:『貴・委員会速記録』(臨)
(49) この点については本書第二編第一章、楠精一郎『明治立憲制と司法官』慶応通信(一九八九)参照。
(50) 加瀬は、一九〇五年度五月ないし六月の第二回試験の結果に関して帝国大学卒業生の不成績に言及している(委員会発言)が、平沼騏一郎文書一六二「判検事第二回試験成績表他」(国立国会図書館憲政資料室所蔵)によれば、一九〇五〜〇九年の第二回試験の合格率は別表の通りである。議会答弁に備えて平沼騏一郎(当時司法省民刑局長)が準備したものと推定される。

年＼大学名	東京帝国大学	京都帝国大学	司法省指定校	合計
一九〇五	四一／四四	一八／二三	一二六／一三三	一八五／二〇〇
一九〇六	二七／二八	一四／一八	九三／一〇五	一三四／一五一
一九〇七	二五／二七	一六／一七	四一／四四	八二／九七
一九〇八	二六／三〇	二六／二七	三八／四〇	九〇／九七
一九〇九	二一／二一	二六／三一	五三／五五	一〇〇／一〇七
合計	一四〇／一五〇	一〇〇／一一六	三五一／三七七	五九一／六四三
合格率	九三・三％	八六・二％	九三・一％	九一・九％

※いずれも合格者数／受験者数

なお京都帝国大学出身者の成績不振については、潮木守一『京都帝国大学の挑戦』講談社学術文庫版（一九九七）一七一〜一八四頁参照。

（51）東京帝国大学独法科卒。弁護士。新潟県弁護士会長。前掲注（48）『議会制度七十年史』四七六頁。

（52）東京帝国大学仏法科卒業。弁護士。のち司法大臣、鉄道大臣を歴任。

（53）陸軍省からフランス留学、法律経済を学び、のち裁判所出仕、検事、文部省参事官などを経て、第一次大隈内閣で大蔵大臣、第四次伊藤内閣の文部大臣、第一次西園寺内閣のこの法案提出時には司法大臣。のち第二次西園寺内閣、第一次山本内閣で司法大臣を歴任。

（54）この後花井卓蔵議員からは、帝国大学法科大学とりわけ京都帝国大学卒業生の成績が低迷することを批判する発言がなされ、同法案反対派の現実性に疑問が投げかけられた点については、潮木前掲注（50）書参照。

（55）英吉利法学校卒業。陸軍省雇員から弁護士へ。台北弁護士会長、衆議院議長などを歴任。前掲注（48）『議会制度七十年史』三五一頁。

（56）同法案は、一九一〇年三月一〇日に第一読会が開催され（『衆・議事速記録24』三五二〜三五三頁）、裁判所構成法中改正法律案外一件委員会に付託、三月一一・一四・一五日に委員会での審議が行われ（『衆・委員会議録60』（東）三〇五〜三一四頁）原案が可決、三月一七日第一読会続、第二読会に付され、可決された（『衆・議事速記録24』四三六〜四三七頁）。

（57）明治法律学校卒業後弁護士、一関町会議員など。前掲注（48）『議会制度七十年史』四頁。

(58) 単純に帝国大学卒業生と私立大学法科卒業生との教育年限の比較をすると、前者の場合、中学校卒業（三月）後、半年間の予備学習あるいは自習などを経て高等学校（九月入学、三年制）、そして帝国大学（四年制）となる。後者の場合、中学校卒業後、専門学校としての私立大学予科（一九〇五年頃で、日本大学予科一年制、明治、早稲田、中央、法政大学で一年半、慶應義塾予科二年制）を経て、専門学校私立大学本科（三年制）となる。

(59) もっともこの点については、政府側にも矛盾がある。卜部喜太郎は、現在の制度の前提からすれば、専門学校令による私立法律学校の監督および司法省指定学校制度による司法省の監督が行われ、このもとに入試、学期毎の試験が行われているはずだが、平沼騏一郎の答弁で行けば、この監督制度がほとんど効力をもち得ていないということを云っているのと同じだと批判した。この点に関しては、岡田は、「私立学校ノ監督ニ付テハ成ベク干渉ヲ致サヌ方針ヲ実ハ執ッテ居リマスノデ、又私立学校ニ致シマシテモ一々文部省カラ干渉サレテ、試験ノ問題ハ斯ウ云フ問題ヲ出セ、斯ウ云フ生徒ハ落第サセナクテハナラヌト云フヤウナコトヲ言ハレテハ、私立学校ハ到底煩ニ堪ヘヌデアラウト思ヒマスルノデ、夫故ニ監督ノコトハ成ベク学校ノ考ヲ実行セシメ得ルヤウニ当局ハ考ヘテ、又学校ノ方デ別ニ策ノアリ得ルコトハ無論許シテヤッテ行クト云フヤウナ、自分ノ学校ヲ自分ガ経営シテ行クノト全ク違ッタヤリ方ヲ致シテ居リマス」と答弁している（以上三月一四日委員会発言）。

(60) 東京法学院卒業後弁護士、『法学新報』主筆、東京弁護士会長、法律取調委員など歴任。前掲注（48）『議会制度七十年史』。

(61) 帝国大学と私立大学の教育の差について、三月一五日の委員会において、中村啓次郎は、結局のところ帝国大学も「研究ト云フ方面ハ先ツ第二ニモ、第三ニモ後ニ見テ、唯単ニ講師ノ参考書ニ依テ、講師ノ方デ考ヘタトコロヲ注入的ニ教授スルニ過ギナイト思ッテ居ルノデアリマス、此点ニ於テ私共ハ今ノ大学ト云フモノハモウ少シ進ンデ欲シイト思ヒマスガ、今日マデハ兎ニ角私立大学ノ学生ノ教ヲ受ケル方法ト、帝国大学ノ学生ノ教ヲ受ケル方法トハ殆ド同一デアリマス」と主張している。この点につき岡田良平文相は明確に答えることができなかった（以上三月一五日委員会での審議）。

(62) 東京帝国大学英法科卒業。判事試補、大阪始審裁判所判事、松江、横浜地方裁判所を経て弁護士。広島弁護士会長などを歴任。前掲注（48）『議会制度七十年史』三三二頁。

(63) 前述一九〇〇年三月一五日委員会での発言。この時期の帝国大学法科大学からの無試験試補採用人数と判検事登用試験合格者は管見の限りで別表の通りである。

年	帝国大学無試験試補	判検事登用試験合格	典拠
一九〇三	六〇	八〇	法律新聞一五七号。帝大卒試補のうち二〇名は無給。波多野敬直司法省総務長官談話として、大学卒業生も増加してきたので選抜試験を行う必要ありとする。
一九〇八	一〇四	七二	一九〇八～一二年は日本弁護士協会録事七一号による。法律新聞六〇一によれば帝大卒であっても、申し込み順、成績順により採否を決定し、高等文官試験不合格者は採用しない内規としたとされる。
一九〇九	九一	三五	
一九一〇	三九	一五	法律新聞六五四号によれば、採用決定前の情報として帝大卒業生の志願者は七〇名を超えているが予算枠は五〇名以内で、しかも無給枠が三〇名になる見通しとされていた。
一九一一	四五	一四	日本弁護士協会録事一五四号によれば無給は一〇名。この年から成績順によったとされている。
一九一二	四三	一一	
一九一三	三〇	二〇	法律新聞九五一号による。
一九一四	七六	三八	法律新聞九五一号による。帝大卒試補のうち一〇名は無給とされている。
一九一五	五〇	二五	日本弁護士協会録事一九七による採用予定数。京都帝大一五名、東京帝大三五名の予定とされる。
一九一七	九七	五九	法律新聞一二九二号による。東京帝大六六名、京都帝大三一名。

※なお判検事登用試験合格者数は前掲注（32）『司法沿革誌』による。

帝国大学法科大学卒業生の司法官試補採用に関する法律新聞等の報道からは、帝大卒業生といえども、次第に候補者の中から、成績や志望動機によって選別されていることがうかがえる。議会での平沼騏一郎の答弁は単なる逃げ口上ではないことが推測される。

（64）前掲注（48）中の一九〇六年三月八日委員会における発言（『衆・委員会議録37』（東）二一七頁）。

（65）前掲注（48）中の一九〇六年三月八日委員会での加瀬発言（『衆・委員会議録37』（東）二一八頁）、三月一〇日第一読会続での花井卓蔵発言（『衆・議事速記録21』二六二頁）など。

（66）主な改正として、まず第二回試験会場を各控訴院から司法省に移して統一的に実施することになった。試験委員も含めて各控訴院毎での不統一が改善された。試験方法については、旧規定では筆記試験は二〇日以内に答案を提出、口述試験は指定科目の中から三科目選択させていたが、新規定では、その方法・内容を含めて委員長に委任され、創意工夫が可能となったとされる。試験結果に関しては、旧規定が、第二回試験不合格もしくは試験が成立しないとき、やむを得ざる理由があるときに限って一回に限って修習を継続することができるとあったのを、新規定では、不合格の場合半年修習を継続して再度受験させ、そのときでも試験が成り立たないとき適当な時期に試験を実施させることにした。この点につき「判検事登用試験規則の改正について」法律新聞二七〇号とする論評は、旧法では免官になる場合も修習継続で再試験可能ということになり、本当に能力を試す試験に変わる可能性をもたせる改正であると評価されている。すなわち、これまで第二回試験不合格が少なかったのは、受験者が成績優秀であったためではなく、試験自体が形式的なもので、かつ成績不良者が多い法科大学卒業生を吸収するように働いていたからで、こうした悪弊をなくすために、落第制度を設けて、厳正な第二回試験を行うことができるようになると評価する。ただし、あくまでも厳正な運用がなされることが前提である。

(67) 前掲注（1）論文参照。

(68) 社説的位置づけとして掲載されている「法学生の前途　上・中・下」法律新聞九五～九七（一九〇二）、「法律と教育」法律新聞一〇六（一九〇二）。本文引用箇所は同上九六号二頁。

(69)「私立法律学校改革の機運」法律新聞九九（一九〇二）二一頁以下。

(70) 前掲注（68）「法学生の前途」下二頁。

(71)「判事検事弁護士登用試験規則の改正に就て」法律新聞二七六（一九〇五）一・二頁。なおこの他にも、「普通学」知識を問うことを評価する論説として、新井要太郎（中央大学卒業）「改正試験規則実施後の将来」『日本弁護士協会録事』八七（一九〇五）、村松藤太「論文試験に就て」同上一〇一（一九〇六）などを参照。なお同上『録事』については本編第一章第三節及び同章注（51）を参照。

(72) 岸本晋亮「蓋んぞ特権均霑を唱へざる」法律新聞一八二（一九〇四）。

(73)「法官採用と新法学士」法律新聞一六六（一九〇三）、「読書子の法科大学特権の廃止」同上一七三（一九〇三）、「法科大学卒業生無試験登用特権廃止論」同上一七三～一八〇（一九〇三）など、一九〇三年から〇四年にかけて多数の「帝大法科無試験規定」問題に関する論説が法律新聞上に掲載されている。

(74) 森作太郎「判検事弁護士試験制度に改正を加ふべし」法律新聞一七二（一九〇三）。

(75)「試験制度の改正に就て」法律新聞一七二（一九〇三）。

(76) 高等官官等俸給令第七条は、初めて高等官に任ぜられる者の官等は六等以下に抑えられていたことによって、弁護士から初めて判事検事に任用される場合は、裁判所構成法上、弁護士経験一〇年で大審院判事、五年で控訴院判事、三年で地方裁判所判事に任ずることができると規定されていたとしても、それらの規定は実質上死文化していた。

(77)「司法官任用ニ関スル制度改正ノ件　第一説～第四説」『日本弁護士協会録事』七五、「同　第五説～第一一説」同上七六、「同　第一二説～第一四説」同上七七（以上、一九〇四）。
(78) 中央大学卒業後、判事の後に弁護士。
(79) 第一説前掲注（77）七五、二～一六頁参照。
(80) 第三説前掲注（77）七五、三〇頁以下参照。信岡雄四郎が発言者。なお第四説（同上四二頁以下）もいわゆる「老朽裁判官」とされる人たちが、「世間の内幕風俗人情」に通じているのに対比させて、「児飼ヒノ者」は「裁判官ヲ試験ニ因テ採ル方法ト云フモノハ三年法律学校ニ在学スレバ宜イト云フ規則ニナツテ居ル、随分田舎ヨリ飛出シテ突然法律学校ニ這入ツテ法律ノ学問サヘスレバ足ルノデアッテ判検事ダケハ外ノ学問ノ必要ハナイト云フ事柄ノ上ヨリ、普通学ト云フヤウナコトニハ一向念ヲ注ガナイ、勿論地理歴史化学数学ト云フヤウナモノニハ一向目ヲ曝ラサヌ」として、幅広い「普通学」的教養に乏しいことを批判している。
(81) 第五説前掲注（77）七六、二頁以下参照。
(82) 第五説前掲注（77）七六、六頁参照。
(83) 一九〇四年前後よりも少し時代が下るが、後述する弁護士会自治の要求とともに法曹養成への弁護士会の関与を組み込んだ制度設計が出されてくるのが、一九〇〇年代末であることを考えると、以下の論調は時期的にも符合すると考えられる。司法官試補修習への弁護士修習の導入を説くものとして、「司法官試補の事務修習の改良に就て」日本弁護士協会録事一五五（一九一一）、「希望の一二」法律新聞七四二（一九一一）、角田真平「法官と弁護士諸氏に望む」同上八三四（一九一三）。弁護士による試験実施に関して「試験委員の人選」同上七九五（一九一二）、「弁護士法改正」同上八七五（一九一三）、「新弁護士法制定の議」同上八七五（一九一三）。
(84) 英吉利法律学校に学び、弁護士。和歌山市会議員など歴任。前掲注（48）『議会制度七十年史』二二三頁。
(85) 同法案は、一九〇九年三月二日に第一読会が開催され（『衆・議事速記録23』二五四～二五五頁）、裁判所構成法中改正法律案外一件委員会に付託、三月八・一〇日に委員会での審議が行われたが（『衆・委員会議録53』（東）一一七～一一九）、否決され、三月一一日第一読会続で報告された（『衆・議事速記録23』三八二～三八三頁）。
(86) 関西法律学校卒業、弁護士。前掲注（48）『議会制度七十年史』三〇二頁。
(87)「司法省の諸問題」日本弁護士協会録事一五五（一九一一）、「司法省の諸問題」法律新聞七二九（一九一一）。
(88) 東京法学院卒業、米国に留学して博士号取得。弁護士。神戸市助役、神戸地方裁判所所属弁護士会副会長を歴任。
(89) 東京帝国大学独法科卒業、同大学院修了。法学博士。弁護士となり、のち明治大学総長貴族院勅撰議員など歴任。

(90) 第二八回議会提出の法案は、一九一二年三月七日に第一読会が開催され（『衆・議事速記録26』二七一～二七二頁）、弁護士法改正法律案委員会に付託、三月八・一一・一六・一九日に委員会での審議が行われた（『衆・委員会議録71』（東）二〇九～二一九頁）後可決され、三月二二日第一読会続の後すぐに可決された（『衆・議事速記録26』四五一頁）。貴族院に送付された同法案は、三月二三日に第一読会が開催され、委員会が選出されたまま、審議未了となった（『貴・議事速記録28』二五四～二五六頁）。

第三〇回議会提出の法案は一九一三年三月一一日に第一読会が開催され（『衆・議事速記録27』一〇三～一〇四頁）、弁護士法改正法律案委員会に付託、三月一二・二二日に委員会での審議が行われた（『衆・委員会議録』（臨）二二七～二三一頁）後可決され、三月二六日第一読会続の後すぐに可決された（『衆・議事速記録27』二九一頁）。貴族院に送付された同法案は、三月二六日に第一読会が開催され、委員会が選出されたまま、審議未了となった（『貴・議事速記録29』一八七～一八九頁）。

(91) 同請願は前掲注（1）『中央大学史資料集第一三集』二七二頁以下に掲載されたものを参照。竹中暉雄前掲注（1）論文三九九頁参照。

(92) 前掲注（1）『中央大学史資料集第一三集』二七六頁参照。

(93) この請願に関しては、竹中暉雄前掲注（1）論文四〇〇頁参照。その内容は予備試験廃止、受験資格撤廃、司法二試験の日程分離、判検事試験の資格試験化であった。

(94) 同請願は一三年三月に衆議院で採択された後（『衆・議事速記録27』三二四頁）、請願委員第三分科会中試験制度改正ノ件交渉委員会が開催・審議され、本文中①「帝大法科無試験規定」の廃止と④判検事試験を資格認定試験とすることの二点を基礎に、同委員会委員によって法案を起草することに決した（『衆・委員会議録1』（臨）六三三～六三五頁）。起草された法案は、請願委員長植場平提出の裁判所構成法中改正法律案・弁護士法中改正法律案として、三月一三日に第一読会が開かれ審議され、ただちに可決された（『衆・議事速記録27』一二八～一二九頁）。可決された法案は、貴族院に送付され、三月一七日に第一読会が開催・審議され（『貴・議事速記録29』八八～九一頁）、裁判所構成法中改正法律案外特別委員会に付託された。同委員会では三月二〇日・二五日（秘密会議）・二六日に審議がなされたが委員会では否決された（『貴・委員会議事速記録1』（臨）二七〇～二七三、二八一～二八七頁）。この結果は、三月二六日第一読会続で報告され、記名投票により否決された（『貴・議事速記録29』一九一～一九四頁）。

(95) 東京法学院に学ぶ。奈良県高田町会議員、奈良県会議員、同参事会員など歴任。前掲注（48）『議会制度七十年史』四二三頁参照。

(96) この経過については、注（94）参照。また竹中暉雄前掲注（1）論文四〇四頁以下参照。

（97）京都法学会雑誌九―五（一九一四）所収。
（98）織田は、フランスで行われている、各主務官庁毎に本官採用のために行われている行政競争試験 Concours administratif を念頭に置いている。
（99）この間の経緯については、前掲注（94）参照。
（100）私立大学について言えば、経緯からすれば、大学卒業生の少なさを補うために、「司法省指定」制度によって受験資格を与えてきたのであり、そのことを通じて「学問ヲ進メタワケデアリ」、司法官適格能力を有する人材を増加させてきたのである。ところが試験制度があまりにも制限的であると、競争試験の故にわずかな点数の差で試験に及第できなかった多くの学生たちのせっかく身につけた法律学の知識が何の社会的評価も受けないことになる不合理さが残る。そこで資格試験として練習生候補を拡大する今回の改正の意味がある。しかし、そのためには、現状の私立学校の質が、様々な面で問題があることは事実であるから、司法省なり文部省が、試験資格を附与されるに相応しい教育内容に高めるよう指導を強めるべきであるとする（三月二六日委員会での松岡発言）。
（101）この法案は、一九一四年三月一三日に衆議院で第一読会が開催・審議され、裁判所構成法中改正法律案外一件委員会に付託された（『衆・議事速記録29』五一九～五二一頁）。委員会では、三月一四日一六日一九日に審議され、可決された（『衆・委員会議録5』（臨）四二九～四五二頁）。三月一九日に第一読会続第二読会が開かれ、第三読会省略によってただちに可決された（『衆・議事速記録29』五九七～五九八頁）。可決された法案は、貴族院に送付され、三月二〇日に第一読会が開催・審議され（『貴・議事速記録30』三二七～三二八頁）、裁判所構成法中改正法律案外一件特別委員会に付託された。同委員会では三月二三日に審議がなされたのち可決された（『貴・委員会議事速記録2』（臨）九二三～九二九頁）。そして、三月二三日第一読会続、第二読会、第三読会を経て可決された（『貴・議事速記録30』三七八～三八〇頁）。
（102）埼玉県師範学校卒業後、中央大学、東京英語学校に学び弁護士。東京市会議員、同参事会員など歴任。前掲注（48）『議会制度七十年史』一八〇頁。
（103）明治法律学校卒業後、司法官試補、検事、判事を歴任、のち弁護士。神戸弁護士会会長、神戸市会議員など歴任。前掲注（48）『議会制度七十年史』一八〇頁。
（104）東京帝国大学政治学科卒業。東京市教育課長、勧業課長など歴任ののち、弁護士。犬養内閣の法制局長官ののち、農林大臣、農商大臣、衆議院議長など歴任。前掲注（48）『議会制度七十年史』一八〇頁。
（105）同法案は、政府案として帝国議会に提出される前に枢密院の審査にかかったが、まずこのときに強硬な反対意見を受けている。

枢密院においてまず審査に当たった審査委員の作成した「裁判所構成法中改正法律案帝国議会へ提出ノ件外二件調査書」（国立公文書館所蔵二Ａ一五―一二枢Ｆ四六三『裁判所構成法中改正法律案帝国議会へ提出ノ件　大正三年三月十一日決議』）には、私立大学と帝国大学との格差に基づく私立大学蔑視が基本にあるとはいえ、司法官の場合は「主トシテ法律ノ解釈適用ヲ其ノ職トスルモノナレハ予備教育ノ外法律学ノ専門智識ヲ有スルヲ以テ其ノ資格十分」であり、文官高等試験と異なり「学科及実務ニ分チ二回ノ試験ヲ行ヒ法科卒業生ト雖学科試験ノミヲ免除シ実務試験ハ一様ニ之ヲ課スルノ制」である。これに対して行政官は「行政ノ事務ニ当ルベキ材能ヲ有スルヤ否ヤ」について試験をするのが本来のあり方であって、単なる法律学の知識だけでなく、経済学や財政学の知識を要求し、一回だけの一般的な試験を行っている。この点につき、行政官試験の中身が学科試験とほとんど変わらない中身になっているという批判があるかもしれないが、それは、前述したような行政官試験の性質と目的に沿った試験内容に改めるべき問題であって、この現状から論じてはいけない、とする。

また、一九一八年の高等試験令の原案を検討する一七年一二月三・六・一〇・一三・三〇日の枢密院「高等試験令外三件第一～五回審査委員会」議事録（国立公文書館所蔵二Ａ一五―七枢Ｂ三）においても批判が繰り返されている。たとえば、金子堅太郎から法科大学の科目と同じ内容の試験を法学士たちに再度受験させる意味はあるのかという批判、末松謙澄からは、織田萬と同様の法学教育課程と官吏任用との連結の仕方について、疑問が出されている。すなわち、大学卒業者にさらに文官高等試験を課すのは無意味ではないのか、また学校教育と官吏登用は別物だから、試験委員の一部は各省より簡抜し行政の目を以て試験を行わしむるの趣旨のはずであるが、近年試験委員はことごとく大学教授で問題も学究的になってこの最初の前提が崩れてきている、一八九三年の高等文官試験規則制定に関与した立場から言えば、各省の官吏に行政の実務を主眼として試験を行わせるものであった、など。

(106) 同法の施行は、行政官の試験等との統一を行う高等試験令が一九一八年に制定されるまで延期され、さらに、高等試験司法科試験の実施が一九二三年まで延期されることによって九年間「帝大法科無試験規定」は存続し続けた。この点についての経過とその意味については竹中前掲注（1）論文参照。

第三章　裁判官と司法行政
――昭和初期の裁判所構成法改正をめぐる議論とその帰結

第一節　問題の設定

本章は、これまで検討してきた明治後半期から大正期にかけての、司法大臣を長とする司法管理職を通じた司法行政上の指揮監督系統が肥大化する状況に対して、ほかならぬ裁判官層から司法権の独立を危うくするものと批判を受けることになり、それが昭和初期の裁判所構成法改正問題として議論される過程を分析するものである。

序論で述べたように、本書が分析の焦点としているのは、近代日本司法組織の集権性、すなわち、行政府である司法大臣＝司法省の強力な司法行政権（人事権）(1)と、司法大臣を長とする指揮命令系統に添った階層的編成のもとに裁判官が組み込まれた集権的司法組織、これらが、個々の裁判官の職権の行使（判決行動）の独立性を脆弱にしてきたことである。人事権を含む司法行政に関しては、司法大臣が最上級の官庁とされ、司法大臣―各裁判所管理職（長・部長・監督判事）―実務裁判官という指揮命令系統によって行われ、それに伴って監督権も司法大臣が最上級機関とされ、最終的に裁判所は司法大臣による監督を受けるものと規定されていた。(2)そして、この制度的基礎の上に集権的で階層的な司法組織が構築された。司法大臣を頂点とする司法行政上の指揮監督系統に沿って、官等・俸給が設定され、司法管理職と実務裁判官との間には、これらの面で大きな階層差が設けられたのである。このことは、司法行政上の指揮命令監督系統とあいまって、裁判官としての能力や経験の差ではなく、司法行政監督官としての指揮監督権をもつが故に上位に立つという意識を裁判官の間に植え付け、集権的な司法官僚組織を通じての裁判統制を容易にする温床となった。政府の政策意図に沿った方向に裁判が誘導されることにもつながっていくことにもなったのである。こうした傾向は、本章が対象とする時期において、人事行政の実態が、検事を兼任しながら司法省で司法行政事務に携わる者が司法省および裁判所の主要な管理職を占めるようになると、(3) より顕著になってきた。

これらが各裁判官の裁判事務上の職権の独立性に対する脅威となりうることについては、早くは明治三〇年代初頭から在野法曹が一貫して批判するところであったが、(4) 大正末期になると、裁判官の側からもこうしたあり方に対する批判が、具体的な制度改革を求める要求として散見されるようになる。朝野を通じた現状の司法制度に対する批判や改革要求が、それぞれ交錯・対抗しながら、裁判所構成法の改正の試みという具体的な形をとることになったのである。それが、裁判所構成法改正委員会を舞台に原嘉道司法大臣によって主導された同法改正作業（一九二七（昭和二）年七月〜二九年二月）である。この改正作業を主導したのはまさに「司法権独立の充実・強化」であった。

しかしながら、他方で、こうした集権的な司法官僚組織の弊害が批判されているのと平行して、一九二六（大正一五）年から毎年司法研究第一部実務家会同（刑事実務家会同）が、また、一九三二（昭和七）年から思想実務家会同が、それぞれ毎年開催されるようになり、こうした司法省主催の「会同」における司法法規の運用統一を通じての裁判統制が当たり前のように行われていくことになる。ここには、司法大臣の強大な司法行政権を制約するような制度改革を要求しながら、同時にこうした会同を通じての裁判統制に矛盾を感じずに、受け入れていく裁判官の姿が見られる。

後述するように、本章で扱う一九二七（昭和二）年七月から二九年二月までの裁判所構成法改正の試みの中では、制度設計に直接かかわる司法省の中枢部を占める司法官僚たちと、在野法曹や実務裁判官層たちの議論は、表面上は「司法権独立」の充実強化において問題意識を共有しているように見えて、現実には前述したような裁判所・裁判官統制を損なわないようなものとして換骨奪胎されていくことになる。本章ではこうした議論経過について、大審院長の権限強化をめぐる議論とその帰結に至る過程を中心に検討を行いたいと思う。

第二節　一九二七〜二九（昭和二〜四）年裁判所構成法改正委員会における裁判所構成法改正作業

一　裁判所構成法改正委員会の経過と構成

一九二七（昭和二）年四月二〇日、当時の在野法曹界の期待を受けて[5]、田中義一内閣に原嘉道[6]が司法大臣として入閣した。この原の入閣が、裁判所構成法改正作業の大きな契機となった[7]。この裁判所構成法改正の試みにおける議論を検討する前提として、まず最初に、改正作業を担った裁判所構成法改正委員会について述べておこう。

裁判所構成法改革の試み自体は、当時の司法当局者によれば、原が司法大臣に就任した後すぐに司法省の省議となったようである[8]。これを受けて、二七年七月五日、司法省の「裁判所構成法改正委員会設置ノ儀ニ付請議」により、裁判所構成法改正について、司法省内に裁判所構成法改正委員会を設けて慎重な調査をすること、その委員会は別に勅令を発布せず、閣議決定によって設置されることが求められた。この請議により「裁判所構成法改正委員会組織要綱」が作成され、同年七月八日に、裁判所構成法改正委員会設置が決定され、「委員会組織要綱中委員ハ二十五名以内、幹事及書記ハ各若干名ト」することが決定された[9]。原法相により選考された委員が閣議で承認され[10]、七月二〇日に、裁判所構成法改正委員会委員、幹事が任命された[11]。

その委員、幹事の顔ぶれは、会長に原嘉道司法大臣、委員に、平沼騏一郎[12]、松室致[13]、富谷鉎太郎[14]、前田米蔵法制局長官、貴族院から堀田正恒、船越光之丞、松本烝治[16]、花井卓蔵[17]、衆議院から元田肇、藤沢幾之輔、田中隆三、山内確三郎、熊谷直太、司法官からは、横田秀雄大審院長[18]（八月一九日大審院長退職後も委員を継続）、牧野菊之助大審院長（八月一九日大審院長補職後二六日委員任命）、小山松吉検事総長[20]、三木猪太郎東京控訴院検事長[21]、和仁貞吉東京控訴院長、島田鐵吉大審院部長、林頼三郎大審院検事[23]、浜田国松司法政務次官[24]、小原直司法次官[25]、黒住成章司法参与官が任命された。幹事として、黒崎定三法制局参事官、前述小原、黒住、池田寅二郎司法省民事局長[26]、泉二新熊同刑事局長、木村尚達司法書記官[28]、清水壮左久司法書記官、長島毅司法省民事局長[29]（二八年一二月二四日以池田後任として着任）が任命された。

一九二七年七月二七日の第一回裁判所構成法改正委員会総会では、原嘉道によって、改正作業の目的が次のように説明された。すなわち、第一に、現行裁判所構成法上、検事局は裁判所に附置されているが、国民一般においては、このことによって往々にして検察事務が裁判所の行為であるかのように誤解して、司法権の独立に疑念を懐く傾向が根強く見られるので、裁判所と検事局とを分離したい、第二に、司法大臣の指揮下で行われる検察事務につい て、政情によって検察事務の公正さが疑われる状況がまま見られるので、検察事務が政情に左右されないことを法制上明らかにしたいということが示された[30]。この目的について了解された後、改正案を作成するために小委員会を設けることが了承され、小委員として花井卓蔵、浜田国松、和仁貞吉、松本烝治、小山松吉が選ばれた。第二回の委員会総会における原の経過説明[31]によれば、草案の起草について、八月一日の小委員の会合で立案の方針が協議され、幹事に準備草案作成を委嘱することとなり、特に裁判所構成法案担当として池田が、検察庁法案担当として泉二がそれぞれ選ばれた。その後一〇月三日から一二月八日の間に一四回の幹事会が開催され、幹事会案が起草されれた、とされる[32]。こうして起草されたのが、同年一二月「裁判所構成法改正案[33]」および「検察庁法案[34]」である。この幹事による起草案をもとに、翌二八年一月一二日に第一回の裁判所構成法改正委員会小委員会が開催された。[35] 冒頭、原法相が花井卓蔵を委員長に指名し、小原幹事より、起草の基本的方針として、裁判所と検事局との混同を避けるために、現行裁判所構成法を二分して別個の規定とし、検察事務について司法大臣の検察指揮を組織的にすることが報告された。

さて、この第一回小委員会以後における裁判所構成法改正案の起草作業は以下のように進められた。[36] まず第一～三回の小委員会（一月一二～一四日）においては、現行裁判所構成法中の検事局関連規定について逐条審議が行われ、各条文毎に問題点が出された。[37] 第四～七回の小委員会（二月九・二七日、三月八・九日）では裁判所構成法の裁判所関係部分の改正についての論点整理が行われた。以上の論点整理が「検察庁法案ニ付研究スヘキ事項」「裁判所構成法ノ改正ニ付研究スヘキ事項」としてまとめられた。[38] 第八～一四回小委員会（四月五・一六・一九・二七日、五月一六・二八日、六月一三日）では、上記の「研究スヘキ事項」に基づいて審議が進められた。以上の小委員会の審議結果をもとに、裁判所構成法の改正法案（裁判所法案、検察庁法案）が起草されることになった。[39] こうして起草された小委員会起草案「裁判所構成法」[40]「検察庁法」[41] が、一九二八（昭和三）年一〇月一六日の第二回裁判所構成法改正委員会総会で審議されることになった。総会は、第二回から第八回まで行われ（同年一〇月一六・二四・二五・二九・三〇、一一月三〇日、一二月三日）、小委員会案が審議された。裁判所法案・検察庁法案を通して審議された後、再度小委員会が開催され（第一五・一六回小委員会、一二月七・一一日）、総会での修正意見が成案に反映させられた。以上の経過を経て作成された成案が帝国議会提出を目指して一九二九（昭和四）年二月二〇日に枢密院の審査に付されることになるのである。[42]

二　裁判所構成法改正作業の背景——在野法曹の動向

以上のように、一九二七年から二八年にかけて精力的に裁判所構成法の改正作業が進められたのであるが、その背景について検討しておこう。

まず第一に、これまでも指摘されてきたように、原自身が、在野法曹として明治三〇年代以来これまでの司法制度改革論議にかかわってきた点が、精力的な改正作業の推進の背景にあるといえよう。

原が主導して行おうとした改正の柱の一つは、検事局と裁判所の分離にあった。裁判所構成法上、検事局は裁判所に附置され、両者ともに司法省所轄の官庁として司法大臣の監督下に置かれていた。原の問題関心は、政党勢力の影響を受けた司法大臣の指揮・監督下に裁判所と検事局が置かれることによって、国民の多くが司法権の独立に対して危惧を有するという状況に対して、両者の制度的分離によってそうした誤解を取り除こうとするものであり、原が長年懐いていた検察勢力から裁判所の独立を守ろうという問題意識の反映であったと見ることができる(43)。

原の目指した改正の柱の二つめは、司法行政上の大審院長の権限拡大にあった。原は、司法大臣が司法行政上裁判所に対して監督権を持っているために、政党内閣になれば司法大臣が自党に有利な裁判を行わせるという誤解を国民の間に生じさせる危険性を制度的に除去しようとした(44)。こうした原の問題意識もまた、明治三〇年代以来の在野法曹の司法省—司法大臣の司法行政権および司法行政上の監督権を通じた強力な裁判所・裁判官統制を問題とする改革論議の延長線上に位置づけられるであろう(45)。

第二に、前述の原の問題意識は、当時の在野法曹においても共有されていたことにより、裁判所構成法改正の試みを後押しすることとなった。

まず、前者の裁判所と検事局の機構的分離に関しては、前述したような原の主張だけではなく、原入閣直前の第五二回議会においても在野法曹から衆議院に対して「司法制度刷新ニ関スル建議」[46]（一九二七年一月一八日清瀬一郎[47]提出）が提出されていた。この建議は、裁判所と検事局の分離を直接求めるものではないが、司法大臣＝政党勢力という図式のもとで司法大臣と検察との指揮・監督関係が公訴権の行使に不透明さをもたらしていることを批判するものであった。また、司法省＝司法大臣の司法行政上の強力な権限を問題とする第二の柱についても、在野法曹は、「司法省の廃止」に焦点を合わせて議論を展開している。原入閣前からの『法律新聞』の記事を拾うだけでも、たとえば、一九二四（大正一三）年一一月二八日付けで発表されている東京弁護士会司法制度改善委員大塚春富の「司法制度改善に関する意見書」では、司法省を廃止することを前提に、大審院長を国務大臣として全国裁判所を監督させることを提起し[48]、土屋倫啓「司法革新の急務を論ず」[49]も、司法大臣が司法行政を通じて「司法官の身辺を左右」することによって「司法官たる独立の地位と職掌と威厳とを保持する能はざるの結果」を来しているので、「司法大臣は一日も早く廃官して其権能を挙げて大審院長に一任し以て幾多の情弊を芟除し大審院長の地位を向上し」なければならない、とする。前述したように一九二七年初めに原嘉道も同趣旨の意見を述べているが、これに呼応するかのように、帝国議会でも、二七年二月五日に、「司法権独立ノ保障ニ関スル建議案」（田中譲）が提出され、司法大臣が人事権と監督権を有するがために「動モスレハ判事タル者政府ノ意向ヲ迎ヘテ自己ノ所信ヲ枉クルノ弊ヲ生シ易」いので、「裁判所ヲシテ司法大臣ノ監督ヲ脱セシメ判事ノ進退モ亦司法大臣ノ管掌ヨリ離シテ最高裁判所タル大審院ノ長」に委ねるべきである、とされた[50]。

原が主導する裁判所構成法改正作業は、このような在野法曹の議論動向の中で注目され、二七年九月の『法律新聞』では、「司法省廃止に着手」という題名のもとで、原が裁判所・検事局分離をさらに進めて「裁判官をして行政大臣たる司法大臣の支配下に置くといふことは断じて容認し能はざる」という理由から「裁判上の監督権は大審院長の手に委ねて行政部の絶対不可侵と」するという構想の下に「司法省の廃止問題に着手」したと報じられている[51]。

しかし、原自身と原の入閣を軸にした以上の在野法曹の改革要求[52]があったことだけで、裁判所構成法改正の試みが、司法省中枢の司法官僚を網羅した体制で精力的に行われたわけではない。司法省—司法大臣に強大な司法行政権を認める従来の制度の改革については、前述の在野法曹だけでなく、大正後半期からの裁判官の中にもそれに関する要求が出されつつあり、改正作業の背景としてこれらの要求も検討しておかなければならないだろう。

三　裁判所構成法改正作業の背景——裁判官層の動向

ここでは、この時期裁判官層から出された制度批判のいくつかを検討しておこう。

まず、当時の大審院長、同部長、各控訴院長からの改革要求である。

横田秀雄大審院長は、一九二四（大正一三）年五月の司法官会同席上での演説で次のように述べている。「第一に裁判官の士気を振作することの司法部現下の最大急務なることを声明し此の目的を貫徹するが為裁判官が挙つて最善の努力を為すの必要を高調せん」と述べ、そもそも裁判官が「不羈独立の終身官として司法事務を管掌し、何人の命令に聞くことを要せず、又他の関渉容喙を許さず、一に良心の命ずる所に従ひ、裁判権を行ふものなるを以て、裁判官が国法上優越なる地位に居り、極めて名誉ある職務を有することは一に其の上司の指揮命令に依りて行動する他の有司と日を同ふして論ずることを得」ないものであることを強調している。そして、停滞している裁判官の士気を高揚させるための具体的方法の一つとして「専ら司法行政の事務を担任し、裁判事務に関与せざるを本則とし」ている「監督官が其の部下の裁判官と共に裁判事務を執ること」を主張した後、「現行制度の改正に依り、漸次会計その他の裁判事務に直接の関係を有せざる行政事務を分離して、之を他の有司の管掌に帰せしめ、監督官をして裁判事務及之と密接の関係ある行政事務を掌理せしめ、以て裁判事務を敏活ならしめんことを望」むと主張されている。[53] 横田は、同趣旨の事を一九二六年四月の演説でも述べている。[54]

さらに、一九二五年一月に大審院部長磯谷幸次郎は『法律新聞』に「司法部に於ける三大刷新を望む」と題して、次のように述べている。「司法裁判と司法行政とを全然分割する必要があると思ふ。今日は司法行政は勿論、裁判の監督に就ても行政官省の司法省で監督してゐるが、是は甚だ不穏当と思ふ（中略─筆者注）それで私の考では、裁判事務の監督は、大審院之を為すやうにし、司法省は司法の行政を監督するといふやうにすることは当然であらうと信ずる」のであり、さらに「殊に裁判事務の監督を大審院でやるとなつたとすると、其監督権を有する大審院に於て、是等の人事に関すること（判事の進退黜陟を指す─筆者注）を取扱ふことは当然のことと思ふ」とし、大審院長を会長とし、控訴院長、司法次官等を委員とする人事機関をつくって人事をやらせれば「司法権の独立が、名実共に全く行くことだらう」と主張している。[55]

こうした大審院内部の意見を反映してか、一九二五年四月二一日大審院長（横田秀雄）・大審院各部長が連署して小川平吉司法大臣宛に建議が出されている。[56] ここでは、「大審院長権限拡張ノ件」が項目として挙げられ、その理由として以下のように述べられている。「急劇ナル変革ヲ望ムモノニ非スト雖、唯司法行政事務ト司法裁判事務トノ間ニ截然タル区画ヲ設ケ、前者ニ付テハ司法省ニ於テ専ラ之ヲ指揮監督シ、後者ニ付テハ主トシテ最高法衙タル大審院ヲシテ之カ監督ノ任務ニ当ラスムルハ之ヲ司法ノ性質ニ鑑ミ又之ヲ実際ノ便宜ニ顧ミ誠ニ穏健至当ナル措置」である、また、「昨年刑事訴訟法ノ改正ニ依リ大審院自ラ事実ノ審理ヲ為スニ至リタル為メ下級裁判所ノ裁判其ノ他審理手続ニ関シ親ク之ヲ監督スルノ必要ヲ感スルコト頗ル痛切ナルモノアリ小官等ハ速ニ裁判所構成法ノ一部ヲ改正シテ大審院長ノ権限ヲ拡張シ、叙上裁判事務ニ付下級裁判所ヲ監督スルノ条規ヲ設ケラレンコトヲ切望スルモノナリ」とされている。この建議に連署した牧野菊之助大審院部長は、後述する裁判所構成法改正委員会総会でこの建議の要求内容について具体的に次のように述べている。「判事（中略─筆者注）ノ進退転補ニ付テハ、悪ク云ヘハ司法大臣ノ一顰一笑ニ依リテ左右セラルル結果」について「往々我々不平ノ声ヲ聞ケリ」、そこで「我々ノ建議セシハ司法高等行政会議トカ名前ハ如何センカ兎ニ角司法大臣カ判事ノ進退転補ニ関スル権利行使ニ付何カ一個ノ諮問機関ヲ設クルコト」であったと述べている。(57)

この大審院の建議とほぼ同時期に、同年五月一六日に全国控訴院長総代東京控訴院長和仁貞吉名で司法大臣に対して「大正十年十月二十一日建議シタル大審院長ノ監督権限拡張ノ件及ヒ大正十一年六月一日建議シタル高等司法行政会議組織ノ件速ニ其実行ヲ図ラレタキコト」が建議されている。(58) ここに引用されている一九二一・二二（大正一〇・一一）年の建議の内容は不明であるが、前述の大審院の建議とほぼ同趣旨を指しているものと思われる。

以上のような改革要求の骨子は次の二点に要約できよう。第一に、司法行政について、裁判事務に密接にかかわる行政事務（「司法裁判事務」）とそれ以外の行政事務に分け（「司法行政事務」）、前者については大審院長に権限を委ねること、第二に、それに伴って、人事行政についても基本的には大審院長と控訴院長を含む合議体に移すか、あるいは何らかの諮問機関を設けて、司法大臣の人事行政に制限を加えようというものであった。こうした要求は、制度上の司法大臣の司法行政権とそれを前提に構築された司法官僚組織に対する改革として、司法行政面と人事面で裁判所の自律性を司法省に対して確保しようとする点で一定の意義をもっていたといえよう。

しかし、そこには次のような弱点も潜在していた。すなわち、司法行政指揮監督系統に沿った集権的な司法官僚組織の存在自体（前述したように各裁判官の裁判事務上の職権の独立を侵す危険性を生み出す温床となっていた）に対する批判的認識がどの程度あったか疑わしいという点である。そのことは、彼らが「司法裁判事務」の監督という曖昧な概念（磯谷の小論にあるような大審院による「裁判事務の監督」に典型的にいえよう）をもち出してきたことに端的にあらわれている。さらに、司法省で司法行政事務に携わることが司法官として昇進する上で重視される集権的な司法官僚組織の存在と重ね合わせて考えてみれば、「司法裁判事務」の監督をもち出し、それを強調することによって、司法省に対して自己の権限を確立し、相対的に低かった裁判官層の地位を司法官僚組織内部で上昇させようとする意図が彼らの要求の中にあったことは否定できない。この点で、大審院長、各控訴院長の建議は、批判されるべき当時の司法官僚制の枠そのものによって限界づけられていたのである。このように集権的な司法官僚組織に対する認識が弱いままに、対司法省という観点のみから「司法裁判事務」の監督が要求され、こうした監督が実現した場合には、大審院長がこれまでの司法大臣の地位に取って代わるだけに過ぎないだけでなく、その監督も行政官たる司法大臣ではなく、司法官である大審院長が行う方がより抵抗も少なく、司法行政上の監督の範囲を越えて裁判事務の内容（個々の事件における各裁判官の法の解釈・適用など）にまで広がっていく危険は免れないであろう。そして、ここに彼らの要求が司法省の裁判統制のための議論にすりかえられてしまう危険性があったといえよう。実際、彼らの要求は、後述する裁判所構成法改正委員会総会では、司法大臣の人事面を含む司法行政上の指揮監督権の是非という点から切り離されて議論されることになり、単なる効率的な裁判所・裁判官統制のための議論に陥ってしまうのである。(59)

次に、より下級の裁判所からの建議について、家永三郎がすでに紹介している一九二五年二月の東京地方裁判所部長協議会の建議にもふれておこう。この建議は、前述の大審院・控訴院の建議あるいは意見よりも、より的確に現状の問題点を把握している。それによれば、現在の制度は、司法大臣が司法行政の全権を掌握し、その下で、裁判官は行政官である検事や司法省官吏と一体をなして司法部を構成し監督を受けている、そのこと自体が「既ニ司法権独立ノ完璧ヲ望ム所以ニアラズ。況ンヤ大臣ノ司法官ニ対スル監督権ヲ背景トシテ上命下従常ニ一体ヲ為ス司法省官吏及検事ガ出デテ直ニ司法ノ要職ニ就クコトアルニ於テハ、司法権ノ独立ニ対スル脅威更ニ大ナリト謂ハザルベカラズ。然リ、世論ノ危惧スルトコロ、固ヨリ此ノ点ニ在リ」と述べられているのである。そして具体的な制度改革要求としては、司法省管轄下の官吏は相当の期間判事の現職に就いた後でなければ、大審院および控訴院の司法管理職に補職されないようにすることが要求されている(60)。また一九二六年には、大審院部長を除く大審院判事が協議して、前記と同趣旨の建議を司法大臣に提出している(61)。

この東京地方裁判所部長協議会の建議は、司法行政監督系統に沿って構築された司法官僚組織の弊害について的確に把握し、裁判事務の能力、経験によって人事行政、とくに司法管理職の人事が行われることを要求し、そうした規定を設けることによって、司法行政監督系統と密接に絡み合って構築された司法官僚制をつくり出してきた司法大臣の人事行政に制約を加えようとしたのである。この点で、先程の大審院や控訴院の司法管理職の人事行政の改革要求よりも、より現状に対応したものであったといえよう。それだけに、先の大審院、控訴院長らの人事行政面での制度改革要求と同じように司法省によって拒絶されざるを得ないものであった。

以上のような裁判官の側からの批判と改革要求は、一九二七年に始まる裁判所構成法改革の試みの中で、どのような形で取り込まれていくのであろうか。まず、人事面に関する要求は、後の裁判所構成法改正の起草段階では、東京地方裁判所部長協議会の建議の趣旨はもちろん最初から問題とならず、司法大臣の人事行政について諮問機関を設けようとする大審院の建議すら顧みられることはなかった(62)。それに対して、司法行政面での改革要求(63)については、前述した「司法裁判事務」に関する全国の裁判所に対する監督権限の大審院長への移譲の議論だけが、司法大臣の最終的な監督権限には手を触れることなく、それを補うものとして吸い上げられていくのである。

そこで次に、裁判所構成法改正委員会における裁判所構成法改正作業の段階でこの大審院長の権限拡大問題について、どのような議論が行われたかを見ることにしよう。

第三節　裁判所構成法改正委員会における大審院長の権限拡大をめぐる議論

一　裁判所構成法改正小委員会での大審院長の権限拡大問題

前述したように、「司法省廃止に着手」というような形で在野法曹に受けとめられた原の裁判所構成法改正作業において、大審院の権限拡大問題は草案起草段階での議論の焦点となった(64)。

まず、前述したように、一九二八年一月からの小委員会では、一九二七年秋以降幹事らによって作成された「幹事会案」が審議されることになった。小委員会では、この幹事会案をもとに、小委員会委員が論点を出し合い、さらに改正草案を練っていくことになった。大審院長の権限拡大をめぐる論点については以下のような経緯をたどった。

まず、一八九〇年制定の現行裁判所構成法第一三五条を確認しておこう。

司法行政監督権ノ施行ハ左ノ規程ニ依ル
第一　司法大臣ハ各裁判所及各検事局ヲ監督ス
第二　大審院長ハ大審院ヲ監督ス
第三　控訴院長ハ其ノ控訴院及其ノ管轄区域内ノ下級裁判所ヲ監督ス
第四　地方裁判所長ハ其ノ裁判所若ハ其ノ支部及其ノ管轄区域内ノ区裁判所ヲ監督ス
第五　区裁判所ノ一人ノ判事若ハ監督判事ハ其ノ裁判所所属ノ書記及執達吏ヲ監督ス

第六　検事総長ハ其ノ検事局及下級検事局ヲ監督ス
第七　検事長ハ其ノ検事局及其ノ局ノ附置セラレタル控訴院管轄区域内ノ検事局ヲ監督ス
第八　検事正ハ其ノ検事局及其ノ局ノ附置セラレタル地方裁判所管轄区域内ノ検事局ヲ監督ス

幹事会は、この規定に関して第六以下の検事に関する部分を削除した残りをそのまま「裁判所法案」第一一八条として案を作成した[65]。これに対して、三月九日の第七回小委員会では、この規定について、大審院長が司法行政につき下級裁判所監督を行うことについて質問が出された。これに対して池田寅二郎幹事は、当初から問題とされ幹事会において研究考査を遂げたが、幹事会では下級裁判所に対する大審院長の司法行政監督は不採用にしたと釈明した。その理由として、この場合の監督権の内容は現行法第一三六条第一の裁判事務取扱上の注意・訓令となるが、これを大審院に判断させることになると、裁判の取扱についても命令できることになり、下級裁判所の独立自由を阻害する危険があること、現在の大審院の設備ではこの司法行政監督の事務を付与することは不可能であることがあげられている。しかし、この小委員会では異論が出され、結局この委員会のあと作成された「裁判所構成法ノ改正ニ付研究スヘキ事項（其二）」で、「五〇、第百三十五条第二号ノ監督権ハ之ヲ相当拡張スルノ要ナキカ」という形で論点として残された[66]。

これを受けて、四月一九日の第一〇回小委員会では、この論点について、小委員の全員が意見を表明して議論することになった[67]。

委員のうち、花井、松本、浜田小委員が大審院長権限拡張支持の立場をとった。これに対して、池田、黒崎、泉二、木村、清水、小原、小山、黒住がそれに反対意見を展開した。そこでの対立は、後述する裁判所構成法改正委員会総会での意見対立と重なるので、ここでは詳述しないが、反対意見においては、前述した裁判官層からの要求に対する警戒感が示されていることを指摘しておこう。まず、大審院からの建議に関しては、建議通りにすることが「一面大審院ト司法省ト事務上対立スルコト」を招来し、「結局ハ大審院長ヲ政治家化スルコトトナルノ虞」があることが強調されている（池田）。また、人事行政の点から「大審院長ノ監督権限拡張ハ面白カラス」（清水）として、人事行政面に大審院の権限拡大が及ぶことに強い警戒感が示されている。これらの警戒感は、結局のところ、黒住が指摘する司法省廃止論につながることへの警戒であるということができる。すなわち、黒住は、原法相が大審院長権限拡大にこだわる意図が不可解であるとした上で「大審院ノ権限ヲ拡張セラルルコトハ軈テ司法省廃止論ニ到達スル様世間ノ誤解ヲ招来スヘシ余ハ嘗テ司法大臣ト文部大臣ハ政治的ニ不用ナル様考ヘタルコトモアルカ改正ノ趣旨カ左様ノ根本的ニ非ス、単ニ世ノ誤解ヲ解クコトカ主要ノ目的トセラルルト雖世間ニテハ未タ無之モノヲ新ニ入レントスルニハ特ニ之ヲ認メルヘキ何等カ其処ニ強ヒ根拠カ無ケレハ忽チ新聞記者ノ誤解トモナリ、結局ハ司法自体ノ威厳ヲ損スルコトトナルヲ虞ル」と述べたのである。

こうした司法省の司法官僚たちからなる幹事たちの反対を受けて、原司法大臣は、「大審院長カ下級裁判所ヲ監督スルコトニ依リテ部内ノ地位ヲ高カラシメ尊カラシメルコトトナル」ことが大切であるということを繰り返すだけで、前述した「司法省廃止に着手する」と報道されたような「決意」にほど遠い姿勢に終始した。結局、司法省―司法大臣の司法行政権と監督権は存置したまま、それと重複して大審院長の監督権限が全国の裁判所に拡大するという、改正趣旨が曖昧な線に後退した形となった。

しかし、委員会の会長である原法相と小委員会の委員長花井があくまでも大審院長の権限拡大に賛成の立場をとったために、小委員会では決着が付かず、「前案」として「大審院長ノ監督権限ヲ拡張シ其院及ヒ控訴院以下ノ各裁判所ヲ監督スルモノトスル案」と「後案」として「大審院長ハ其ノ院ノミヲ監督スルモノトスル案」のいずれにするかは、総会の決議によるものとされた。

以上の経過からもわかるように、原の年来の宿願のうち、司法大臣の司法行政上の裁判所・裁判官に対する指揮監督権を何等かの形で制限しようとする試みは、準備草案を担当した司法省の幹事達の反発を受け、司法大臣の指揮監督権を残したまま、大審院の指揮監督権を全国に拡大するに過ぎないものに後退せざるを得なかった。このことは、幹事の顔ぶれを見ればわかるように、いずれもいわゆる司法官僚の典型ともいうべき人々であった以上、当然の成り行きであったともいえよう(68)。

二　裁判所構成法改正委員会総会における大審院長権限拡大問題に関する議論

次に、この両案についての総会での議論を追うことにしよう。

まず、前述した小委員会の議論を経て作成された小委員会案（「裁判所法案」）で問題となった大審院長の権限拡大の規定を挙げておこう(69)。

案第九三条前案

司法大臣ハ裁判所ヲ監督ス

大審院長控訴院長及地方裁判所長ハ各其ノ庁及管轄区域内ノ裁判所ヲ監督ス

区裁判所ノ監督判事又ハ一人ノ判事ハ其ノ庁ヲ監督ス

案第九三条後案

司法大臣ハ裁判所ヲ監督ス

大審院長ハ其ノ庁ヲ監督ス

控訴院長及地方裁判所長ハ各其ノ庁及管轄区域内ノ裁判所ヲ監督ス

区裁判所ノ監督判事又ハ一人ノ判事ハ其ノ庁ヲ監督ス

案第九四条

司法大臣及監督権アル判事ハ不適当ナル事務取扱ニ対シテ注意ヲ為シ且職務ノ内外ヲ問ハス地位ニ不相応ナル行状ニ対シテ諭告ヲ為スコトヲ得但シ処分前当該官吏ヲシテ弁明ヲ為サシムヘシ

一八九〇（明治二三）年裁判所構成法の規定と比較すると、現行第一三五条「第二　大審院長ハ大審院ヲ監督ス」の規定が前案では拡大され、後案では、現行通りとなっている。

この条文について鋭く対立した点は、大審院長の監督権の中に人事上の監督権を含めるかどうか、という問題である。従来の人事上の監督については、前述したように、各省官制通則、司法省官制に定められた司法大臣の人事行政権（昇級、転職その他）に基づいて出されている「裁判所及検事局職員ノ進退ニ関スル監督官権限規程（一九一三年司法省訓令）」で、「職員ノ進退及身分ニ関スル具申」はすべて「監督上官」を経由することとされ、大審院長は大審院内の判事、控訴院長はその管轄内の判事の進級・転職について司法大臣に具申することになっていた。

賛成論者は、前述したような大審院や控訴院から出されてきた建議の趣旨を汲み取ったことを強調しながら、従来の司法大臣の司法行政に関して、裁判事務およびそれと密接なかかわりのある「司法裁判事務」と「司法行政事務」に分け、全国の裁判所の「司法裁判事務」について大審院長にも監督を行わせる、その場合、司法大臣の最終的な監督権は残し、人事行政についても、先の司法省訓令に定められた人事行政系統は従来通りとすることを主張したのである。

これに対して、反対論者は、人事（昇級、転職など）の基礎となる功績調査は日常の執務状況と密接不可分の関係にあり、大審院長に全国の裁判官の「司法裁判事務」執務状況監督の権限を与える以上、当然人事上の監督権を与えざるを得ない、そうなれば、結局司法省と同様の二重の機関が存在することになり、賛成者の議論は司法省廃止を前提にしなければ成り立たないということになる、というものであった。

以下もう少し詳しく両者の議論を見てみよう。

まず、賛成論にまわったのは、前述したように準備草案を作成した小委員では、花井、浜田、松本各委員であり、総会では、前述の大審院の建議書に関係した横田、牧野（前職、現職の大審院長）、富谷各委員と、明確にどちらの立場に立つということはないが賛成論の議論を補強するような発言をしている平沼である。

賛成論者が大審院長の「司法裁判事務」監督権を全国に拡大する理由として挙げているのは、次のような点である。まず、これまで、大審院長に全国の裁判官に対する監督権がないため、司法官会同、地方出張の時、司法大臣や検事総長のように訓示ができないことが指摘されている(70)。また、前述したような大審院、控訴院の建議の趣旨をできるだけ汲み取るべきであり、こうした方が、司法権独立と裁判の向上が期待できる(71)。この点については、平沼も、各控訴院長の建議について好意的に紹介しながら、「監督権ノ意味ヲ明確ニセネハ、動モスレハ指揮ニ陥ル危険性があり、「是ハ裁判事務ニ於テハ深ク注意セネハナラヌ」ところであり、「大審院長ノ監督権ト云フモノハ固ヨリ指揮権ヲ持タヌコトハ明々白々」であるけれども、「唯ニ部下ノ裁判事務カ適当ニ行ハレテ居ルカ如何ト云フコトヲ見ルノテ、大審院長ノ監督権ト云フモノハ、要スルニ、此ノ方面ハ大切テアロウト云フ考ヘ」であることを述べている(72)。

また、全国の裁判官の人事行政そのものについては、司法省官制で司法大臣に委ねられているので、人事上の監督権限については、そこに含ませる意図はないことがしばしば繰り返されており(73)、あくまでも「身分上ノ行状カ良ヒトカ悪ヒトカ云フコトハ、寧ロ司法大臣カヤルコトカ適当テ、大審院長カ遣ツテ悪ヒト云フコトハ無キモ、大審院長ノ監督権ト云フモノハ裁判カ良ク行ハレテ居ルカ如何カヲ見ル」ことが強調されている(74)。大審院や各控訴院長の建議から大きく後退していることが読み取れよう。

さらに「司法裁判事務」の監督については、裁判官の裁判事務上の職権の独立という点から問題となり得るが、この点については、司法裁判事務といっても、そのことに関する監督権は、個々の事件の法律の解釈適用につき監督を行うのではなく、案第九四条にある不適切な裁判事務の取扱、裁判事務の遅延、判決文の書き方の疎漏といったことについて「全国統一的ニ見テ」「一般的ニ」注意監督するということである、と述べられている。(75) ここには、前述したような大審院の建議、磯谷の小論と同じく、その監督の範囲の解釈によっては、裁判官の職権の独立を侵す危険性をはらんでいることの認識は弱い。その危険性は次の平沼発言で現実化する。

平沼は、なぜ大審院長の監督権限を拡大する必要があるのかという点について、前述の各控訴院長の建議を紹介しながら次のように述べている。彼によれば、現状は司法省の民事局長と刑事局長の二人が担当しているのに対し、大審院長はその下に九人の部長を抱え、その下には約四〇人の判事を抱えている、さらに各裁判所からの上告事件について、各部において記録を見ることができるが、司法省ではこのようなことはできないことが指摘され「大審院長カ部長ナリ其他ノ判事ヲ機関トシテ下級裁判所カ控訴院以下ノ裁判カトウ云フ風ニ行ハレテ居ルト云フコトヲ見ルニハ上告記録ヲ一々注意シテ見ルト余程材料ヲ得ラルル。(中略―筆者注) 大審院長カ強ヒテ記録ヲ見ラルル積リナレハ、決シテ綿密ニ見ラレ無ヒコトハ無ヒ」と主張され、さらに平沼が大審院長に在職していた時代の経験として、各部長は綿密に記録を見ていたので「彼所裁判所ノ裁判ハ間違カ多ヒトカ、面白クナヒ点カアルトカ斯ウ云フコトハ記録ヲ見テ部長カラ報告ヲ受ケルモノカ沢山」あったことが紹介されている。(76) ここで平沼は、賛成論者の議論を補強するように発言しながらも、各裁判所の「間違」った裁判あるいは「面白クナヒ」裁判の監督をも「司法裁判事務」監督の中に含ませていることに注意しなければならない。このように「司法裁判事務」の監督という言葉を、個々の事件の分析を通じて「全国的統一的」「一般的」に裁判事務を監督するといったことまで広げることになれば、そうした監督が個々の裁判官の職権の独立性を侵す危険性は明白であろう。

次に、反対論者の顔ぶれは、前述したように全員一致でこの条文について反対した幹事らに加えて、委員では、小山、和仁、三木らである。

反対論者の議論は、まず、全国千数百名の判事の監督をすることができるはずがなく、実際上無益である（77）ということに始まる。また、法律解釈を統一することを使命とする大審院に全国裁判所の監督という行政事務を行わせるべきではなく（78）、それは裁判所構成法立法者の一人ルドルフの考え方でもあったとして「大審院長ヲ行政的ノモノニセシメ度ク無ヒ、大審院ハ裁判ノ基本正義ノ基本ト云フコトニシテ何処ニテモ尊重スヘキモノト云フ考ヘ」で「左様ノ類ノ監督事務ハ大審院ノ尊厳、大審院長ノ地位ヲ神聖ナラシムル上ヨリ言ヘハ、余リ適当テ無ヒト云フコトカ一ツノ考慮スヘキ点ナラスヤ（79）」と述べられている。大審院に賛成論者の言う「司法裁判事務」の監督を委ねれば「大審院ノ職能トシテ其事件ニ関シ判断シ徹底的ニ其非ヲ質シテ正シキモノトスルコトカ本来ノ職能トシテヤルヘキモノカ、一旦事件ヲ離レテ一般ノ裁判ノ取扱振リト云フコトニナレハ、下級ノ裁判所或ハ判事ニ注意ヲスルト云フコトハ如何ノモノニヤ（中略―筆者注）一面ニ於テ事件外ニ亘リマシテ裁判事務ニ付或ハ訓令ヲスルト云フ様ナコトニナリテハ、其間ニ於テ面白カラサル影響ヲ与フル様ナ虞レカ無ヒカ之レヲ心配スルナリ」と主張されている（80）。

しかし、彼らが反対する最大の根拠は、賛成論者である富谷が「結局論シ来レハ司法省廃止論ニ到着スヘキヤモ知レサルカ（81）」と述べているように、そうした制度改革が司法省廃止論に結びつく危険性に対する反発であった。すなわち、大審院長に全国の裁判所の監督を認めることになれば「単ニ紙上ノ監督権丈テハ不可ナリ、法律ヲ実行セヌテハ無イカトノ議論ノ起ルコトヲ憂フ（中略―筆者注）真ニ監督スルト云ヘハ、今少シク立入リテ控訴院長ノ遣ツテ居ルコト丈ハ日本全国ノ判事ニ対シ之ヲ為サネハナラヌ、（中略―筆者注）控訴院長カ現在遣ツテ居ル管内判事ノ平生ノ事務ノ能否ヤ人物ヤ執務上ノ品位等ノ如キ或ハ進級ノ相当ナルヤ、転所ノ必要アリ等始終上申セルトコロナルカ、此レ位ノコトハ是非共大審院長カ全国的ニ遣ラネハ監督スト云フ大審院長権限拡張ニハ副ハサルモノト存ス」[82]と述べられている。そして、そうした権限拡大は司法省の廃止を前提にしなければ成り立たない議論であるとして次のような発言がなされている。すなわち、前述したような控訴院の建議は「結局人事ニ関スルモノハ司法大臣ニ委カス、其代リ裁判事務ニ関スル方面ハ寧ロ大審院長ニ主トシテ移シテ終ヘト云フ意味ト解ス、然様ナルナラハ余ハ同意スルモ、両方ニ同様ノモノヲ設クルハ不適当ナリ、故ニ大審院長ニ広ク監督権ヲ附与スヘシト云フ時期ハ即チ司法大臣カラ其部分ヲ削ルヘシト云フ時期ナルヘシト思フ」[83]と。

以上のような賛成論者と反対論者の議論を振り返ると、賛成論者の意見については、大審院と各控訴院長からの建議を重視するといいながら、そこから肝心の司法大臣の人事権を含めた強大な司法行政権そのものについての改革要求を削ぎ落とし、大審院長の監督権限の強化のみを取り出して議論するということになれば、結局、全国の裁判官の行う「司法裁判事務」の監督権を司法大臣と大審院長の監督権をどのように配分すれば、最も効率的か、という議論に終始することになるのは当然であろう。そのことは、賛成論者の議論において、全国の裁判官の行う裁判実務の動向は大審院長においてこそ最も効率的に知りうることが何度も強調されていることからもいえよう。さらに、その「司法裁判事務」の監督は、前述したように、裁判官の職権の独立を侵しかねない、「全国的統一的」かつ「一般的」な裁判の監督にまで拡大されることになったのである。

一方反対論の方は、大審院の神聖さを汚す、個々の裁判官の職権の独立を損なう等の理由で反対するが、より大きいのは、賛成論者の議論が司法省廃止につながるということにあった。反対論者の多数を占める司法省中枢の司法官僚達が、このように後退した案に対しても反発を示したのは、それを言うことによって、できるだけ従来の司法大臣の司法行政権について制限を加えることなく、また将来も加え得る可能性を遮断するためであったと考えられる。(84) 実際彼らは先に引用したように「裁判事務ニ関スル方面」について大審院長にも全国の裁判所・裁判官を監督させること自体に反対はしていないのである。むしろ、議論の流れから言えば、司法省廃止の危険性を主張することによって、賛成論者の主張の後退を獲得し、結局司法権独立の強化や大審院の地位の強化というレベルの議論から、裁判所・裁判官の「司法裁判事務」の効率的な監督のためには司法大臣と大審院長との監督権限をどのように配分すればよいかというレベルの議論に引き降ろし、しかも、その「司法裁判事務」のなかに裁判そのものの監督さらには統制までをも含ませて議論することに成功したのである。

第四節　裁判所構成法改正論議の帰結

結局、最終的な総会の決議では、大審院長の監督権限について全裁判所に拡大する案が採用された。そして、限界はあるにせよ、司法権の独立という点からの大審院の地位の強化、したがって司法大臣—司法省の権限の縮小ないし制限ということを含意していた大審院長の権限拡大という点での裁判所構成法改革の試みは、表面上は、この時期の在野法曹や裁判官からの要求に対応したかのような外観をとっていた。しかし、その内実は、裁判所構成法改正委員会における法案作成過程の中で、司法省側によって、裁判所・裁判官の監督をいかに効率的に行い得るかという議論にすり替えられ、矮小化されてしまい、さらには、裁判の統制を軸としたものに換骨奪胎されていったのである。このような大審院長の権限拡大に関する裁判所構成法改正委員会総会の経過とその結末は、この総会の数ヶ月前の三・一五事件、四・一六事件に代表される治安維持法関係事件をはじめとするいわゆる思想事件が続々と裁判過程に上ってくることが予想される状況の中で、そうした事件の裁判について統制を加えることの必要性を強く感じていた司法省の側からしてみれば当然のものであった。

この裁判所構成法改革の試みは、一九二九（昭和四）年二月に裁判所構成法改正委員会としての最終草案が完成し、枢密院の審査委員会で審議されることになった。ところが、行政庁である検察機関の組織を法律で定めることが天皇の官制大権を侵すものではないかという疑義が出され翌三月、「裁判所法案」、「検察庁法案」ともに「御沙汰ニ依リ返上」となった。[85]こうして、この改正の試みは挫折した。しかし、その過程で「司法裁判事務」の監督という名の下に議論された「全国的統一的」かつ「一般的」な裁判事務の監督は、一九三三（昭和八）年司法官赤化事件、血盟団事件での右翼による裁判官攻撃などを通じて強められた裁判官・裁判統制の進展の中で、[86]強化されていくのである。すなわち、議会の委員会で「裁判官の自由を束縛する」危険があるのではないかという質問を受けた[87]司法研究第一部実務家会同（一九二六年以降毎年開催、刑事実務家会同）や一九三二年以降毎年開催されるようになった思想実務家会同での司法法規の運用統一を通じての裁判統制が当たり前のように行われていき、そしてついには、司法権独立の観念が操作され、その「本来の意義」は「裁判官に対して絶対の自由とか放縦を許容したのではな」く各裁判所・裁判官の間で「国家の意思表示としての裁判に付きましては法律上の解釈等に於て相互に杆格齟齬のないやうに」することが主張されるようになったのである。[88]

しかしながら、本章で検討してきたように、このような一九三〇年代以後裁判統制が容易に浸透できたのは、「司法裁判事務」の監督ということ自体にその基盤があると思われる。そして深刻なのは、そうした監督の必要性が、他ならぬ大審院や控訴院の裁判官達によって要求されてきたところにあった。前述したように、司法省で司法行政事務に携わることが司法官僚として昇進する上で重視されていた当時の集権的な司法官僚組織のあり方の中にその要求を置いて読み直せば、「司法裁判事務」の監督を強調することで、対司法省との関係で自己の権限の独自性を確立し、そのことを通じて相対的に低かった裁判官層の地位を司法官僚制内部で上昇させようとする意図が潜在していたことは否定できない。それゆえに「司法裁判事務」の監督という曖昧な概念が単なる司法行政上の監督の範囲を越えて裁判事務そのものにまで広がっていく危険性を、すでに司法官僚制の中の上層に位置している彼らが認識できなかったのであり、こうした裁判官のありようが上述した裁判統制が容易に浸透する基盤となっていたといえよう。このように、現状の司法制度改革の要求を出す際にも、それが集権的な司法官僚制の枠によって限界づけられざるを得なかった点にこそ、出発点からそもそも国家の官僚として存在した近代日本の裁判官に内在する深刻な問題が潜んでいたのである。第一編で検討した一九世紀末のフランスの司法組織改革議論が、つねに集権的な司法組織が裁判官の独立を脆弱にするという危機の認識を伴っていたことと対照的な議論を、ここに見ることができよう。

［注］

（1）本章が扱う時期に発行され、長く司法省にあって民事局長などを勤めた長島毅の手による『裁判所構成法』日本評論社（一九二九）によれば、司法行政事務については次のように説明されている。一般に、司法行政は、司法を運営していく上で必要な行政作用をさすが、裁判所が裁判事務を行う上で重要なものとしては、裁判事務の分配、庁舎の営繕、判事の代理に関する事務、会計事務、人事に関する事務などがある。裁判所構成法第一三四条には司法行政を行う官庁を定めているが、その場合の司法行政事務は、事務の分配、判事の配置、営繕などであり、人事行政に関しては含まれていないとされている。憲法上官吏の任免大権の例外として裁判所構成法上規定されているのは免職、転職、休職、停職、退職に関する規定であり、官等、俸給、叙位、地位の昇進・昇級、転所、補職などの人事行政に関しては勅令（各省官制通則第八条）で司法大臣に与えられている。各裁判所の長などの管理職は、司法省の訓令（一九一三年裁判所及検事局職員ノ進退ニ関スル監督官権限規程）によって、昇級・転職などに関する司法大臣への具申などの事務やその基礎となる考績調査などの監督事務に関して、補助的に関与するものとされている（長島前掲書九七頁以下）。そして、裁判所構成法第一三五・一三六条の監督規定によって、こうした人事行政上の監督事務を除く、事務分配や事務取扱の方法、地位に不相応な行状に関して、裁判所及び裁判官は上官の監督を受ける、とされている。

（2）この場合、大審院長は、同院に限って監督権が認められているのに対して、控訴院長、地方裁判所長については、その管轄区域内の裁判所に関して監督権が認められている。

（3）一般に、明治末年頃から大正前半期にかけて、こうした傾向は、政治的疑獄事件への積極的介入や治安政策を軸に政府内部に独自の勢力を築き上げた平沼騏一郎、鈴木喜三郎らが中心となって定着していったとされる。以上については、三谷太一郎『政治制度としての陪審制――近代日本の司法権と政治』東京大学出版会（二〇〇一、初出一九八〇）六一頁以下、小田中聰樹『刑事訴訟法の歴史的分析』日本評論社（一九七六）二一頁以下参照。後述するような経歴をもつ以下の司法官僚たちはそうした典型例であろう。すなわち、検事畑出身者として小山松吉、和仁貞吉、検事畑出身者として司法省勤務を兼務しながら裁判所の管理職に就いた典型として三木猪太郎、林頼三郎、小原直、泉二新熊、木村尚達、判事畑出身ながら司法省勤務を経て裁判所管理職に就いた者として長島毅、池田寅二郎らである。また、このような、おもに司法省において司法行政事務の経歴を積み重ねながら司法省、裁判所、検事局の主要な地位を占めていく司法官僚組織の頂点部分を構成する官僚層の下には、さらに、東京地区（大審院、東京控訴院、東京地方裁判所）をはじめとする主要な地区の裁判所の主要な部分のみを移動する裁判官層が存在する。さらにその下には地方の裁判所を中心に点々と移動する膨大な数の実務裁判官層が存在する。この点については、東京地方裁判所を例とした裁判官層の中の階層的構造について分析した、山中永之佑・三阪佳弘「資料・治安維持法違反事件三田村四朗予審訊問調書（五・完）――治安維持法事件における予審の実態」阪大法学一六一（一九九二）参照。

（4）本編第一章参照。

（5）「新司法大臣原嘉道博士」『法曹公論』三二―五（一九二七）。なお、この点について小田中聰樹『治安政策と法の展開過程』法律文化社（一九八二）九二～九三頁、一一五頁参照。

（6）一八九三年農商務省依願免官後、弁護士となり、「民事の原」として活躍した。裁判所構成法に関しては、明治三〇年代頃より、検察勢力から裁判所の独立を守ろうとする発想から裁判所と検事局の分離を、また、司法大臣の裁判所に対する司法行政上の監督権の廃止を唱え、晩年に至るまで、こうした面での裁判所構成法の改正を訴えた。司法大臣としては、三・一五事件、四・一六事件による共産党弾圧の総指揮、治安維持法一九二八年改正の推進者として行動。政治的には、平沼騏一郎を中心とする国本社の積極的メンバーの一人であり、司法大臣就任も平沼の強い推薦で実現したといわれる（小田中前掲注（5）書九二、九三頁）。なお、原については、向井健「原嘉道」『日本の弁護士』日本評論社（一九七二）、清水誠『時代に挑む法律学――市民法学の試み』日本評論社（一九九二）八六頁、九四頁参照。

（7）原の法相就任が改正作業の契機となった点については、内藤頼博『終戦後の司法制度改革の経過――一事務当局者の立場から――』司法研究報告書八―一〇（一九五九年）、第二分冊四七頁以下に掲載されている当時の当局者であった小原直、林頼三郎の談話を参照。

なお、一九二七～二九（昭和二～四）年にかけての裁判所構成法改正の試みについては、内藤同上四七頁以下、第三分冊五〇六頁以下（枢密院の諮詢に提出された裁判所法案、検察庁法案）、『われらの弁護士会史』第一東京弁護士会（一九七一）一五四頁以下に、明治末年以来の司法警察官を検事局の下に置くという要求、それに伴って検事局を裁判所から分離し、政党出身の司法大臣が検察事務を指揮命令する権限を削除するという要求を中心にその経緯が紹介されている。小田中聰樹『現代司法の構造と思想』日本評論社（一九七三）一〇～一一頁、丁野暁春・根本松男・河本喜与之『司法権独立運動の歴史』法律新聞社（一九八五）五四～五六頁、小田中聰樹『刑事訴訟法の史的分析』有斐閣（一九八六）八～九頁以下などにも同法改正作業についての叙述がある。

（8）内藤前掲注（7）第二分冊に掲載されている小原直の談話によると、小原が司法次官となって（一九二七年四月二四日）数日後に、裁判所構成法改正が議題に上ったとされている。

（9）以上の経緯については、「裁判所構成法改正委員会ヲ設置ス」国立公文書館所蔵『公文類聚』第五一編昭和二年巻四（二A―一二―類一六〇一）による。

（10）「司法権独立判検事両構成法の立案」法律新聞二七一〇号、一九二七年。

（11）『司法沿革誌』法曹会（一九三九）四一二頁。一九二七年八月二六日（同上）、翌年九月一八日（同上四二二頁）にも委員、幹事が追加任命されている。なお、「昭和二年七月　裁判所構成法小委員会日誌」慶應義塾図書館所蔵『花井卓蔵文書』（整理番号「花井L2」）（本章では、マイクロフィルム版［雄松堂書店］を参照）の冒頭に委員、幹事一覧表が掲載されており以下本文で引用する委員名はこれによった。

（12）この当時枢密院副議長。周知のように、司法部内部特に検察関係者に対して大きな影響力をもっており、その主催する第二次国本社の主要メンバーにはこうした司法関係者が多数加わっている（いわゆる平沼閥については伊藤隆『昭和初期政治史研究』東京大学出版会（一九六九）第八章参照）。なお、この時期の以下の裁判法曹、検察法曹については、小林俊三『私の会った明治の名法曹物語』日本評論社（一九七三）も参照。

（13）長崎控訴院検事長、同院長などを経て、検事総長（一九二六年）として大逆事件を処理し、司法大臣、貴族院議員など歴任、この改正委員会の当時には枢密顧問官。彼については、小田中前掲注（5）書九六～一〇一頁参照。

（14）東京控訴院判事、同部長、大審院部長、東京控訴院長等を経て、一九二一年に、平沼大審院長実現のための中継として四カ月だけ大審院長に就任（三谷前掲注（3）書第一章参照）。この当時貴族院議員。

（15）判事検事登用第一回試験合格後司法官試補を経て弁護士。一九一七年以後衆議院議員で、政友会に所属。田中義一内閣期の法制局長官。その後商工大臣、鉄道大臣などを歴任。

（16）商法学者。一九一〇年東京帝国大学法科大学教授、一三年兼法制局参事官、一九年同大学教授辞職後、内閣法制局長官などを

経て、二五年から貴族院議員。三八年設立の司法制度調査委員会では、一貫して捜査検察機関の強制権限拡大に関して人権蹂躙問題との関係で反対的立場をとったとされている（小田中前掲注（7）『史的分析』一一三頁、一二三頁以下参照）。

(17) 周知のように、日比谷焼打事件、大逆事件などの弁護を担当し、人権擁護に熱意を示してきた弁護士。この当時貴族院議員。平沼騏一郎とは親密な関係であり、また、臨時法制審議会、法制審議会などの各種の立法作業を通じて、平沼騏一郎とのつながりも深かったとされている（小田中前掲注（5）書九三～九四頁参照）。

(18) 主に判事職を経て、一九〇一年大審院判事、一三年同部長、そして二三年大審院長となり、二七年八月退職した。退職後も裁判所構成法委員会の委員はそのまま留任している。

(19) 主に判事職を経て、京都、東京各地方裁判所長、名古屋、東京控訴院長、大審院部長、一九二七年に横田秀雄の後を襲って大審院長となる。

(20) 長崎控訴院検事、大審院検事等を経て、二四年検事総長、三一年司法大臣、貴族院議員を歴任。

(21) 主に検事職を歴任しながら、司法省参事官などを兼任後、一九一三年以降、宮城、広島、名古屋、東京各控訴院長を歴任。

(22) 大審院判事、京都、大阪各地方裁判所長を経て長崎、大阪、東京各控訴院検事長、東京控訴院長を経て、一九三一年牧野菊之助の後任として大審院長。

(23) 判事として任官後、一九一一年大審院検事となり、司法省刑事局長、司法次官、大審院検事、大審院部長、三一年検事総長、三五年大審院長、三六年司法大臣、貴族院議員、枢密顧問官。

(24) 弁護士を開業後、一九〇四年以降衆議院議員、非政友会系小会派に所属後、立憲国民党創立に参加。一七年衆議院副議長、二一年臨時教育行政調査会委員、二七年司法政務次官として、弁護士法、家事審判所ニ関スル法律等各調査委員会に参加。

(25) 任官後主に検事畑を経て、司法省参事官（刑事局勤務）、長崎控訴院検事長、大審院次席検事を経て、一九二七年司法次官、その後、東京控訴院長、司法大臣、貴族院議員、内務大臣などを歴任。

(26) 判事として任官後、四年ほどで検事を兼任しながら司法省勤務となり、一九二一年司法省民事局長、その後大審院部長を経て、三六年大審院長となる。

(27) 東京控訴院検事など検事畑を経て、一九一五年大審院判事、二四年司法省行刑局長、二七年刑事局長、その後、大審院部長、検事総長、三九年大審院長となる。

(28) 検事として任官後、東京地方裁判所判事、同部長を経て、一九二一年司法書記官兼司法省参事官、大臣官房調査課長、二七年兼大審院検事、司法省刑事局長、大審院部長、検事総長、四〇年司法大臣を歴任。

(29) 判事として任官後、三年ほどで司法省参事官として司法省勤務となり、一九二四年司法書記官（民事局勤務）、二七年兼大審院検事、二八年民事局長、札幌、広島各控訴院長、司法次官などを経て、四一年大審院長。

(30) 前掲注（11）『花井卓蔵文書』整理番号「花井L1」の冊子は、「昭和二年七月廿七日起　裁判所構成法改正委員会総会　花井委員長」と標題が付せられ、第一回から第八回の総会の議事が記録されている。なお、同記録は、国立国会図書館憲政資料室所蔵『平沼騏一郎文書』二七七―一～七「裁判所構成法改正委員会総会日誌」と同一のものである。ただし、後者には第一回の総会日誌が欠けており、本章では、第一回は花井文書中の総会日誌により、第二回以降は平沼文書中の総会日誌に依拠した。なお、この第一回総会における原の挨拶は当時の法曹界でも注目され、『法律新聞』二七一八号一九二七年、二〇頁で報じられている。

(31) 前掲注（30）『平沼文書』二七七―一「裁判所構成法改正委員会総会日誌（第二回）」

(32) この幹事会での作業内容を記録した資料は管見の限りでは不明である。

(33) 「裁判所構成法［改正案］」（昭和二年十二月十二日印刷）前掲注（11）『花井卓蔵文書』整理番号L6。

(34) 「昭和二年十二月　検察庁法案　花井委員長」前掲注（11）『花井卓蔵文書』整理番号M1（本文中に「昭和二・一二・二四幹事会決定案」と記載）。

(35) 前掲注（11）「裁判所構成法改正小委員会日誌（第一回）」参照。

(36) 以下の経過は、前掲注（11）「裁判所構成法改正小委員会日誌」による。

(37) 前掲注（11）「裁判所構成法改正小委員会日誌（第一～三回）」参照。

(38) いずれも前掲注（11）「裁判所構成法改正小委員会日誌」の「第七回」のあとに掲載されている。
　検察庁法案について論点とされたのは、①総論的問題として、現行の検事局にかえて「検察庁」を設け、「検察庁法」という名称の法律によって定めることの可否（この点について第一回小委員会で、小山松吉から憲法第一〇条・第五七条との関係で、検察庁の組織を裁判所組織とは別箇に法律で規定することについて疑念が出された。この点について、他の幹事は問題ないとしたが、議論としては最後まで残り、この点の疑念が結局裁判所構成法改正委員会による改正作業を最終的に挫折させることになった（後述））。②「検事局」の名称変更（大審院検事局を大検院、控訴院検事局を検察院、地方裁判所、区裁判所各検事局を地方検察所、区検察所に変更）。③検事の職務権限の規定の文言変更。④司法大臣と検事総長の指揮命令関係の整備などである。

　裁判所関係については、①民事または刑事のみの裁判権をもつ区裁判所・地方裁判所設置の可否、②憲法五七条に照応する「判事ノ独立」を明示する規定を設けることの可否、③各裁判所の権限の整理、④大審院の聯合審判制度の改善、⑤書記・執達吏制度の名称変更および制度改正、⑥公判廷における秩序維持規定の改正、⑦大審院長の監督権限拡大の是非などである。

(39) 前掲注（11）「裁判所構成法改正小委員会日誌（第一四回）」末尾花井委員長発言によれば、第一四回までの審議に基づいて起草作業を行い今一度小委員会を開催してその確認を行う予定とされていたが、実際には起草された案が直接改正委員会総会の審議にかけられることになった。

(40) 前掲注（11）『花井卓蔵文書』中には、小委員会の成案はなく、本章では、前掲注（30）『平沼騏一郎文書』中の、二七八―三「裁判所構成法」を用いた。なお、前掲注（30）同文書二七七―一～七「裁判所構成法改正委員会総会日誌」（第二～八回）の審議中に、小委員会成案が朗読され記録されている。

(41) 前掲注（11）『花井卓蔵文書』花井M１「昭和二年十二月検察庁法案」と題する冊子中に綴じられている「検察庁法　昭和三年一〇月一二日印刷」が小委員会成案にあたる。

(42)「裁判所構成法改正法律案帝国議会へ提出ノ件」『昭和四年御下付案　乾』（国立公文書館二A―一五―六―枢A八一）。

(43) 原嘉道「司法制度に就て」早稲田大学法学部会誌三（一九三五）、二八七頁以下。原「司法権にたいする国民の誤解を憂ふ」正義一九二七年一月号参照。なお、原が危惧する「司法権の独立」観念が拡大しそこに検察権も含まれるようになっていく政治史的文脈については、三谷前掲注（3）書第一章参照。

本章では、一九二七～二九年の改正作業を経て作成された検察庁法案についての分析は行うことはできなかった。これまでの研究では、検察庁法案については、原の裁判所の独立を制度的に保障しようという問題意識よりも、むしろ司法大臣（＝政党勢力）の指揮・監督を遮断して検察の独自性を確保してその充実強化を図る狙いがより貫徹しているとされている（たとえば、司法大臣の検事総長経由の指揮権を規定している一九二八年検察庁法案では、この指揮権を検事総長を経由して行使するのを原則とし、司法大臣の直接の指揮権を緊急の必要があるときに限定したこと、裁判所から分離され独自の組織をもつ検察庁が設置されたこと、検察官の補助官吏として検務官吏が設けられたことなど。小田中前掲注（7）『史的分析』八頁）。

(44) 原前掲注（43）「司法権にたいする国民の誤解を憂ふ」参照。

(45) 在野法曹の司法省廃止論については、本編第一章第三節二を参照。

(46)『帝国議会衆議院議事速記録五〇　第五二回議会下』東京大学出版会（一九八三）八二四頁。

(47) 司法官試補を経て弁護士開業。一九二〇年以来衆議院議員。立憲国民党、革新倶楽部などに所属。普選運動、治安維持法制定反対等で活躍。

(48) 法律新聞二三三四（一九二四）。

(49) 法律新聞二三五一（一九二五）。
(50)『帝国議会衆議院議事速記録五〇　第五二回議会下　大正一五年』東京大学出版会（一九八三）八二五頁。
(51)「司法省廃止に着手」法律新聞二七三六（一九二七）。なお、法律新聞はこの問題について引続き注目し、「司法省廃止」という当初の原のもくろみが、委員会のなかで紛糾している点について、「裁判所構成法改正問題」法律新聞二八二一（一九二八）で報じている。
(52) なお、前掲注（11）『花井卓蔵文書』Ｌ3「昭和三年二月　裁判所構成法改正小委員会資料　花井委員長」と題する冊子中に収められている「裁判所構成法改正意見書　昭和三、一二、八」は、裁判所構成法改正委員会でまとまった改正案について全国の裁判所、検事局、弁護士会に意見を聴取したものをまとめたものである。ここには、旭川、函館、盛岡、秋田、山形、福島、前橋、水戸、浦和、東京第一、東京、横浜、甲府、長野、名古屋、大阪、和歌山、広島、高知、福岡、宮崎、鹿児島の二二弁護士会の意見が収められている。これらによれば、大きく分けて、①検事局と裁判所との分離、②弁護士からの司法官任用の拡大、③大審院長の監督権の拡大の三点について意見が集中していることが見て取れる。弁護士会の多くは、上記三点について肯定的に意見を述べているが、とくに、裁判所構成法改正委員会では具体的な改正案が作成されなかった②についての意見が提出されていることが注目される。
(53)『自明治四二年五月至昭和八年五月大審院長検事総長訓示演述集』（司法大臣官房秘書課）八頁以下参照。
(54) 同上四一頁以下。
(55) 法律新聞二三四五号（一九二五）。
(56) 前掲注（11）『花井卓蔵文書』Ｌ4「建議書［昭和三、四、一七印刷］」。これは後述する裁判所構成法改正委員会で委員に資料として配布された大審院の建議書の一部を謄写したものであろう。
(57) 裁判所構成法改正委員会総会（第三回）総会での牧野菊之助発言、前掲注（30）『平沼騏一郎文書』二七七―二「裁判所構成法改正委員会総会日誌（第三回）」一七丁以下。
(58) 前掲注（11）『花井卓蔵文書』Ｌ五「司法行政及ヒ裁判所構成法改正ニ関スル建議」。なお、同建議書で前提にされている一九二一・二二（大正一〇・一一）年の建議は、判事の定年制を導入した一九二一年の裁判所構成法改正によって退職に追い込まれた横田国臣大審院長が大審院長の権限を全国の裁判所へ拡大することを宿願としていたこと（三谷前掲注（3）、八五頁以下参照）との関連があることが予想される。
(59) この点は、前述した全国控訴院長の建議の提出責任者として署名している和仁貞吉東京控訴院長の、大審院長の司法行政上の権限拡大に対する議論の展開を見れば明瞭となる。和仁は、裁判所構成法改正委員会小委員として改正案の起草作業を行う中で、一九二八年四月段階での第一〇回小委員会で、「大審院長ノ監督権ニ関スル件」と題する「提案」を提出し、大審院長の権限拡大を、理論上は差し支えないとしながら、本当に大審院長に監督権を完全に行わせようとするならば、人事課のような機関を設け全国千数百人の判事の能力伎倆行動を監督させなければならないが、そのようなことをすれば「行政監督ノ事務ハ大審院長ノ事務ノ大部分ヲ占メ最高司法官タル大審院長ヲシテ行政官化セシムルニ至」るであろうし、そうした措置をとらなければ、「大審院長ハ僅カニ控訴院長ヲ監督スルニ止マリ其監督ハ徹底スルコトヲ得スシテ有名無実ニ終」るだろう、として反対する。ここには、大審院長の権限拡大問題を、大審院長と司法大臣とのいずれに裁判官を監督させればより効率的か、という問題に矮小化されているのを見ることができる。前掲注（11）「裁判所構成法小委員会日誌」第九回と第一〇回の間に所収。

（60）家永三郎『司法権独立の歴史的考察〔増補版〕』日本評論社（一九六七）二〇頁以下による。なお丁野他前掲注（7）書五八頁以下も参照。

（61）「最高法官の大更迭に就て」法律新聞二六四四（一九二七）。この記事によると、同建議は司法大臣によって直ちに拒絶された、とされている。

（62）第三回総会で牧野菊之助は前述の大審院の建議中「高等司法行政会議」といった司法官の人事に関する一種の諮問機関を設けるといった改革案について小委員会で検討されたかどうかを尋ねたが、花井卓蔵小委員長の答えは趣旨は不可とはしないが、今回は先送りとした旨の回答があった（前掲注（30）『平沼騏一郎文書』二七七―二一、一七丁以下）。

（63）なお、その後の裁判官層の意見分布を、前掲注（52））『花井卓蔵文書』L３中の「裁判所構成法改正意見書　昭和三、一二、八」に収録されている全国の裁判所、検事局の裁判所構成法改正委員会作成改正案に対する意見から補っておこう。

まず、検事局と裁判所の分離に関しては、一部の地方裁判所（大分地裁、甲府地裁、高松地裁など）を除いて、大半の裁判所・検事局が、反対している。原をはじめとした在野法曹が検事局・裁判所分離構想に託した問題意識は司法官全般によって共有されていないことを読み取ることができる。

次に、大審院長の監督権限の拡大に関しては、複雑な対応を読み取ることができる。この問題に関して、多くの控訴院もしくは各控訴院管内裁判所長会議、地方裁判所が意見を述べている。このうち、明確に大審院長の権限拡大に賛成しているものは少数である。むしろ消極的な意見が目立つといえよう。たとえば、明確に反対するものとして「大審院長カ全国ノ判事ヲ監督スルコトニヨリ果シテ何ヲ為サント欲スルモノナリヤ身分上ノ監督執務上ノ監督ナラハ現在ノ監督機関ニテ十分ナリ若シ夫レ裁判上ノ監督ヲ為サントスルノ意ナリトセハ之レ言語道断ナリ大審院カ最高法衙トシテノ職分ヲ紊ルノ甚シキモノナリト言ハサル可ラサルナリ」

という名古屋控訴院の意見がある。

しかし、こうした明確な反対は別として、それぞれの意見を検討してみると、たとえば広島控訴院長の「大審院ヲシテ全ク司法大臣ノ監督ヲ離レタル特殊ノ組織ト為サハ格別現時ノ如ク司法大臣ノ監督ノ下ニ置ケル組織ニ於テハ大審院長ニ一般裁判所監督権ヲ有セシム監督関係ヲ煩雑ナラシメ大審院長ノ地位ヲ俗化セシメ適当ナラス然レトモ大審院カ法律統一ノ目的ノ為メ大審院長カ此ノ目的遂行ノ為メ下級裁判所ヲ視察シ其結果ヲ司法当局ニ申告シ又下級裁判所判事ニ意見ヲ指示スル権限ヲ認ムルハ適当ナリト思考ス」という意見にあるように、現行の司法大臣の監督権を存置する限りでは、委員会が提示する改正案ではその目的とするところを貫徹できないという意味での消極意見が目に付く。同じ趣旨として、大阪控訴院管内の地方裁判所長会議の意見も、こうした改正を行う場合、「裁判所ニ対スル司法大臣ノ監督制度ヲ全廃スルカ若クハ司法大臣ノ権限ヲ裁判所ノ設置廃合、裁判所会計事務ノ監督ニ制限」することが前提とされなければ意味がないことを主張する（同じ趣旨のものとして長崎控訴院管内地方裁判所長協議会。福岡地方裁判所の意見）。

委員会が示した大審院長の拡大された監督権限は、現行の司法省―司法大臣の監督権限を存置させたままでは実務上混乱を招くだけだという意見は、さらにその監督権限の内容についての批判的検討に及んでいることが注目される。すなわち、先の大阪控訴院管内地裁所長会議は、「司法事務ノ独立ヲ確保スル目的ヲ以テ裁判所ノ監督ヲ司法大臣ノ権限ヨリ大審院長ノ職司ニ移シ而シテ判検事ノ補職進級等ハ別ニ組織スル人事委員会ニ於テ之ヲ議定セシメントスル」という全国控訴院長会同の際の決議との対比で今回の改正案を批判的に見ている。この点についてさらに長崎控訴院は、「若シ拡張セラルヘキ権限中ニ判事ノ進級転補其他ノ人事問題ヲ包含スルモノトセハ今日ハ未タ決シテ其弊アリト認メサルモ従来ノ趨勢ヨリ案シテ政党政胍ノ争ノ悪弊ヲ司法部内ニ波及セシメサルカ為メト広ク各判事ヲシテ安ンシテ一意其職務ニ尽悴スルヲ得セシメンカ為トヲ理由トシテ司法省ノ枢要ノ地位ニ在ル者ト大審院長及判事中高級ノ者トヲ以テ組織スル合議機関ヲ設クルコトハ極メテ必要」であるとし、「司法省若クハ大審院長ノミカ人事問題ヲ専決スル権限ヲ有スルコトハ決シテ司法部ノ将来ニ対スル万全ノ途ニアラス」とする。ここでは、監督権を司法省か大審院かいずれかに与えるとしても、人事権についてその監督権者の裁量に委ねていれば弊害が生じることが指摘されているのである。また、裁判事務の監督を大審院に委ねたとしても、それが「下級審ノ各判事ノ事件ニ対スル独立セル判断ニ影響ヲ及サシムル虞アル」ことが指摘されていること（長崎控訴院）、後述する裁判所構成法改正委員会での議論がまさにこの危険性についての認識が弱かったこととの対比で、注目される。

（64）原の問題提起に対して、準備草案作成過程で賛否両論が鋭く対立し、審議が停滞したことは前掲注（51）「裁判所構成法改正問題」で報じられている通りである。

(65) 前掲注（33）「裁判所構成法［改正案］」。
(66) 一八九〇年裁判所構成法第一三六条
前条ニ掲ケタル監督権ハ左ノ事項ヲ包含ス
第一　官吏不適当又ハ不充分ニ取扱ヒタル事務ニ付其ノ注意ヲ促シ並ニ適当ニ其ノ事務ヲ取扱フコトヲ之ニ訓令スル事
第二　官吏ノ職務上ト否トニ拘ハラス其ノ地位ニ不相応ナル行状ニ付之ニ諭告スル事
但シ此ノ諭告ヲ為ス前其ノ官吏ヲシテ弁明ヲ為スコトヲ得セシムヘシ
なお「裁判所構成法ノ改正ニ付研究スヘキ事項（其一）」は、前掲注（11）『花井卓蔵文書』L2中「裁判所構成法改正小委員会日誌（第七回）」のあとに綴じられている。
(67) 以下の小委員会の審議内容については、前掲注（11）『花井卓蔵文書』L2中「裁判所構成法改正小委員会日誌（第一〇回）」による。
(68) このことは、池田、小原、泉二、木村、長島などの前掲注に紹介した経歴を見れば明らかであろう。また、いずれも、家永三郎が紹介した（前掲注（60）書二三〜二六頁）一九三七年の東京地方裁判所の文書（人事行政が検事出身者や司法省勤務経験者に偏して行われ、そういう人々が裁判所の管理職につくことを批判した内容をもつ）で批判の対象として例示されていることからも、かれらが大審院長の権限拡大に反対したことも首肯できよう。
(69) 前掲注（30）『平沼騏一郎文書』二七七—三「裁判所構成法改正委員会総会日誌（第四回）」所収。
(70) 松本発言、前掲注（30）『平沼騏一郎文書』二七七—一「裁判所構成法改正委員会総会日誌（第二回）」九丁以下。
(71) 浜田発言、前掲注（30）『平沼騏一郎文書』二七七—一「裁判所構成法改正委員会総会日誌（第二回）」一四丁以下。
(72) 平沼発言、前掲注（30）『平沼騏一郎文書』二七七—六「裁判所構成法改正委員会総会日誌（第七回）」一九頁以下。
(73) 松本発言、前掲注（30）『平沼騏一郎文書』二七七—一「裁判所構成法改正委員会総会日誌（第二回）」一九丁以下。同上二七七—二、六丁、二八丁以下。なお、横田発言、同上二七七—二、一〇丁以下では、前述した大審院の建議に関係した横田も人事面での権限の拡張を放棄している。
(74) 平沼発言、前掲注（30）『平沼騏一郎文書』二七七—六「裁判所構成法改正委員会総会日誌（第七回）」一九頁以下。
(75) 松本発言、前掲注（30）『平沼騏一郎文書』二七七—二「裁判所構成法改正委員会総会日誌（第三回）」三丁以下。
(76) 平沼発言、前掲注（30）『平沼騏一郎文書』二七七—六「裁判所構成法改正委員会総会日誌（第七回）」一九頁以下。
(77) 小山発言、前掲注（30）『平沼騏一郎文書』二七七—一「裁判所構成法改正委員会総会日誌（第二回）」一〇丁以下、和仁発言同上一三丁以下、三木発言、同上二七七―六、八頁以下。
（78）小山発言、前掲注（30）『平沼騏一郎文書』二七七―一「裁判所構成法改正委員会総会日誌（第二回）」一〇丁以下。
（79）池田発言、前掲注（30）『平沼騏一郎文書』二七七―六「裁判所構成法改正委員会総会日誌（第七回）」四一頁以下。
（80）池田発言、前掲注（30）『平沼騏一郎文書』二七七―六「裁判所構成法改正委員会総会日誌（第七回）」四三頁以下
（81）富谷発言、前掲注（30）『平沼騏一郎文書』二七七―一「裁判所構成法改正委員会総会日誌（第二回）」一八丁以下
（82）小山発言、前掲注（30）『平沼騏一郎文書』二七七―二「裁判所構成法改正委員会総会日誌（第三回）」一一丁以下、同趣旨として三木発言、同上二七七―六、九頁以下。
（83）三木発言、前掲注（30）『平沼騏一郎文書』二七七―六「裁判所構成法改正委員会総会日誌（第七回）」一三頁以下。なお、大審院長監督権限拡大問題が結局司法省の存廃の論点に結びつかざるを得ない点については、注（63）で紹介した、この問題に対する裁判所の意見を参照。
（84）先に引用した『法律新聞』に掲載された原の司法省廃止構想に対する牽制の意味合いもあったかもしれない。
（85）この間の経緯については、前掲注（42）「裁判所構成法改正法律案帝国議会へ提出ノ件」、また、枢密院の審査会議の模様については、「裁判所構成法改正法律案帝国議会へ提出外二件」国立公文書館所蔵『昭和四年委員会録』（二Ａ一五―七枢Ｂ一五）参照。なお、小田中前掲注（7）『史的分析』九頁。
（86）小田中前掲注（7）『史的分析』二八頁以下参照。
（87）一九二七年五月開催第三回実務家会同における泉二新熊刑事局長「諮問事項に関する注意」参照。『第三回実務家会同』司法研究四、一九二七年、五頁以下参照。
（88）小田中前掲注（7）『史的分析』三二頁以下参照。

あとがき

本書の問題関心の出発点は、序論にも記したように、近代日本の司法の特殊性が、司法省（司法大臣）すなわち行政権の司法権に対する優位性、司法省による司法行政権が裁判官の独立を危うくしていたことにある、といった説明に違和感をもったことである。それは、近代日本の司法省の果たした機能はその通りであったとしても、当時のヨーロッパ大陸諸国においてもそれらは存在し、かつ現在においても存在していることを考えた場合、近代日本の場合と何が異なるのだろうか、という疑問である。

そのような関心をもって、司法省に関する明治期の史料を読むと、その存在が司法権の独立を危うくするとの考え方以上に、同時代のフランスの司法制度に関する翻訳や御雇い外国人の説明などを根拠に、司法省の必要性を強調するものが相当程度存在し、それなりに説得力をもっていたことがわかり、こうした状況をどのように理解すればよいのかを検討したのが、第二編第一章である。司法の担い手そのものを、司法省を通じて整備しなければならないということ、そのことが、当時の日本の司法をめぐる状況によっても、また、同時代の「欧陸各国」水準の制度設計でもあるとして正当化されたのである。しかし、こうした司法省を軸にした「改革」の経験は、同編第二・三章で分析したように、司法の官僚制化が問題となる大正昭和期においても、なお司法省を軸にした集権化の論理によってしか「改革」の道筋を描けないことにつながった。

こうした日本のあり方は、同じく司法省を設けていた同時代のヨーロッパ大陸諸国とどのような点で異なるのだろうか、この検討が第一編となる。近代日本が御雇い外国人を通じて得たフランスの司法省「像」は、確かに、一九世紀的な裁判官の存在構造を「改革」する過程でフランスの司法省に求められた役割、「責任」を忠実に伝えるものであった。しかしながら、それは、本編で示したように、第三共和政成立期、議会中心主義の確立という歴史的背景・文脈と不可分に成立しえたものであり、その限りで司法省に対して認められた「責任」であったことも事実である。しかし、「責任」とはいうものの、それは「恣意」ではないかという批判を常に免れず、フランスの二〇世紀後半の司法制度改革につながっていくこととなる。日本は戦後司法省を廃止し、最高裁判所を設けた。明治初期の制度設計像をめぐって議論されたときの整理に従えば、「欧陸各国」方式から「英米二国」方式へと移行したわけであるが、依然として、この「責任」か「恣意」かの問題を、制度的にクリアできていないように思わざるをえない。なぜそうなのか、ということについて本書は明確に答えているわけではなく、法のあり方、司法観念の成り立ちの違いを無視して、ほぼ同時代というだけで、日仏の司法改革論議の検討を並べただけに終わってしまった感が強いといわざるをえない。そのうえ、第一編は、二〇〇〇年ごろまでの研究状況に依拠しているにとどまるとともに、近代日本法史を専攻する者が、それを生み出したフランスにおける学術的背景の理解を抜きにして、非常に限られた範囲の研究文献や議会史料、法令を、日本近代の司法制度、裁判官制度を見る視点で切り取った「読解」であり、そこに大変な誤解や間違いがあることを恐れるところである。

本書が依拠したJ.-P. Royerをはじめとして J.-P. Machelon, R.Martinageらは、一九八〇年代からフランス司法史研究を牽引し、Association Française pour l'Histoire de la Justice（AFHJ 一九八七年設立）を中心に、その会誌Histoire de la Justiceで興味深い共同研究の成果を発表してきた（現在もなおAFHJは発信し続けている）。本書はおもに、かれらの一九九〇年代なかごろまでの研究成果に依拠したものである。これらの研究は、一九世紀フランスの政治的現実のなかでは、裁判官の身分保障あるいは独立といったものが「虚構」でしかなく、「団体性」ないしは「団体精神」のようなものが見られたとしても、それは当時の名望家的構造と不可分のものであったことを明らかにした。そのうえでなお、一九世紀末の司法組織改革が、そうした「団体性」「団体精神」を、議会制定法への「忠誠」

確保の前に葬り去ったことの歴史的意味を再検討しようとしたのだと思われる。日仏の差異を考えるためには、さらに、一九世紀末の司法組織改革で葬り去られたものが、二〇世紀以後のフランスの現実のなかで求められる司法改革の拠り所としていかなる意味をもちえたのか、あるいはどのように再生されえたのか、という点の歴史分析に進まなければならないだろうと思う。

こうした課題の存在を感じながら本書を閉じるにあたって、初出一覧を左に掲げておく。第一編第四章・結章を除いていずれも旧稿の再録であるが、適宜必要な補正を加えたことをお断りしておく。

初出一覧

序　論　比較の中の近代日本の司法省と裁判官
「近代日本の司法省と裁判官（一）」龍谷法学二九巻一号（一九九六）
第一編　一九世紀末フランスにおける司法組織改革と裁判官
序章
第一章　歴史的前提としての一九世紀フランスの裁判官制度
第二章　一八七〇年代の裁判官と司法改革論議
第三章　一八八〇年代初頭の政府と裁判官――無認可修道会に関する一八八〇年三月二九日のデクレをめぐる対抗
以上、「フランス第三共和政初頭における司法改革（一）（二）――一八八三年八月三〇日司法組織改革法の成立と司法官追放」龍谷法学三三巻二号、三四巻一号（二〇〇〇、〇一）
第四章　一八八三年八月三〇日司法組織改革法の制定――不可動性の停止と司法官の追放
結章

以上、本書のために書き下ろし

第二編　近代日本の司法省と裁判官

第一章　裁判官の身分保障と司法省――明治三〇年代の「老朽裁判官」淘汰

「明治三〇年代初頭における裁判所・裁判官統制強化論の法史的意義」阪大法学四〇巻一号（一九九〇）

第二章　裁判官の任用と司法省――明治末から大正期の法曹養成論議とその帰結としての集権化

「明治末～大正期の法曹資格・任用制度の展開――改革をめぐる議論とその帰結としての集権化」萩屋昌志編『日本の裁判所――司法行政の歴史的研究』晃洋書房（二〇〇四）所収

第三章　裁判官と司法行政――昭和初期の裁判所構成法改正をめぐる議論とその帰結

「昭和初期の裁判所構成法改正の試み――大審院長の権限拡大をめぐる議論とその帰結」同上所収。

最後に謝辞を記すことをお許し頂きたい。私がこれまで研究を続けてこられたのは、大阪大学法学部のゼミから大学院まで指導を受けてきた山中永之佑先生のおかげである。自分の研究をきちんと本にまとめなさいという先生の叱咤激励になかなかこたえることができなかったのは、ひとえに私の怠慢によるが、本書によって少しでも学恩にお返しできたとすれば幸いである。山中先生、同じく学部から大学院で指導を受けた故熊谷開作先生、故林毅先生、そして、すでに就職されていた阪大法史学の諸先輩方が集まり、当時大阪大学に非常勤に来られていた井ヶ田良治先生も参加されることが多かった大阪大学法史学研究会（「阪大法史研」、学期中はほぼ毎月開催）は、大変厳しいものであり、そこで受けた指導は得がたいものであった。諸先輩のなかで直近の橋本誠一さん、三成賢次さんからは、修士論文を見てもらったころからずっと緊張感あふれる先輩として刺激を受け続けている。本書のもとになった論文は、すべて上述阪大法史研や法制史学会、同近畿部会、日本近代法制史研究会での報告あるいは共同研究を通じて、数多くの関西の法制史の先生方や諸先輩方に温かい指導を受けてきたものである。なかでも、院生になった当初から知遇を得た先輩、居石正和さんからも、研究面は当然のことながら、私事に渉って大変お世話になってきた。また、本書を構成する第一編は、最初に赴任した龍谷大学法学部の、若い世代に優先的に在外研究の機会を与えようとされた良き研究環境の賜物である。改めて龍谷大学法学部の当時の先生方、とくに同じ基礎法分野で大変お世話になった石井幸三先生にお礼を申し上げたい。その後三成さんと、山中先生門下の先輩である中尾敏充さんからは、大阪大学に法科大学院として高等司法研究科が創設される際に比較法史担当者として招いていただき、林智良さんとともに法制史研究者が同僚として複数集う研究環境のなかで、比較を意識した研究に導いていただいた。

在外研究の機会を、明治前期日本の司法組織創設期に影響を与えた有力な模範国の一つであるフランスに定めたあと、その頃知遇を得た高橋良彰さんを通じて、フランス民事訴訟法・司法制度を専門とされていた江藤价泰先生をご紹介いただくことになり、江藤先生のご尽力で、先生の畏友であった破毀院検事（当時）の Pierre Lyon-Caen 氏に招聘状の発行の労をとっていただくことになった。その結果破毀院検事総長（当時）の Pierre Truche 氏の招聘状を手にして、フランスでの在外研究に旅立つことになった。高橋さんのご厚情、それまでまったく面識のなかった私の厚かましいお願いをこころよく聞き届けていただいた江藤先生の豪儀さに本当に感謝する次第である。Lyon-Caen 氏には、在外研究の面倒な手続をこころよくサポートしていただき、司法高官にもかかわらず気さくに昼食やご自宅での夕食をご馳走してくださり、ろくにフランス語も話せない私にいつも温かく接していただいたことに感謝したい。Lyon-Caen 家は一九世紀後半から法律家（法曹・法学研究者）を輩出した司法「家門」である。氏が、代々の書籍が並ぶ書棚から、「一九世紀の司法制度の研究だったら、これを読みなさい」と革表紙で製本された民事訴訟法の教科書を抜き出されたとき、本書が課題とした一九世紀の名望ある司法官の家の書棚もまたかくあったのだろうと感動したことが思い出される。パリ到着早々、フランスでの資料検索にまったく不慣れな私に対して、国立図書館やCujas図書館などの利用の仕方や資料検索を懇切に教えていただいた今村与一さんとそのご家族には本当にお世話になった。今村さんが帰国したあとパリに来られた岩谷十郎さんにも、そのフランス刑法史、ボワソナード研究への造詣により、フランスでの在外研究に必要な様々なアドバイスをいただいた。岩谷さんとは世代も専門も同じであり、国内では互いの論文を介してのみの交流に過ぎなかったが、パリのカフェでお互いの研究のことを話し、両方の家族で近郊の森や古城にピクニックに行くなどを通じて、在外研究生活を思い出深いものにしていただいたことに感謝したい。

三成さんから、これまでの研究を本にまとめるために大阪大学出版会の出版支援に応募することを強く勧められ、大阪大学大学院法学研究科と高等司法研究科共同の研究推進室のご推薦により、幸いにも「平成二五年度大阪大学教員出版支援制度」に採択され、本書の出版が可能になった。両研究科の関係の先生方と同出版会に厚く御礼申し上げたい。同会編集部の岩谷美也子さんには、全体の構成やタイトルの設定も含めて、本書が成るにあたって最初から最後まで大変お世話になった。心より謝意を表する次第である。

大学院生時代から三〇年来使っている仏和辞典を繙くと、所々に、線路とその上を走るパリのメトロ（らしきもの?）の落書きが出てくる。何をするにもこの辞書を手放せない私の目を盗んで、当時まだ幼かった上の子が書き散らかしたものらしく、パリの小さなアパルトマンでの生活がなつかしく思い出される。最後に、慣れない外国生活に付き合ってくれた妻と子どもたちに本書を捧げることをお許しいただきたい。

二〇一四年九月

三阪　佳弘

1815年7月29日＝8月3日　（ナポレオンがパリに帰還した）1815年3月20日以降に職を失った官吏の取扱に関する統一的な準則を定めるオルドナンス（そのなかで同上月以降に任命された司法裁判所構成員の停職を命じる）ordonnance du Roi qui établit une règle uniforme ayant pour objet de diriger les ministres dans les dispositions relatives aux fonctionnaires qui ont perdu leur place depuis le 20 mars 1815, et à ceux qui en ont été pourvus.　58
1830年8月14日　憲章 Charte constitutionnelle du 14 août 1830　58, 59, 116
1848年11月4日　憲法 Constitution du 4 novembre 1848　59
1850年5月15日　司法官の個人調書に関する司法大臣訓令 Magistrats.- Dossiers individuels. du 15 mai 1850., à MM. les Premiers Présidents de cours d'appel et Procureur généraux près mêmes cours.　51, 52, 65
1852年1月14日　憲法 Constitution du 14 janvier 1852　59
1852年2月3日　混合委員会を設置する訓令 circulaire du 3 février 1852 instituant les commissions mixtes　88
1871年1月28＝30日　1852年の混合委員会に参加した司法官の免職を宣告するデクレ décret prononçant la déchéance de magistrats ayant pris part aux commissions mixtes de 1852　70–73
1871年2月3＝8日　混合委員会に参加した司法官の免職を宣告するデクレ décret prononçant la déchéance d'un magistrat ayant pris part aux commissions mixtes　70–73
1880年3月29日　無認可団体であるイエズス会に対して、一定期間を定めて解散し、共和国の土地を占拠する建物から退去することを定めるデクレ décret qui fixe à l'agrégation ou association non autorisée, dite de Jésus,un délai pour se dissoudre et évacuer les établissements qu'elle occupe sur la surface du territoire de la République　96, 98, 110–115, 122, 123
1880年3月29日　無認可の修道会、修道院は、3ヶ月以内に、その地位に関して認可を得なければならないことに関するデクレ décret portant que toute congrégation ou communauté non autorisée est tenue, dans le délai de trois mois, de faire les diligences nécessaires à l'effet d'obtenir la vérification et l'approbation de ses statuts et règlements　96, 98, 110–115, 122, 123
1883年8月30日　司法組織改革に関する法律 loi sur la réforme de l'organisation judiciaire　7, 35, 38, 149, 150, 159, 160
1906年4月17＝18日　予算法律　loi portant fixation du budget général des dépenses et des recettes de l'exercice 1906　167
1906年8月18＝21日　司法官職候補が専門的職能を備えているかどうかの決定と、昇進表を司法官について創設することに関するデクレ（いわゆるサリアンデクレ）décret portant fixation des garanties spéciales de capacité professionnelle pour les candidats aux fonctions judiciaires et instituant pour les magisrats un tableau d'avancement　168, 170

1893年10月31日　司法省官制（勅令143号）　221, 299, 300
1893年10月31日　文官任用令（勅令183号）　214, 219, 226, 234
1893年10月31日　文官試験規則（勅令197号）　226, 234, 281
1893年12月14日　判事検事登用試験規則に基づき指定された私立学校9校（司法省告示91号）　235
1898年6月20日　判事検事官等俸給令改正（勅令122号）　183
1903年3月27日　専門学校令（勅令61号）　236, 242–244, 272, 274
1905年3月7日　判事検事登用試験規則改正（司法省令3号）　245
1905年4月25日　判事検事登用試験規則改正（司法省令13号）　236, 239, 245
1905年4月25日　弁護士試験規則改正（司法省令14号）　237, 239
1913年6月16日　裁判所及検事局職員ノ進退ニ関スル監督官権限規程（司法省職壱615号訓令）　299, 306
1914年4月15日　裁判所構成法中改正（法律39号）　263
1914年4月15日　弁護士法中改正（法律40号）　263
1918年1月18日　高等試験令（勅令7号）　225, 263, 281

【フランス】

1790年8月16＝24日　司法組織に関するデクレ décret sur l'organisation judiciaire　42, 140
1790年11月27日＝12月1日　破棄裁判所に関するデクレ décret portant institution d'un tribunal de cassation et réglant sa composition, son organisation et ses attributions　63
1791年4月27日＝5月25日　省の組織に関するデクレ décret relatif à l'organisation du ministère　45
1792年9月22＝25日　行政組織、市町村組織、司法組織の構成員の改選に関するデクレ décret relatif au renouvellement des corps administratifs,municipaux et judiciaires　43
1792年10月19＝20日　行政組織、司法組織の構成員の改選の実施方法に関するデクレの実施に関するデクレ décret qui règle le mode d'exécution de celui relatif au renouvellement des corps administratifs et judiciaires　43
1795年8月22日（共和暦3年実月5日）　フランス共和国憲法 Constitution de la République francaise du 5 fructidor an III（22 août 1795）　44, 46
1799年12月13日（共和暦8年霧月22日）　フランス共和国憲法 Constitution de la République francaise du 22 frimaire an VIII（13 décembre 1799）　46, 57
1802年8月4日（共和暦10年熱月16日）憲法についての組織的元老院決議 Sénatus-consulte organique de la Constitution du 16 thermidor an X（4 août 1802）　44, 47, 48, 62
1804年5月18日（共和暦12年花月28日）　元老院の組織的決議 Sénatus-consulte organique de la Constitution du 28 floréal an XII（18 mai 1804）　49
1807年10月12日　司法裁判所に関する元老院決議 Sénatus-consulte concernant l'ordre judiciaire　58
1810年4月20日　司法組織と司法行政に関する法律 loi sur l'organisation de l'ordre judiciaire et l'administration de la justice　47, 49, 50, 58, 159, 163, 167
1814年6月4日　憲章 Charte constitutionnelle du 4 juin 1814　58
1815年2月15＝17日　破毀院の構成員任命に関するオルドナンス ordonance du Roi contenant institution des menmbres composant la cour de cassation　58

法令索引

【日本】

1872年9月5日(旧暦8月3日)　司法職務定制(太政官)　15-17, 19, 23, 24, 39, 176, 191, 229
1873年5月2日　太政官制潤飾(太政官達)　16
1873年12月10日　司法省職制中第46条取消(司法省裁判所の所長と司法卿兼掌規定削除)(太政官達)　30
1874年1月28日　検事職制章程改正(太政官第14号達)　16
1875年5月10日　大審院諸裁判所及司法省検事職制章程(〔太政官〕達)　17, 176
1875年6月8日　裁判事務心得(太政官103号布告)　31
1876年1月31日　上告期限内ニ検事及罪犯ヨリ上告セスシテ司法卿其裁判ヲ不当トスル時ハ期限ニ拘ハラス上告セシムルヲ得(太政官8号布告)　17
1876年2月22日　代言人規則(司法省甲1号布達)　230, 235
1877年3月5日　司法省職制章程並検事職制章程改正(太政官32号達)　17, 176
1877年7月6日　民刑事上告裁判ヲ経タル者司法卿検事ヲシテ再審ヲ求メシムルヲ得(太政官49号布告)　17, 18, 24
1879年2月24日　内訓条例(司法省達)　17
1879年5月19日　東京大学法学部において法律学卒業者には代言人規則上の検査をせずに免許を与える旨達(1879年5月司法省甲7号布達)　230
1880年5月13日　代言人規則改正(司法省甲1号布達)　231
1880年12月2日　司法省職制並事務章程(太政官60号達)　18, 176
1881年3月29日　明治10年第49号民事刑事ノ上告裁判後司法卿再審ヲ求ムル布告廃止(太政官19号布告)　18
1884年12月26日　判事登用規則(太政官102号達)　231-233, 268, 270
1886年5月5日　裁判所官制(勅令40号)　18, 177-179, 191, 194, 231, 270
1886年7月1日　裁判所庶務規程(司法省令丙8号)　18, 178, 179, 194
1886年8月25日　私立法律学校特別監督条規(文部大臣帝国大学宛訓令)　230, 232, 233, 271
1887年7月25日　文官試験試補及見習規則(勅令37号)　226, 232-234, 271
1888年5月5日　特別認可学校規則(文部省令3号)　233, 272
1890年2月10日　裁判所構成法(法律6号)　※序論及び第二編参照。
1890年6月21日　司法省官制(勅令100号)　11, 18, 30
1890年8月4日　判事検事官等俸給令(勅令158号)　173
1891年5月15日　判事検事登用試験規則(司法省令3号)　234
1891年9月　裁判所及検事局事務章程(司法省訓令書第47号)　19
1893年3月4日　弁護士法(法律7号)　※第二編第二章参照。
1893年5月12日　弁護士試験規則(司法省令9号)　272
1893年10月9日　判事検事登用試験規則改正(同試験に関する指定校制度導入(司法省令16号)　235
1893年10月31日　各省官制通則(勅令122号)　299, 306

ヴァダントン W. Waddington 96
ヴァランボン F. Varembon 97, 98, 128, 133
ヴァルデックルソー Waldeck-Rousseau 96, 97, 104, 105, 116, 128, 142
ヴァレット Vallete 78, 91
ヴェルジニー Versigny 109, 128
エマールデュヴェルネ Eymard- Duvernay 109, 129
エロルド Hérold 78, 91
エンゲルハール Engelhard 129
カゾ J. Cazot 96, 97, 100, 102–110, 113, 115, 116, 120, 121, 127
カゾー Cazeaux 97, 120
ガンベッタ Léon Gambetta 55, 66, 69, 90, 93, 95, 97, 100, 124, 125, 127, 129, 132, 133, 141
グレヴィ Jules Grévy 75, 95, 96
クレマンソー Georges Clemenceau 101, 111, 112, 124, 132
クレミュー Adolphe Crémieux 69–73, 92
グロー G. Graux 136
ゴブレ René Goblet 84, 86, 96, 107–109, 128, 145, 156, 169
ジェルヴィユレアシェ Gerville-Réache 98, 137
シモン Jules Simon 69, 74, 110, 146–148
ショディ Gustave Chaudey 77, 78, 91
ダレスト Rodolphe Dareste 91
ティエール Louis A. Thiers 71, 73, 74, 79, 80, 89
デヴ P. Dèves 98, 139, 142
デュクレルク Duclerc 98, 139
デュパン Dupin aîné 59
デュフォール Armand-J.-S. Dufaure 71–73, 90, 128, 137
デュポール＝デュテルトル Duport-Dutertre 45
ドヴィアンヌ Adrien Devienne 70, 73, 90
ドゥヴィユマイユフ Douville-Maillefeu 98, 137, 138
ドガバルディ de Gavardie 93, 112
トクヴィル Tocqueville 42
ドモンジョ Madier de Montjau 145
トロシュ L. Trochu 69
バトビー Batbie 146
ビダール Theophile Bidard 81, 82
ファーヴル Jules Favre 69, 106
フェリー Jules Ferry 69, 97, 100, 111, 132, 133, 142, 147, 148
フォスタンエリ Faustin-Hélie 77, 78, 91
フレシネ Freycinet 96, 97, 127, 128, 133, 135, 139
ブロイ大公 A. de Broglie 74, 75
ベランジェ René Bérenger 80–87, 93, 97, 121, 132
ベルトー Charles-Alfred Bertaud 83
ベルナール J.-G. Bernard 109, 128
ボキエ Ch. Beauquier 97, 120, 121, 126, 131, 136, 137
ボワセット Ch. Boysset 96, 102
マクマオン Mac-Mahon 37, 74–77, 88, 90, 91, 93, 95, 96, 147
マルタンフォイエ F. Martin-Feuillée 96, 97, 142, 143
ラスパイユ F. Raspail 145
ラフォン Lafond 146
ラングロワ Langlois 97, 119, 120, 131
リウヴィユ Albert Liouville 91
リボー Ribot 131, 145, 156
ルグラン Legrand 97, 135, 137
ルドリュロラン Ledru-Rollin 59, 69, 91
ルフェーヴルポンタリス Amédé Lefèvre-Pontalis 85
ルブロン Leblond 91
ルペール Lepère 98, 138, 139
ルベルキエ Le Berquier 78, 91
ルロワイエ P. Le Royer 96, 112
ロッシュ Jules Roche 139

【フランス】

人名索引

【ナ行】

【ハ行】

【マ行】

【タ行】

索　引

事項索引

三阪 佳弘（みさか よしひろ）

大阪大学大学院高等司法研究科教授。1960年大阪市生まれ。

大阪大学法学部卒業、同大学院法学研究科博士後期課程単位取得退学。大阪大学法学部助手、龍谷大学法学部助教授、同教授を経て2004年から現職。比較法史、日本近代法史を担当。

主要著書として、『日本近代法制史研究の現状と課題』（「第7章　刑事訴訟法」を分担、弘文堂、2003年）、『近代日本における社会変動と法』（「第6章　隠居と訴訟手続の中断をめぐる大審院聯合部判決」を分担、晃洋書房、2006年）、『講座明治維新5　立憲制と帝国への道』（「第7章　近代法体系の成立」を分担、有志舎、2012年）ほか。

最近の研究業績として、「近代日本の地域社会と弁護士――1900年代の滋賀県域を題材として」（法と政治62-1、2011年）、「明治末・大正期京滋地域における弁護士と非弁護士――続・近代日本の地域社会と弁護士」（阪大法学63-2、2013年）、「明治前期民事判決原本にあらわれた代人――1877-90年の京滋阪地域の代人の事例」（阪大法学63-3＝4、2013年）ほか。

近代日本の司法省と裁判官
―19世紀日仏比較の視点から―

2014年9月30日　初版第1刷発行　［検印廃止］

著　者　三阪 佳弘
発行所　大阪大学出版会
代表者　三成 賢次

〒565-0871　吹田市山田丘2-7
大阪大学ウエストフロント
電話（代表）　06-6877-1614
FAX　06-6877-1617
URL　http : //www.osaka-up.or.jp
印刷・製本　亜細亜印刷株式会社

ISBN978-4-87259-488-1 C3032